Xpert.press

Springer-Verlag Berlin Heidelberg GmbH

Die Reihe **Xpert.press** des Springer-Verlags vermittelt Professionals im Projektmanagement sowie in den Bereichen Betriebs- und Informationssysteme, Software Engineering und Programmiersprachen aktuell und kompetent relevantes Fachwissen über Methoden, Technologien und Produkte zur Entwicklung und Anwendung moderner Informationstechnologien.

Manfred Broy • Ralf Steinbrüggen

Modellbildung in der Informatik

Mit 51 Abbildungen und CD-ROM

Springer

Manfred Broy • Ralf Steinbrüggen
Technische Universität München
Institut für Informatik
Boltzmannstr. 3
85748 Garching

Bibliografische Information der Deutschen Bibliothek
Die Deutsche Bibliothek verzeichnet diese Publikation in der Deutschen Nationalbibliografie; detaillierte bibliografische Daten sind im Internet über <http://dnb.ddb.de> abrufbar.

Additional material to this book can be downloaded from http://extras.springer.com.

ISSN 1439-5428
ISBN 978-3-540-44292-9 ISBN 978-3-642-18732-2 (eBook)
DOI 10.1007/978-3-642-18732-2

http://www.springer.de

Ursprünglich erschienen bei Springer-Verlag Berlin Heidelberg New York 2004

Umschlaggestaltung: KünkelLopka, Heidelberg
Satz: Reproduktionsfertige Vorlagen durch den Autor
Gedruckt auf säurefreiem Papier 33/3142PS - 5 4 3 2 1 0

Vorwort

Informatik hat viele Facetten. Einer ihrer herausragenden Züge ist die Modellbildung in der Informationsverarbeitung: Welches sind die Grundlinien unseres Faches als technische und wissenschaftliche Disziplin der *Modellierung von informatischen Systemen*?

Dieses Buch gibt eine Einführung in grundlegende Begriffe und Methoden. Es vermittelt durch begleitende Aufgaben (mit Lösungsvorschlägen) professionelle Fertigkeiten. Auf der beiliegenden CD ist ein CASE Tool bereitgestellt, das für den Gebrauch an Hochschulen und Schulen frei zur Verfügung steht. Für Firmen gibt es ein reichhaltiges Schulungsangebot.

Wir wenden uns an zwei Gruppen von Lesern, an Lehrer mit (vorhandener oder angestrebter) Lehrbefähigung in Informatik und an Pratiker der Systementwicklung. Diese zweifache Ausrichtung signalisiert der ersten Zielgruppe, dass einschlägiger Stoff praxisrelevant vorgestellt, und der zweiten, dass Abstraktion auf das Wesentliche angestrebt wird. Der Praktiker soll sich mit seiner Weise, informatisch zu denken, wiederfinden, der Lehrer in seiner Frage nach Struktur und Vorgehensweise.

Für das Lehramt ...

Der Wunsch, in das Fach tiefer einzudringen, steht, zumal bei weiterlaufendem Schuldienst, unter dem Handicap des äußerst engen Zeitrahmens. Wir konzentrieren uns daher auf das Wesentliche und wählen zentrale Themen der Lehramtsprüfungsordnungen. Zudem sind wir der Meinung, dass die Lehrplanentwicklung noch bei weitem nicht abgeschlossen ist, sondern sich in der Richtung, die wir in diesem Buch andeuten, weiter entwickeln wird. Als Ausgangspunkt dient uns der Schulversuch des „Europäischen Gymnasiums 3“, der ebenfalls die Modellbildung ins Zentrum rückte.

... und die Systementwicklung

Der Wechsel der jeweils aktuellen Technologien gleicht zunehmend dem viel zitierten Wettlauf zwischen dem Hasen und dem Igel. Wir stellen ausgewählte Techniken in einen systematischen Zusammenhang und beleuchten den formalen Hintergrund. Um anzudeuten, welche Probleme und Methoden wir im Auge haben, möchten wir etwas weiter ausholen:

Informatische Systeme

Die Informatik befasst sich mit der Verarbeitung, Speicherung, Übertragung und Darstellung von Information unter besonderer Berücksichtigung des Einsatzes digitaler informationsverarbeitender Maschinen. Damit steht der Begriff *Information* zunächst im Zentrum. In der Informatik ist der Begriff Information allerdings stets „handfest", das heißt gegenständlich zu sehen. Information muss dargestellt werden, um einer Bearbeitung zugänglich zu sein. Soll beispielsweise die Information betrachtet werden, die dem Zustand einer Ampel entspricht, dann müssen konkrete Darstellungen gewählt werden. So kann etwa „Rot" für Anhalten, „Gelb" für Achtung und „Grün" für freie Fahrt stehen. An diesem Beispiel zeigt sich schon, dass Information, die für reale Zwecke nützlich sein soll, stets ein Abbild bestimmter Ausschnitte unserer Wirklichkeit darstellt, die Realität *modelliert.* In der Modellbildung werden viele Einzelheiten weggelassen. Nur die relevanten Details werden dargestellt. Im Fall der Ampel wird nur noch ihr Zustand angegeben, von Größe, Anstrich etc. wird abstrahiert.

Information - oder genauer ihre Darstellung - wird in der Informatik durch digitale Maschinen verarbeitet, gespeichert, übertragen und dargestellt. Somit steht neben der Information der Begriff der *informationsverarbeitenden Maschine* ganz im Vordergrund. Maschinenbeschreibungen können selbst wiederum als Informationen aufgefasst werden. Daraus ergibt sich ein wesentliches Prinzip der Informatik: Neben die elementaren Informationen treten Informationen, die das Verhalten komplexer Maschinen darstellen. Dabei handelt es sich nicht etwa nur um Rechenanlagen und Rechnernetze. Wenn zum Beispiel der Knopf einer Fußgängerampel betätigt wird, um „Grün" anzufordern, so wird ein informationsverarbeitender Vorgang in einem verteilten reaktiven System angestoßen. Verteilte reaktive Systeme sind in unserem digitalisierten Alltag allgegenwärtig. Wir sprechen von *informatischen Systemen.* Dies führt auf eine erhebliche Komplexität in der Informatik, impliziert aber auch letztendlich die universelle Mächtigkeit der Informatik als Wissenschaft und Technik der Modellierung.

Modellierung

Bei den Modellen der Informatik haben wir es mit Darstellungen zu tun, die mit Hilfe digitaler Technik Vorgänge aus der realen Welt wiedergeben. Modellierung dient in aller Regel zweierlei Zwecken. Zum einen wird ausschnittsweise ein Abbild der realen Welt und eine Aufgabe der Informationsverarbeitung dargestellt. Wir sprechen dann auch vom *Domänenmodell.* Zum anderen wird eine Vorlage für die Arbeitsweise eines informatischen Systems angegeben. Dies wird auch als *Systemmodell* bezeichnet.

Informatikmodelle konkretisieren sich nicht nur in Computerhardware und -software sondern auch in Planungs-, Organisations-

und Steuerungsmodellen. Die Umsetzung der vorhandenen Möglichkeiten und die Vermeidung inhärenter Risiken werden wie bei jeder neuen Technologie angewiesen sein auf die Vorstellungskraft, Erfindungsgabe, Ausbildung und professionelle Disziplin der in Zukunft Handelnden. Nicht alle Beteiligten sind von Haus aus Informatiker. Experten unterschiedlicher Herkunft sind um größere Projekte vereint und müssen intensiv kommunizieren und kooperieren. Die Kooperation ruht auf vier Säulen:

Pragmatik. Im Systems & Software Engineering hat sich eine Reihe von anschaulichen Beschreibungstechniken, insbesondere diagrammatischer Art, herausgebildet.
Formalismen. Wie auch sonst im Ingenieursbereich sind die Aneignung und die Anwendung der einschlägigen Zweige der Mathematik unabdingbar. Nur dies gibt Gewähr für Präzision und Zuverlässigkeit, für Kostenbeherrschung und Nutzen der Produkte.
Methodik. Abstraktion ist die wesentliche Technik, um die Komplexität von Software unter Kontrolle zu bringen. Sie spielt eine ähnlich vereinfachende Rolle wie Approximation in anderen Ingenieursbereichen.
Werkzeuge. Methodisches Vorgehen erfordert im Allgemeinen den Einsatz von Spezialsoftware, so genannten CASE-Werkzeugen (Computer Aided Software Engineering Tools).

Pragmatik

Modelle enstehen in der Zusammenschau aus unterschiedlichen Sichten. Für die „Datensicht" sind Entity-Relationship-Diagramme ein verbreitetes Darstellungsmittel (Kap. 0). Wir behandeln außerdem Systemstruktur-, Zustandsübergangs- und Sequenzdiagramme (Kap. 2) und beleuchten ihren Zusammenhang untereinander wie auch ihre Übertragung in formale Modelle.

Formalismen

Die Abstraktion von speziellen Besonderheiten gehört gleichsam programmatisch zur Mathematik. Für die Spezifikation und Verfeinerung verwenden wir axiomatische Beschreibungen (Kap. 1) und als ausführbare Form funktionale Programme (§ 2.8). Durchgängiger Hintergrund sind mathematische Logik (Kap. 3) und die einfache Typentheorie (§ 3.2, 3.3) sowie formale Sprachen (Kap. 4). Unsere Einführung in diese Bereiche, Spezifikations- und Programmiersprachen eingeschlossen, setzt keine besonderen Vorkenntnisse voraus. Behandelt werden auch rechnende Systeme (§ 2.6, 2.7). Dies führt ins Gebiet der Algorithmik.

Methodik

Wir fragen, wie ein Problem informatische Kontur bekommt, und werden sehen, dass jeder Formalismus, jedes Beschreibungsmittel der Modellierung eine spezifische Zerlegung in Einzelaspekte an die zu bearbeitende Aufgabe heranträgt. Das gilt auch für Anforderungsanalyse und Modelldesign (Kap. 5). Wir gehen den Fragen nach, woher eine Systementwicklung ihre Argumente nimmt, nach welchen Methoden verifiziert wird und wie Theorembeweiser arbeiten (Kap. 4).

Werkzeug

Wir benutzen AutoFOCUS zur diagrammatischen Modellierung und ebenso zur Kosistenzprüfung und Simulation.

Die Stoffauswahl begründen wir im Vorspann jedes Kapitels gesondert. Im jeweiligen Resümee („Wie es weitergeht") werden Praxisrelevanz und Fachbezug herausgestellt. Diese Stellen sind am Seitenrand gekennzeichnet, so dass der rote Faden nicht verloren geht.

Die einzelnen Kapitel sind begrifflich weitgehend unabhängig voneinander. Der Einstieg ist daher an vielen Stellen möglich. Die Wege im Buch nehmen stets ihren Ausgang bei der Pragmatik, im Gegensatz zu Lehrbüchern, die Begriffe größtmöglicher Allgemeinheit an die Spitze stellen und Anwendungen erst im Nachhinein behandeln. Einen Teil des Stoffes, der sich eher „dialogisch", unter Mitwirken des Lesers, vermitteln lässt, bieten wir in der Form von Übungen.

Dieses Buch ist das Ergebnis eines langjährigen Engagements für die Vermittlung von Informatikinhalten an Lehrer und an Informatiker im Systems Engineering. Wir haben dem Bayerischen Wissenschaftsministerium zu danken für die Förderung eines Projekts zur Lehrerausbildung, das den Namen „Netzgestützter Lehrverbund zur Lehrerausbildung in Informatik (NELLI)" trug, in dessen Rahmen wir uns differenziert auseinandersetzen konnten mit einem für Schulen passenden Informatikkonzept, mit der gebotenen Abstraktionsebene für die Lehrerausbildung und mit den didaktischen Fraugen der Lehrerqualifizierung. An den Diskussionen nahmen Peter Hubwieser und Fred Kröger engagiert teil, wofür wir ihnen aufrichtig danken. Am NELLI-Projekt haben Heiko Lötzbeyer, Wolfgang Prenninger und Thomas Ströse mitgearbeitet. An der Ausarbeitung der Übungsaufgaben haben Gertrud Bauer und Ferdinand Winhard großen Anteil. Anregungen zum Manuskript verdanken wir Stefan Berghofer, Herbert Ehler, Fred Kröger, Manfred Jobmann, Wolfgang Naraschewski und Martin Rappl. Das Modellierungswerkzeug wurde bereitgestellt von der Firma Validas, vertreten durch Oscar Slotosch und Franz Huber, deren Engagement unser ganz besonderer Dank gilt. Sehr verbunden sind wir dem Springer-Verlag für die außerordentliche Sorgfalt bei der Durchsicht des Manuskript und bei der Herstellung. Wir danken für die überaus angenehme verlegerische Betreuung. Auf den Verlag geht die Anregung zurück, dem Buch eine Ausrichtung zu geben, die Lehrer und Praktiker gleichermaßen anspricht.

Inhalt

Einleitung: Das Entity-Relationship-Modell

Zur Thematik

Informatik ist die Disziplin vom Problemlösen mit Mitteln der Informationsverarbeitung. Wie aber bekommt ein Problem informatische Kontur?

Betrachten wir ein Beispiel: Nicht selten sehen sich Autohersteller gezwungen, ein bestimmtes Modell wegen technischer Mängel in die Werkstätten zurückzurufen. Erstaunlich, dass es die Firmen fertig bringen, alle Besitzer persönlich anzuschreiben! Es zeigt sich, dass Autohersteller eine sorgfältige Kartei ihrer Käufer führen und dass jedem Käufer eine genaue Beschreibung seines Fahrzeugs zugeordnet ist. Die Firmen führen praktisch Buch über jedes Einzelfahrzeug, in allen Einzelteilen, von der Fertigung bis zur Entsorgung. Höchstens Diebstahl zerstört das Konzept, da die Besitzerzuordnung unterbrochen wird. Bei regulärem Besitzerwechsel hilft schon der nächste Werkstattbesuch. Schlimmstenfalls kann auf den indirekten Besitzerbezug über das Kraftfahrbundesamt zurückgegriffen werden.

Wie in diesem Beispiel fällt in typischen Anwendungen der Informatik eine Vielzahl von Informationen an. Problematisch ist dabei oft die Datenflut und die Frage, welche der Daten von Bedeutung sind und welche nicht. Wie gewinnt man etwa eine Übersicht über die Fülle der Informationen in einem Industriebetrieb

zu den Finanz-, Organisations- und Planungsdaten,

zu tariflichen und außertariflichen Bestimmungen?

Die Komplexität verwirrt nicht nur den Außenstehenden, sondern sie ist auch eine Herausforderung für alle, die beteiligt sind, sie technisch zu bewältigen. Wie strukturiert man etwa die relevanten Informationen für betriebliche Entscheidungen

zu Unternehmensführung und Organisation,

zu Absatz und Marketing,

zu Rechnungswesen und Controlling?

Wie handhabt man die Informationsfülle?

In den angeführten Beispielen bietet die Frage selbst schon einen ersten Hinweis: So wie sie eben gestellt wurde, enthält sie eine Aufzählung nach Teilbereichen, woraus zu entnehmen ist: Der entscheidende Schritt zur Komplexitätsbewältigung liegt in der Aufteilung des Gegenstandsbereichs in Teilbereiche. Damit ist schon viel gewonnen. Gefragt sind kleinste, wohl unterscheidbare Einheiten von Informationen.

Angenommen wir hätten eine Leihbibliothek neu zu organisieren. Im Vordergrund stehen dann wahrscheinlich Bücher, Leser und Leihscheine. Vieles mehr noch, aber lassen wir es dabei bewenden! Gegenstand des Interesses sind all die Einzelinformationen, die benötigt werden, um Entleihbeziehungen zu beschreiben. Wir modellieren als Informatiker aus der Datensicht einen speziellen Ausschnitt der Wirklichkeit. Ganz dasselbe gilt, wenn es nicht um einen Neuentwurf geht, sondern um die Beschreibung einer funktionierenden Bibliothek: Einschlägige Daten werden zu *Gegenständen* der Modellierung.

Der Bereich einer Bibliothek ist aus dieser Sicht aufgeteilt in drei Typen von Gegenständen (gegeben durch ihre Daten), nämlich Gegenstände vom Typ `Buch`, vom Typ `Leser` und vom Typ `Leihschein`. Diese Gegenstandstypen sind klar voneinander unterschieden.

0.0–1 Unterschiedliche Ausprägungen von Gegenstandstypen

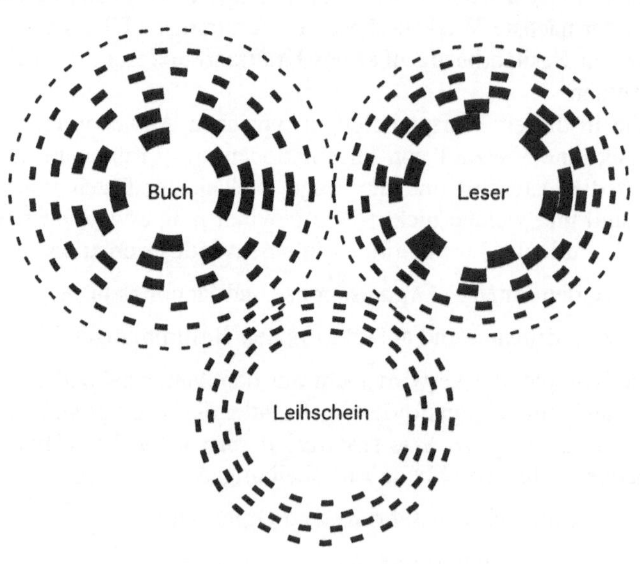

Die Anzahl der Gegenstände ist veränderlich. Es kommen Bücher hinzu und es kommen welche abhanden. Ähnliches gilt für Leser und Leihscheine. In Abbildung 0.0–1 sind die Bestände eines Tages jeweils in einem Kreis angeordnet.

Festzuhalten ist: In der Datenmodellierung werden Gegenstandstypen festgelegt, nicht konkrete Gegenstandsmengen. Jede Menge aus Gegenständen eines bestimmten Typs heißt eine *Ausprägung* dieses Typs. Es gibt im Allgemeinen viele solche Ausprägungen.

Sobald die interessierenden Gegenstände von ihrem Typ her identifizierbar und auch voneinander unterscheidbar sind, lassen sich *Beziehungen* zwischen Gegenständen modellieren. Dies sind die Strukturierungsmittel aus der Datensicht.

Als Ansatz wählen wir für diese Einleitung das in der Praxis weit verbreitete Entity-Relationship-Modell, um eine erste Einführung in die pragmatische und die formale Modellbildung der Informatik zu geben.

Diese Techniken kommen aus der Praxis und werden für die Praxis ständig modifiziert. Sie werden auf ihre Semantik hin analysiert und methodisch verfeinert. So hat sich auch das Verständnis der im nächsten Abschnitt eingeführten ER-Diagramme in den letzten Jahren verändert.

0.1 ER-Diagramme

Wir wollen Gegenstandsbereiche aus der Sicht der Daten modellieren. Eine klassische Beschreibungstechnik ist das *Entity-Relationship*-Modell von Peter Chen (1976). In ihm werden Gegenstände (Entities) und Beziehungen (Relationships) spezifiziert.

Ein *Gegenstand* wird durch einen Datensatz, durch ein endliches Tupel® von Einzelinformationen, modelliert. Für unterschiedliche Gegenstände sind diese Tupel möglicherweise von unterschiedlicher Länge und mit ganz verschiedenartigen Komponenten ausgestattet. Als Instanzen (Beispiele) vom selben *Typ* können Gegenstände angesehen werden, die als Tupel gleich lang und komponentenweise vergleichbar sind.

® Dieses Symbol verweist auf Erläuterungen im Anhang

Die ER-Modellierung verwendet solche Gegenstandstypen zur Unterteilung des Gegenstandsbereichs. Zu jedem Gegenstandstyp gibt es Funktionen®, mit denen auf die Komponenten zugegriffen werden kann, womit die Einzelinformationen der Gegenstände verfügbar sind. Diese Funktionen heißen *Attribute.*

0.1–1 Gegenstands-typen (Entities)

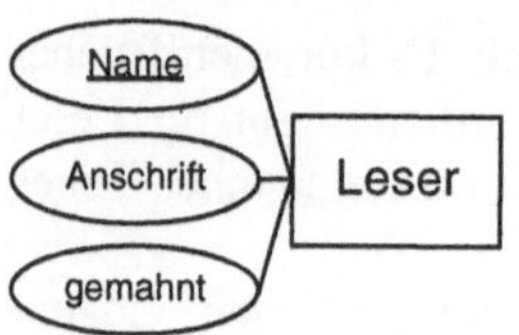

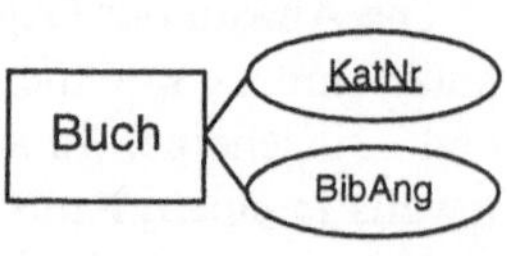

Übersichtsartig werden Datenmodelle grafisch veranschaulicht. Gegenstandstypen werden dargestellt durch Rechtecke, denen die Attribute angeheftet sind. Zum Beispiel lässt sich ein Buchbestand einer Bibliothek wie in Abb. 0.1–1 erfassen durch den Gegenstandstyp `Buch` mit den Attributen `KatNr` für Katalognummer und `BibAng` für bibliografische Angaben. Zum Bereich einer Bibliothek gehören natürlich weitere Gegenstandstypen wie etwa `Leser` mit entsprechenden Attributen.

Ein *Gegenstandstyp* umfasst also Gegenstände, für deren Daten dieselben Attribute definiert sind. Die Wertebereiche der Attribute werden bedarfsweise in einem so genannten Datenlexikon festgelegt.

Hier ist als Beispiel eine Instanz des Gegenstandstyps `Buch`, nennen wir sie `Flanagan`:

("2.96 A 624", " D. Flanagan: Java in a Nutshell. Sebastopol, CA: O'Reilly 1996")

Dies ist nicht das Buch selbst, sondern das Tupel aus zwei Komponenten, das dieses Buch im Modell repräsentiert. Die Attributwerte sind also

`KatNr(Flanagan)`
= "2.96 A 624" ,

`BibAng(Flanagan)`
= " D. Flanagan: Java in a Nutshell. Sebastopol, CA: O'Reilly 1996" .

Man sieht, die beiden Attributwerte haben ihre eigene Form (Syntax), die so im besagten Datenlexikon definiert ist (Näheres im nächsten Abschnitt). Es gibt natürlich viele Möglichkeiten, die Attribute noch weiter zu strukturieren. So kann man etwa die bibliografischen Angaben in Autor, Titel, Verlag, Erscheinungsjahr unterteilen.

Die Katalognummer bestimmt ein Buch eindeutig, weshalb sie in der Figur durch Unterstreichung hervorgehoben ist. Ein Attribut oder auch eine Menge von Attributen, die eine Instanz unter allen anderen des Gegenstandstyps eindeutig identifiziert, heißt *Schlüssel.*

Nichts spricht dagegen, dass in ein und demselben Diagramm zwei Gegenstandstypen gleichartige Attribute besitzen. Verschiedene Gegenstandstypen werden allerdings stets verschiedene Namen tragen.

Im Zentrum des Interesses sind also stets Daten, auch personenbezogene, wie das Beispiel zeigt. Hinter den Daten verbergen sich Personen, Lebewesen, Dinge der realen Welt oder Abstrakta. Jedoch bezieht sich das Konzept des Gegenstandstyps in der ER-Modellierung einzig auf Daten. Als Eindeutschung der englischen Entity (deutsch u.a.: Einheit, Ding) findet man gelegentlich *Entität*.

Was kommt jetzt noch hinzu?

Der ER-Ansatz modelliert neben Gegenständen auch Beziehungen zwischen Gegenständen. In einer Bibliothek ist es wichtig, wer welches Buch entliehen hat. Mathematisch ist die Beziehung zwischen Lesern und Büchern eine zweistellige Relation®. Der Typ einer solchen Relation heißt *Beziehungstyp*. Sinnbild ist die Raute, die durch ungerichtete Kanten mit den in Frage kommenden Gegenstandstypen verbunden ist.

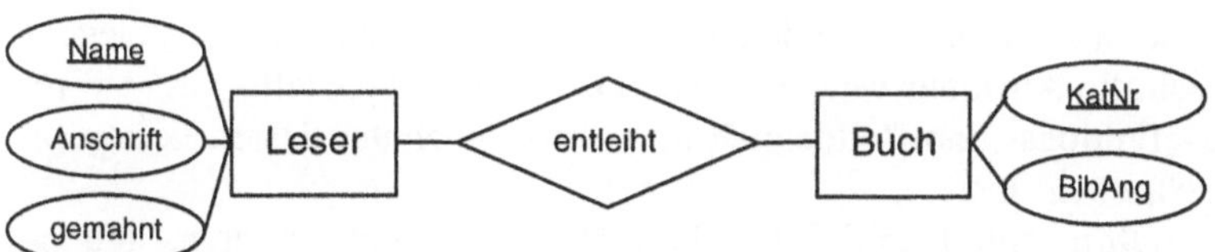

0.1–2 Beziehungstyp (Relationship)

Diagramm 0.1–2 führt den Typ einer Beziehung zwischen Lesern und Büchern mit dem Namen `entleiht` ein.

Auch Beziehungen zwischen Instanzen desselben Gegenstandstyps können so ausgedrückt werden. Beispiele sind Eltern-Kind-Beziehungen zwischen Lesern oder Literaturzitate in Büchern (Abb. 0.1–3).

Es kommen auch Beziehungen zwischen mehr als zwei Gegenstandstypen vor.

Kennzeichnenderweise werden Gegenstandstypen selbst nicht weiter zerlegt. Man spricht von einer flachen (im Gegensatz etwa zu einer hierarchischen) Struktur. Damit kommt die ER-Modellierung aus.

0.1–3 Beziehungen zwischen typgleichen Gegenständen

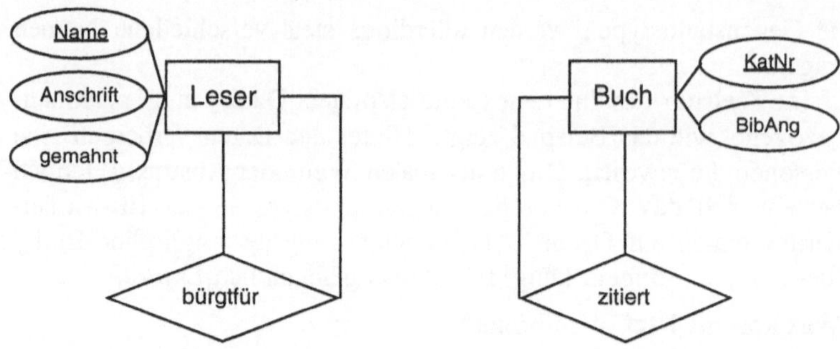

Es ist festzuhalten: Gegenstandstypen und die Typen der Beziehungen zwischen ihnen definieren aus der Datensicht die Struktur eines Systems. Welche Instanzen zu den Gegenstands- und Beziehungstypen in einer Ausprägung tatsächlich vorliegen, bleibt offen. Die Struktur aber liegt fest.

Wie in Abb. 0.1–4 werden zur Entlastung der Diagramme gelegentlich die Attribute weggelassen. Dann wird unterstellt, dass sie mit Definitions- und Bildbereich im bereits erwähnten Datenlexikon beschrieben sind.

Oft möchte man die Beziehungen näher charakterisieren. Interessant ist der Fall einer einseitig eindeutigen® Relation. In Abb. 0.1–4 ist zum Beispiel ausgedrückt, dass ein Leser zwar mehrere Bücher entleihen kann, dass jedoch jedes Buch mit demselben Leihschein jeweils nur an einen Leser entliehen werden kann. Man kennzeichnet durch einen Buchstaben (vorzugsweise n oder m), dass einseitige Eindeutigkeit in einem der beteiligten Gegenstandstypen *nicht* verlangt werden soll.

0.1–4 Eindeutigkeit

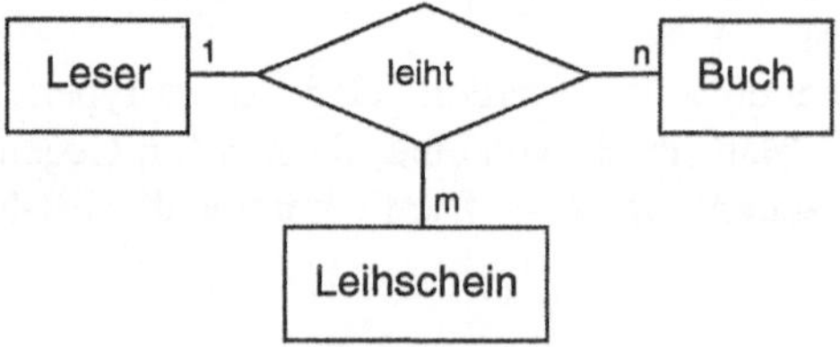

Mit der Kennzeichnung in Abb. 0.1–4 ist noch nicht festgelegt, wie viele Bücher ein Leser maximal entleihen darf. Zu diesem Zweck verwendet man Zahlenpaare, welche die Minimal- und Maximalzahl der Instanzen spezifizieren, die in Beziehung zueinander stehen können. Die offenste Angabe, die keinerlei Beschränkung festlegt, ist (0,*).

0.1–5 Korrekte Ausprägungen

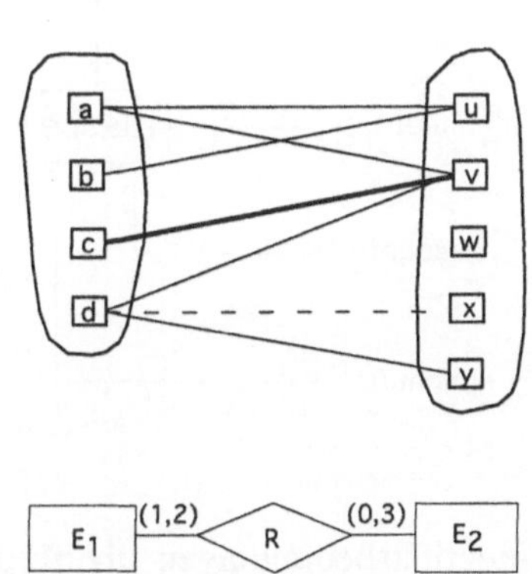

Beide Arten der Kantenmarkierungen geben die *Mehrfachheit* einer Beziehung an, wie wir sagen. Die Bedeutung lässt sich durch Relationsdiagramme beispielhaft verdeutlichen. Abb. 0.1–5 zeigt zu drei verschiedenen Forderungen jeweils eine korrekte Ausprägung: Es ist E_1=`{a,b,c,d}` und E_2=`{u,v,w,x,y}`. Die Linien verbinden einzelne Gegenstände, die durch R miteinander in Beziehung stehen. Die gestrichelten Beziehungen sind ausgeschlossen, wenn die durchgezogenen bestehen! Die fette Linie darf nicht fehlen, wenn sonst keine Linie von c ausgeht. Es ist ein Beispiel zur beidseitigen Eindeutigkeit, ein Beispiel zur einseitigen Eindeutigkeit und ein Beispiel zur Minimal- und Maximalzahl (der in Beziehung zueinander stehenden Gegenstände) angegeben.

Mehrfachheitsangaben in den Diagrammen sind *Integritätsbedingungen*, welche die möglichen Ausprägungen einschränken.

Es ist noch eine weitere Möglichkeit zu nennen, Integritätsbedingungen im Diagramm anzugeben. In einer Schule (vgl. Abb. 0.1–6) kann z.B. von der Sache her keine Person zugleich Lehrer und Schüler sein. Dies sind verschiedene *Rollen*. Es ist auszuschließen, dass eine Person sowohl in der Beziehung `unterrichtet` als auch in der Beziehung `besucht` steht. Unterscheidende Rollennamen an den Kanten im Diagramm können dies klären.

0.1–6 Rollen in einer Schule

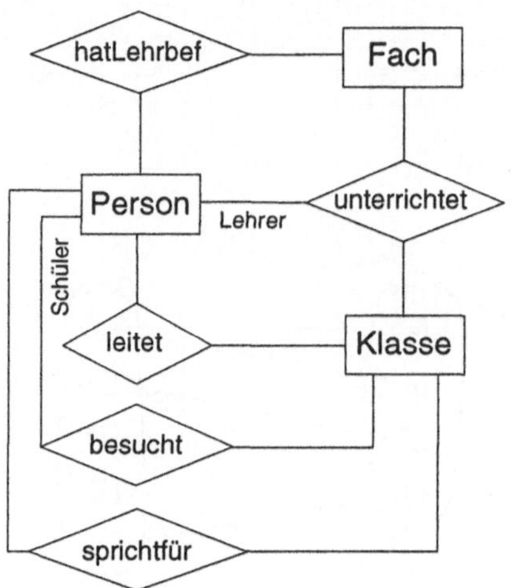

Weitergehende Integritätsbedingungen überfordern die Diagramme schnell. Sie werden textuell festgehalten. Darauf geht der nächste Abschnitt ein.

0.2 Datenlexika

Entity-Relationship-Diagramme sind als Datenmodelle unvollständig. Betrachten wir noch einmal unsere Minibibliothek (Abb. 0.2–1).

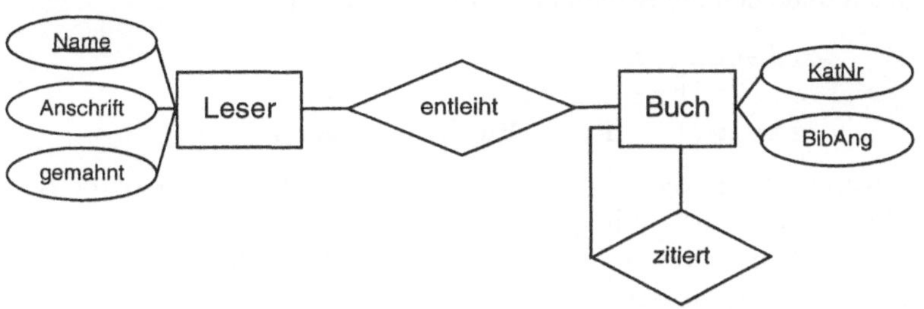

0.2–1 Ausschnitt einer Bibliothek

Wie alle ER-Diagramme sagt auch dieses nichts über die Gestalt der Attributwerte. Dazu sind textuelle Zusatzangaben erforderlich. Diese verwenden vorgegebene Typdefinitionen wie `String` (für die Zeichenreihen über einem Standardzeichensatz), `Nat` (für natürliche Zahlen) und `Bool` (als Typ der beiden Wahrheitswerte `true` und `false`) u.s.w.

Das oben stehende Diagramm enthält die beiden Gegenstandstypen `Leser` und `Buch`. Durch das Diagramm werden also über die vorgegebenen Typen hinaus zwei neue eingeführt, nämlich

```
(1) Gegenstandstypen
      Leser, Buch
```

Im Diagramm kommen fünf Attribute vor. Sie sind definiert auf den Typen `Leser` bzw. `Buch`. Die Resultattypen sind noch festzulegen – Im Prinzip könnte man sie auch im Diagramm an die Attribute schreiben:

```
(2) Attribute
      Name:       Leser → String,
      Anschrift:  Leser → String,
      gemahnt:    Leser → Bool,
      KatNr:      Buch  → String,
      BibAng:     Buch  → String
```

Die Funktionstypen rechts sind textuelle Zusatzangaben, wie sie im so genannten Datenlexikon stehen. Notiert sind sie hier in einem Stil, der in Spezifikations- und Programmiersprachen verwendet wird. Diese Sprachen bieten auch die Möglichkeit, die Gestalt der

Zeichenreihen genauer festzulegen, was erst später weiter verfolgt werden soll.

Nachdem nun die Attribute textuell notiert sind, können sie im Diagramm weggelassen werden. Umfangreiche Diagramme werden dadurch wesentlich übersichtlicher.

Im Stil dieser Aufschreibung kann man noch einen Schritt weiter gehen und auch die Beziehungen mit aufnehmen:

```
(3) Beziehungen
      entleiht: Leser,Buch  →  Bool,
      zitiert:  Buch,Buch   →  Bool
```

Rechts stehen die Typen von zweistelligen Funktionen, deren Resultattyp `Bool` ist. Wir sprechen von zweistelligen *Prädikaten*: Sie legen fest, ob zwei Instanzen in Relation zueinander stehen. Die Reihenfolge der Argumente ist im Diagramm nicht festgelegt.

Man bemerkt, dass die obigen elf Zeilen bereits alles Wesentliche wiedergeben, was im ER-Diagramm spezifiziert ist (und noch etwas mehr, nämlich die Typen der Attributwerte). Trotzdem behält das Diagramm wegen seiner Anschaulichkeit und Übersichtlichkeit natürlich seinen Wert. Man wird deshalb während und nach der Modellbildung nicht auf Diagramme verzichten wollen.

Diagramm 0.2–1 erklärt zwei Attribute durch Unterstreichung zu Schlüsseln, nämlich `Name` und `KatNr`. Ausgesagt ist, dass aus der Übereinstimmung der Namen die Identität der Personen folgt:

$$\texttt{Name}(\texttt{leser}_1)=\texttt{Name}(\texttt{leser}_2) \longrightarrow \texttt{leser}_1=\texttt{leser}_2$$

und analog

$$\texttt{KatNr}(\texttt{buch}_1)=\texttt{KatNr}(\texttt{buch}_2) \longrightarrow \texttt{buch}_1=\texttt{buch}_2$$

Die Textfassung ermöglicht wünschenswerte Präzisierungen. Sie ist auch dazu geeignet, Integritätsbedingungen aufzunehmen:

Ein Beispiel wäre, festzulegen, dass ein Buch sich nicht selbst zitieren soll. Dies ist gesagt mit der einfachen Formel

```
zitiert(b,b)=false
```

wobei unterstellt ist, dass diese Formel für alle Instanzen b gelten soll.

Als Aussagenverknüpfungen dienen in diesen Formeln die logischen Standardoperatoren $\wedge$ (und), $\vee$ (oder), $\neg$ (nicht), $\longrightarrow$ (impliziert) und = (gleich).

Übrigens lassen sich auch Aussagen formulieren wie

> "Kein Buch b kann von zwei Lesern $\texttt{leser}_1$ und $\texttt{leser}_2$ zugleich ausgeliehen sein."

nämlich durch

```
entleiht(leser₁,b) ∧ entleiht(leser₂,b)
  ⟶ leser₁=leser₂
```

Im ER-Diagramm kann das (übersichtlicher) durch Mehrfachheiten ausgedrückt werden (Abb. 0.2–2).

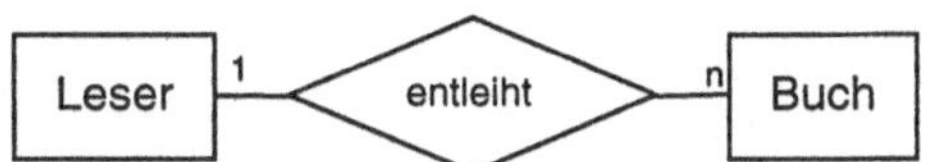

0.2–2 Eine Integritätsbedingung

Allerdings lassen sich bei weitem nicht alle Aussagen durch Mehrfachheiten ausdrücken.

Das Bibliotheksbeispiel zeigt, wie sich diagrammatische und textuelle Beschreibung ergänzen und wie die Diagramme nach textueller Vervollständigung verlangen.

Der eben benutzte textuelle Aufschreibungsstil hat in der Informatik eine große Bedeutung. Wir sprechen von *axiomatischer* und von *algebraischer* Spezifikation. Diese Modellierungstechnik wird in Kap. 1 ausführlich behandelt.

Ausblick: In Spezifikations- und Programmiersprachen gibt es für die Deklaration von Gegenstandstypen und Attributen eine kompakte Notation, die durch das Wortsymbol `data` eingeleitet wird. Die acht Zeilen (1) und (2) lassen sich dann wie folgt zusammenfassen:

```
data Leser
= MkL(Name:String, Anschrift:String, gemahnt:Bool);

data Buch
= MkB(KatNr:String, BibAng:String)
```

Mit dieser Schreibweise werden gleich noch zwei zusätzliche Funktionen eingeführt, nämlich

```
MkL: String,String,Bool → Leser,
MkB: String,String → Buch
```

Die Bezeichnungen sind frei gewählt (`MkL` für Make Leser). Die Funktionen liefern Ergebnisse vom Typ `Leser` bzw. `Buch` und heißen *Konstruktorfunktionen.* Diese Notation stellt kompakt vor Augen, dass zwei neue Typen eingeführt werden und dass der Typ `Leser` die Attribute `Name`, `Anschrift` und `gemahnt` besitzt und der Typ `Buch` die Attribute `KatNr` und `BibAng`. Die Funktionalität der Attribute war vorher klarer ausgedrückt.

In Quest, der Sprache des AutoFOCUS-Werkzeugs, sind solche Data-Definitionen vorgesehen (vgl. Abschnitt 2.8).

0.3 Übungen

Zum Entity-Relationship-Modell

1 Mehrfachheit Die Abbildung zeigt Ausschnitte aus Abb. 0.1–6:

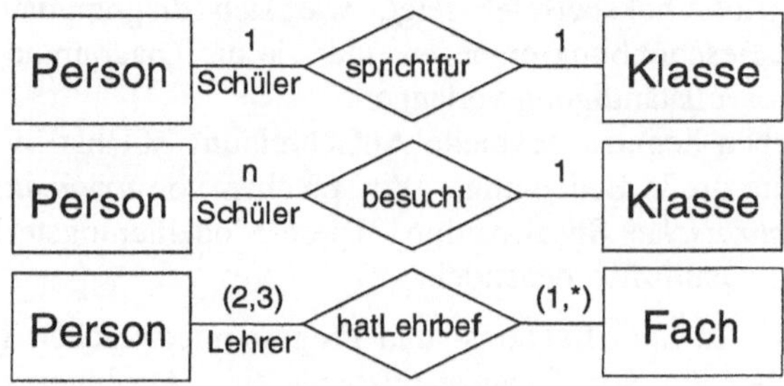

Als zusätzliche Bedingungen sind Mehrfachheiten angegeben: Informationen darüber, ob einseitige Eindeutigkeit gefordert ist oder nicht bzw. wie viele Instanzen mindestens und höchstens zueinander in Beziehung stehen.

Beschreiben Sie mit Worten, welche Einschränkungen durch die Diagramme erzwungen werden und welche Beziehungen uneingeschränkt möglich sind! Zeichnen Sie jeweils ein Relationsdiagramm für eine korrekte Ausprägung!

2 Rollen und Attribute Beschriften Sie im ER-Diagramm aus Abb. 0.1–6 geeignete Kanten mit entsprechenden Rollen! Finden Sie Attribute für die drei Gegenstandstypen und markieren Sie geeignete Schlüssel! Beschriften Sie die noch nicht markierten Kanten mit Mehrfachheiten! Gehen Sie vereinfachend davon aus, dass eine Klasse immer nur von Schülern und Schülerinnen der gleichen Ausbildungsrichtung besucht wird. Auch Gruppenteilungen innerhalb eines Fachs sollen nicht stattfinden.

Hinweis: Bei einer dreistelligen Relation mit den Gegenstandstypen G_1, G_2 und G_3 bedeutet z.B. eine 1 bei G_3, dass jedem Instanzenpaar aus G_1,G_2 höchstens eine Instanz aus G_3 zugeordnet wird.

3 Call-a-Bike

Recherchieren Sie im Internet über das Münchener Unternehmen Call-a-Bike und modellieren Sie es in einem ER-Diagramm! Alle notwendigen Informationen finden Sie unter der Adresse http://www.callabike.de, vor allem auf den Seiten „Unternehmen", „Technik" und „Funktion", und dort wiederum unter den Stichworten „Anmeldung", „Benutzung" und „Preise".

Beschränken Sie sich dabei auf die für den Leihverkehr und die Inventarisierung notwendigen Informationen, also alles, was mit Kundenverwaltung, Entleih, Abrechnung und Standort zu tun hat.

Versehen Sie die Gegenstandstypen mit geeigneten Attributen und sehen Sie Schlüssel vor!

Angaben über einseitige Eindeutigkeit sind nicht erforderlich.

Der aktuelle Standort ist sowohl für die Abrechnung als auch für die Inventarisierung interessant. Sehen Sie dafür einen eigenen Gegenstandstyp vor.

Fassen Sie Abrechnungsdaten in einem eigenen Gegenstandstyp zusammen!

Ein besonderes Augenmerk gilt bei künftigen Aufgaben dem elektronischen Schloss. Sehen Sie dafür einen eigenen Gegenstandstyp vor!

Erläutern Sie kurz Ihren Entwurf!

4 Projekt Omnibus

Recherchieren Sie im Internet über das Münchener Projekt „Omnibus" und modellieren Sie es in einem ER-Diagramm! Alle notwendigen Informationen finden Sie unter http://www.franziskaner.de/was/omnibus.htm.

Gehen Sie auf die unterschiedlichen Rollen ein, in denen hier Personen auftreten und zueinander in Beziehung stehen!

Verzichten Sie auf die Angabe von Attributen!

Berücksichtigen Sie die Organisation, Nutzung und Pflege von Räumen und Wohnungen!

Gehen Sie auf die Verwaltung und Verwendung von Spenden ein!

Notieren Sie an den Kanten, ob einseitige Eindeutigkeit gegeben ist oder nicht!

Erläutern Sie kurz Ihren Entwurf!

Zu Datenlexika

1 Algebraische Beschreibung

Die folgende Abbildung zeigt das ER-Diagramm eines einfachen Personalverwaltungssystems:

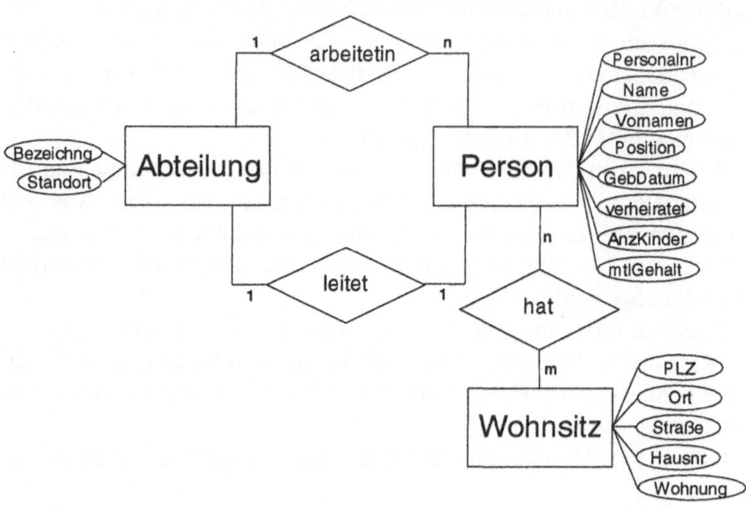

Geben Sie eine algebraische Beschreibung des Diagramms ohne Berücksichtigung der Mehrfachheiten an! Verwenden Sie dazu vorgegebene Typdefinitionen wie `String` (für Zeichenreihen), `Nat` (für natürliche Zahlen einschließlich der Null), `Bool` (für Wahrheitswerte) und `Float` (für Zahlen in Dezimalschreibweise). Datumsangaben sind Tripel aus natürlichen Zahlen.

2 Integritätsbedingungen

Betrachten Sie noch einmal die Abbildung zu Aufgabe 1 des vorigen Abschnitts!

Geben Sie die Typen der dargestellten Beziehungen an!

Beschreiben Sie die Anforderungen bzgl. der einseitigen Eindeutigkeit bei den Beziehungen `sprichtfür` und `besucht` formelmäßig!

Formulieren Sie die Bedingung, dass ein Schüler bzw. eine Schülerin nur für die Klasse sprechen kann, die er bzw. sie tatsächlich besucht!

3 Einseitige Eindeutigkeit

Die Relationen der beiden unten angegebenen Diagramme sind dreistellig.

Geben Sie die Typen der dargestellten Beziehungen an!

Beschreiben Sie die Anforderungen bzgl. der einseitigen Eindeutigkeit formelmäßig!

Formulieren Sie diese Eigenschaften auch mit eigenen Worten!

Hinweis: Bei einer dreistelligen Relation mit den Gegenstandstypen G_1, G_2 und G_3 bedeutet z.B. eine 1 bei G_3, dass jedem Instanzenpaar aus G_1,G_2 höchstens eine Instanz aus G_3 zugeordnet wird.

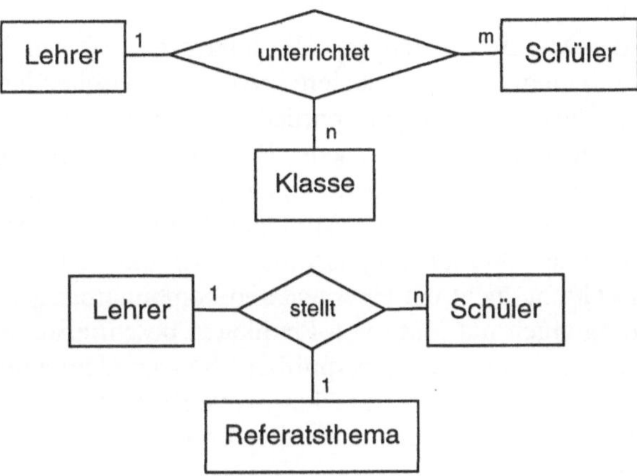

0.4 Wie es weitergeht

Zur Relevanz

Skizzieren wir kurz, wie diese Beschreibungstechnik im Großen angewendet wird, wie z.B. bei einem Autohersteller Anwendungen zur Logistik programmiert werden. Hier eine Skizze zum Stichwort *Just in Time*:

Es geht im Wesentlichen darum, dass entsprechend dem Auftragseingang und in Abhängigkeit von den vorhandenen Produktionskapazitäten die notwendigen Bauteile zum richtigen Zeitpunkt am richtigen Ort sein müssen. Auf eventuell nicht vorhersehbare Ereignisse, die den geplanten Ablauf durcheinander bringen, muss dabei rasch und flexibel reagiert werden. Dies erfordert eine strukturierte und korrekte Darstellung der relevanten Gegenstände und ihrer gegenseitigen Beziehungen:

Als Gegenstandstypen treten u.a. die einzelnen Modelle aus der Palette der Firma (für jedes Modell ein Typ `Modellxy`) sowie `Werk` (falls es mehrere Produktionsstandorte gibt), `Zulieferer` und `Bauteil` auf. Eine Instanz von `Modellxy` ist das konkrete zu bauende oder schon gebaute Fahrzeug. Attribute von `Modellxy` sind z.B. Ausstattungsmerkmale, die vom Kunden bei der Bestellung festgelegt werden, Eigenschaften, die durch die Konstruktion vorgegeben sind, und organisatorische Daten wie z.B. der geplante Liefertermin. Als Schlüssel kommen bei `Modellxy` z.B. die im Fahrzeugschein später angegebenen Schlüsselnummern in Frage. Mögliche Beziehungstypen sind `produziert` zwischen `Modellxy` und `Werk` oder `liefert` zwischen `Zulieferer` und `Bauteil`.

Bzgl. der Mehrfachheiten ist z.B. interessant, ob ein Fahrzeug komplett in einem Werk produziert wird oder zwischendurch halbfertig von Werk zu Werk transportiert wird (inzwischen gar nicht mehr so selten!), oder ob es für jedes Bauteil genau einen oder mehrere Zulieferer gibt. Zusätzliche Integritätsbedingungen sind z.B. die Anforderungen, dass ein bestimmter Motor den Einbau einer ganz bestimmten Aufhängung erfordert oder dass eine bestimmte Sonderausstattung nicht mit einer anderen kombinierbar ist. Werden diese Bedingungen mit Hilfe von Prädikaten beschrieben, so ist deren Einhaltung automatisiert überprüfbar. So kann dem Kunden z.B. unmittelbar bei der Angebotserstellung zuverlässig zugesagt werden, dass er sein Wunschauto auch tatsächlich erhalten wird.

Zur Einordnung

In vielen Anwendungen dieser Art wird der relevante Datenkosmos in einer Datenbank gehalten. Bevor jedoch eine Datenbank aufgebaut werden kann, muss eine passende Struktur gefunden werden. Das geschieht üblicherweise mit einem ER-Modell.[1] Indessen haben wir die ER-Modellierung als reine Strukturierungstechnik kennen gelernt, ohne dass die Art der Datenhaltung irgend eine Rolle gespielt hätte. Das gilt für das Bibliotheks- und das Schulmodell ebenso wie für das betriebswirtschaftlich ausgerichtete Projekt Call-a-Bike und für das Projekt Omnibus aus dem sozialen Bereich.

Entity-Relationship-Diagramme lassen sich also ganz allgemein nutzen, wenn Strukturen aus Beziehungen bestehen. Wir weisen auf zwei typische Anwendungsrichtungen hin, Taxonomien und semantische Netze:

Taxonomien wurden ursprünglich vor allem in der Biologie zur Einordnung von Lebewesen verwendet. Die wissenschaftliche Systematik arbeitet mit dem Verfahren der vergleichenden Morphologie und bestimmt den Verwandtschaftsgrad nach der Ähnlichkeit des Bauplans, erhebt also eine Ordnung, die in den Lebewesen selbst verborgen ist. Deshalb spricht man in der Biologie von einem *na-*

---

[1] A. Kemper, A. Eickler: Datenbanksysteme. Eine Einführung. 3. Aufl. München: Oldenbourg 1999

türlichen System. Eine Revision aufgrund genmolekularer Vergleiche kündigt sich an.

In diesem System gehört der Pfirsich innerhalb der *Familie* der Rosengewächse zur *Gattung* Prunus. Der wissenschaftliche Name der Pfirsiche ist Prunus persica, wobei persica die *Art* bezeichnet. Die Pflanzen einer Art ähneln einander morphologisch und können sich gegenseitig befruchten, wobei fruchtbare Nachkommen entstehen. Eine durch Kultivierung gewonnene Varietät ist Prunus persica var. nectarina, die Nektarine. Die nähere Verwandtschaft von Arten erweist sich dadurch, dass Kreuzungen (Hybride) möglich sind. Die Nachkommen sind allerdings oft unfruchtbar. Im natürlichen System der Botanik findet man die Rosengewächse unter den *Samenpflanzen* in der *Abteilung* Bedecktsamige Pflanzen, in der *Klasse* Zweikeimblättrige Pflanzen, in der *Ordnung* Rosalen. – In diesem System ist in den 150 Jahren seit Karl von Linné der heutige Kenntnisstand eingebracht und systematisiert.

Aber natürlich lassen sich Taxonomien, also Klassen- und Unterklassenbildungen auch außerhalb der Biologie erfolgreich einsetzen. Die Objektorientierung, die inzwischen in der Informatik eine große Bedeutung als Programmier- und Entwurfsparadigma gewonnen hat, verwendet Klassen und Unterklassen ganz ähnlich zur Biologie und schafft damit Taxonomien zwischen abhängigen Programmiereinheiten. Die Entity-Relationship-Ansätze lassen sich problemlos in Richtung auf diese Idee der Unterklassen in der Objektorientierung erweitern. Dazu müssen lediglich Beziehungen mit festgelegter Bedeutung eingeführt werden, die die Relation „ist Unterklasse" formalisieren. Wenn dann nicht nur ein Paar von Gegenstandstypen, sondern mehrere Paare in einer solchen Beziehung stehen, spricht man von einer *polymorphen* Beziehung.

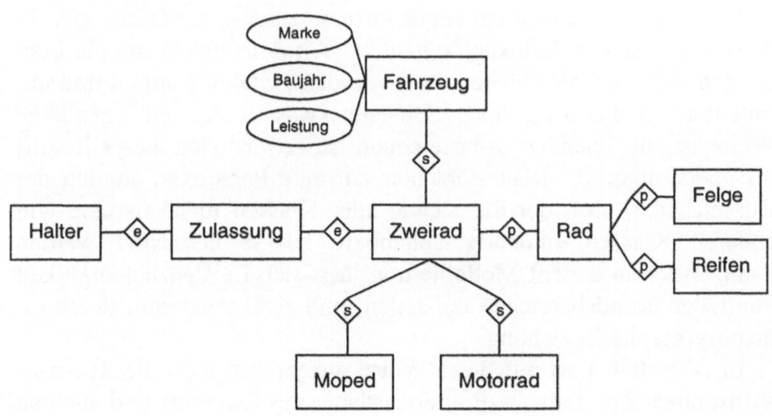

0.4–1 Polymorphe Beziehungen

Um ein Beispiel zu geben: In Abb. 0.4–1 werden durch eine polymorphe Beziehung `s` (subclass) `Moped` und `Motorrad` zu Unterklassen von `Zweirad` und `Zweirad` wiederum zur Unterklasse von `Fahrzeug` deklariert.

In der Objektorientierung spricht man von einer *Vererbungsrelation*, da sich markante Eigenschaften (*Attribute*) und Fähigkeiten (*Methoden*) von der Oberklasse auf die Elemente (*Objekte*) der Unterklasse übertragen (*vererben*).

Eine weitere allgemeine Anwendung von Entity-Relationship-Diagrammen für Techniken der Wissensmodellierung stellen ***semantische Netze*** dar. Semantische Netze sind in der Regel verallgemeinerte Graphen, in denen hierarchiebildende Relationen, wie Vererbungsrelation, Instanzrelation und partitive Relation (Bestandteilrelation) dargestellt werden. Zusätzlich können natürlich auch Eigenschaftsrelationen und vieles mehr angegeben werden.

Abb. 0.4–1 enthält drei partitive Beziehungen `p`: `Rad` als Teil von `Zweirad` sowie `Felge` und `Reifen` jeweils als Teil von `Rad`.

Semantische Netze dienen ähnlich den Taxonomien dazu, Begriffssysteme zu schaffen und Beziehungen zwischen Begriffssystemen zu untersuchen. Beispielsweise können aus Sprachtexten heraus die Hauptbegriffe (Substantive in Texten) in einem groben Schema als Gegenstandstypen erfasst werden. Die Beziehungen, die in den Texten im Wesentlichen durch Verben ausgedrückt werden, können dann in ein Entity-Relationship-Diagramm eingetragen werden. Zusätzlich kann man natürlich auch Attribute angeben. Auf diese Weise entsteht ein Netz von Begriffen und von Relationen zwischen diesen Begriffen, die es ermöglichen, zumindest die grobe Struktur eines Begriffssystems darzustellen. Semantische Netze erlauben es deshalb, sich in komplexen Situationen eine Übersicht über die benötigten Begriffe zu verschaffen.

Hier ergibt sich auch ein enger Zusammenhang zur Ontologie. In diesem Zweig der Philosophie geht es (seit Aristoteles) um die Lehre vom Seienden als solchem und von dem, was wesentlich und unmittelbar zu diesem gehört. Da alles, was immer auf irgendeine Weise ist, als Seiendes zu bezeichnen ist, erweist sich dieser Begriff als überkategorial. Man stößt hier auf eine Paradoxie, ähnlich der Russellschen, nach der die Klasse aller Klassen nicht als eine von anderen Klassen eindeutig abhebbare Klasse betrachtet werden kann. Auch in der ER-Modellierung lässt sich Existenzabhängigkeit von Gegenstandsbereichen darstellen, und zwar wiederum durch eine polymorphe Beziehung.

In Abb. 0.4–1 ist auf diese Weise ausgeführt, dass die `Zulassung` eines Zweirads an die Lebensdauer des Zweirads und auch an die Lebensdauer des Halters gebunden ist. Dies soll heißen: Aus den Zulassungen erlischt jede Instanz mit dem Ableben des Zweirads oder des Halters. Der Name e steht für existenzabhängig.

Erschließt man sich ein neues Gebiet, so ist es häufig interessant, ein semantisches Netz zu bilden und dieses als Entity-Relationship-Diagramm (mit polymorphen Beziehungen) darzustellen. Hat man unterschiedliche, aber verwandte Begriffssysteme, so kann man den Versuch machen, die Begriffe einander zuzuordnen, um dann zu prüfen, ob die semantischen Netze strukturell gleichartig sind.

Dieses Vorgehen erfordert es, sich darüber klar zu werden, welche Begriffe von herausragender Bedeutung sind und welche Beziehungen dazwischen bestehen. Jeder Begriff hat nach traditioneller Vorstellung einen Inhalt (die Gesamtheit der zu ihm gehörenden Merkmale) und einen Umfang (die Gesamtheit der Dinge, auf die er zutrifft). Ein Begriff lässt sich (seit Platon) dadurch definieren, dass die nächsthöhere Gattung und der artbildende Unterschied angegeben werden, wobei man annimmt, dass die zur Gattung gehörenden und die unterscheidenden Merkmale deutlich voneinander abgehoben werden können. Botanische Bestimmungsbücher sind so angelegt.

Wir haben Taxonomien und semantische Netze erwähnt, um zu verdeutlichen, dass der ER-Modellierung ein universeller Ansatz zur Wissenserfassung zu Grunde liegt.

Routenvorschläge

ER-Diagramme der Informatik verhalten sich zu algebraischen Spezifikationen wie in der Architektur Freihandskizzen zu normgerechten Rissen. Es bietet sich jetzt an,

- die axiomatische Modellierung zu vertiefen und mit Kap.1 zu beginnen oder
- weitere pragmatische Beschreibungstechniken kennen zu lernen und mit Kap. 2 fortzufahren.

1 Algebraische Modellierung

Zur Thematik

Zur Modellierung informatischer Systeme gibt es neben den pragmatischen Beschreibungstechniken immer auch den mathematisch axiomatischen Ansatz. Einen ersten Eindruck hat bereits das Beispiel aus der Einleitung vermittelt.

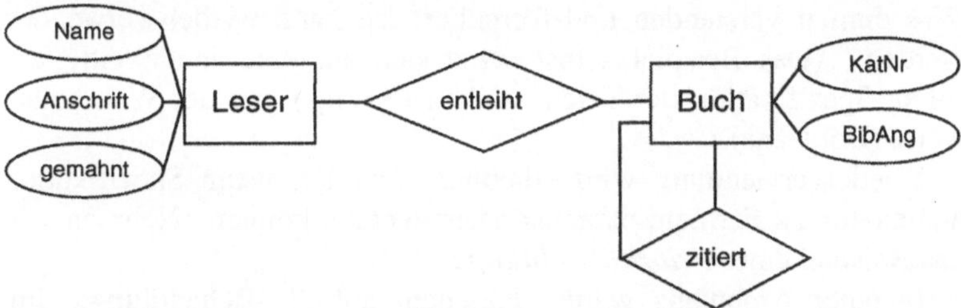

Das dargestellte Entity-Relationship-Diagramm und ein paar notwendige Zusatzangaben hatten wir durch Gegenstandstypen, Attribute, Beziehungen und Integritätsbedingungen wie folgt beschrieben:

(1) *Gegenstandstypen*

```
Leser,Buch
```

(2) *Attribute*

```
Name:       Leser → String,
Anschrift:  Leser → String,
gemahnt:    Leser → Bool,
KatNr:      Buch → String,
BibAng:     Buch → String
```

(3) *Beziehungen*

```
entleiht: Leser,Buch → Bool,
zitiert:  Buch,Buch → Bool
```

(4) *Integritätsbedingungen*

```
zitiert(b,b) = false

entleiht(leser₁,b) ∧ entleiht(leser₂,b)
  ⟶ leser₁=leser₂
```

Solchen formalen Spezifikationen unterliegt eine klare Semantik, wie wir im Folgenden sehen werden. Die Übertragung von Diagrammen in algebraische Spezifikationen, wenn sie nicht auf inhärente Widersprüche stößt, macht greifbar, was mit den Diagrammen[1] gemeint ist. Die formale Methode eignet sich als Kontrollinstanz für pragmatische Beschreibungstechniken und auch für die Programmierung. Einen anderen, ebenso universellen Weg, die Übereinstimmung von Gemeintem und Gesagtem zu reflektieren, gibt es nicht. Auf dieses besondere Thema der praktischen Informatik richtet sich das jetzt folgende Kapitel.

Am obigen Beispiel wird auch ein ökonomischer Aspekt deutlich: Was einmal verstanden und formuliert ist, kann wieder verwendet werden. (Das Beispiel selbst stützt sich auf eine anderweitig erfolgte Spezifikation der Zeichenreihen (Strings) und der Wahrheitswerte (Booleans).)

Wiederverwendung wird erheblich flexibler, wenn Spezifikationen analog zu Formeln parameterisiert werden können. Nehmen wir das Beispiel einer ***Prioritätsschlange***:

In einer Ambulanz warten Patienten auf die Behandlung. Im Wartezimmer wird die Reihenfolge nach Dringlichkeit festgelegt. Als Nächster kommt der Patient mit der höchsten Priorität an die Reihe. Bei gleicher Priorität kommt der dran, der schon länger wartet. Wenn die Reihenfolge dem behandelnden Arzt auf einem Monitor angezeigt werden soll, ist dazu ein wenig Programmierung erforderlich. Prioritätsschlangen sind aber für die Informatik nichts Neues. Sie traten in der Systemprogrammierung spätestens bei der Verteilung von Rechnerbetriebsmitteln auf. Dort geht es zwar um die Auslastung von Peripheriegeräten mit unterschiedlichem Zeitbedarf, hier um Patienten. Abstrahiert man aber davon, so kann hier wie dort dieselbe Spezifikation verwendet werden. Das gelingt, indem der Typ des Gegenstands, der in der Prioritätsschlange verwaltet wird, durch einen Parameter repräsentiert wird.

---

[1] Entity-Relationship-Diagramme sind dafür ein repräsentatives Beispiel. Es gibt Untersuchungen, nach denen sie von allen diagrammatischen Beschreibungstechniken bei weitem am häufigsten verwendet werden.

Die Abstraktion von speziellen Besonderheiten gehört gleichsam programmatisch zur Mathematik; uns hilft sie, Spezifikationen möglichst vielfältig zu nutzen.

Zur Einordnung

Die axiomatische Modellierung ist im Software-Engineering entwickelt worden und dient dort dazu, Anwendungsbereiche darzustellen, die Wirkungsweise von Datenstrukturen zu spezifizieren und Aufgaben zu lösen, ohne auf Betriebssystem und Hardware Bezug zu nehmen. Es handelt sich um eine Form der Datensicht, bei der auf Gegenstandstypen und Funktionen (Operationen) fokussiert wird. Typen sind dabei (nichts weiter als) Namen und damit jeglicher Vorstellung entledigt. Wesentlich für einen Typ ist die Gesamtheit der Operationen, die auf ihm definiert sind. Operationen werden durch Eigenschaften (Axiome) charakterisiert. Solche Spezifikationen heißen *algebraisch*, wenn die Axiome die spezielle Form von bedingten Gleichungen besitzen, worauf wir uns im Folgenden konzentrieren wollen.

Algebraische Spezifikationen entfalten einen unmittelbareren Nutzen für die Programmierung, wenn ein methodischer Weg von der Spezifikation zur Implementierung beschritten wird. Mit dem Ansatz der abstrakten Spezifikation ist die Erwartung verbunden, dass lauffähige Programme sich schrittweise (und weitgehend mechanisch) durch Programmtransformationen aus ihren Spezifikationen entwickeln („verfeinern") lassen – und zwar korrekte Programme, die die Axiome der Ausgangsspezifikation erfüllen. Solche Methoden sind im Software Engineering entwickelt worden. Die Bemühungen haben darüber hinaus zu übersichtlichen Hardwareschnittstellen und gut strukturierten Programmiersprachen geführt. Mehr noch, der Ansatz hat sich auch für die Entwicklung von Hardware als fruchtbar erwiesen. Er ist für die gesamte Informatik das formale Modellierungsmittel schlechthin. Die folgende Einführung stellt die Modellierung abstrakter Rechenstrukturen (Strukturen, die im weit gefassten Sinn Berechnungen dienen) in den Vordergrund und zeichnet damit den Ausgangspunkt von Theorie und Praxis noch einmal nach.

1.1 Signaturen und Axiome

Die zur Spezifikation verwendeten Sprachen weisen Unterschiede auf. Konzeptuell liegen sie aber dicht beieinander. Wir stellen die grundlegenden Begriffe zusammen und beginnen dann mit dem systematischen Aufbau einer Art Bibliothek für die Praxis.

Um mit einem Beispiel zu beginnen, versetzen wir uns in die Situation eines Entwicklers, der Prioritätsschlangen spezifizieren möchte. Er könnte vorsehen, dass es eine leere Prioritätsschlange gibt. Ferner wird er zum Verlängern und zum Verkürzen Funktionen ansetzen, ebenso für den Zugriff auf das nächste Element. Ohne ins Detail zu gehen, lassen sich diese Größen ihrem Typ nach unterscheiden. Dies bestimmt die *Schnittstellensicht*. Unter der Schnittstellensicht auf ein System verstehen wir die Gesamtheit der Größen, die für die Nutzung bedeutsam sind.

Wie wird die Schnittstelle eines Systems erfasst?

In der Schnittstellenbeschreibung sind die zu Grunde liegenden Gegenstandsbereiche und Funktionen zu unterscheiden.

Beispiel (Schnittstellenangaben zu Prioritätsschlangen).

Gegeben sei ein Typ `M`. Den Typ unseres Interesses nennen wir (z.B.)

`Pq` *Prioritätsschlangen aus Elementen des Typs* `M`.

Vorgesehen werden (z.B.) eine Konstante und drei Funktionen:

```
epq : Pq              leere Prioritätsschlange,
enq : Pq,M → Pq       Einfügen in Prioritätsschlange,
next: Pq → M          nächstes Element höchster Priorität,
deq : Pq → Pq Entfernen d. Elements höchster Priorität.
```

❑

Diese Angaben bilden die so genannte *Signatur* der Prioritätsschlangen über `M`.

Definition (Signatur).

Eine *Signatur* (erster Stufe) besteht aus

- einer Menge S von Bezeichnungen für Typen, auch *Sorten* genannt,
- einer Menge F von Bezeichnungen für Konstanten und Funktionen,
- einer Abbildung, die jeder Bezeichnung aus F einen Typ, die so genannte *Funktionalität*, zuordnet.

Die Funktionalität einer Konstanten c ist ein Typ M aus S; wir schreiben

$c : M$ für die Eigenschaft „c ist vom Typ M".

Die Funktionalität einer n-stelligen Funktion f wird angegeben durch die Typen der Argumente und des Resultats, und zwar durch

$f : M_1, M_2, \ldots M_n \rightarrow M_{n+1}$, wobei $M_1, M_2 \ldots M_{n+1}$ aus S sind.

Damit sind Funktionen als Argumente und Ergebnisse ausgeschlossen. Man spricht daher von einer Signatur erster Stufe und bei den Grundtypen von Sorten.

❑

Eine Signatur ist (nichts weiter als) eine Familie von Bezeichnungen und die Festlegung von Funktionalitäten. Die kursiv gesetzten Kommentare sind nur Erläuterungen.

Mit den Funktionsbezeichnungen können Ausdrücke (Terme) gebildet werden wie

`enq(epq,x)`

Prioritätsschlange mit x als einzigem Element,

`enq(enq(epq,x),y)`

Prioritätsschlange aus den Elementen x und y,

`next(enq(enq(epq,x),y))`

Element x oder y, je nach Priorität,

usw.: Ausgehend von der Konstanten `epq` bildet man mit Hilfe von `enq` und `deq` durch Einsetzen weitere Terme. All diese Terme repräsentieren Prioritätsschlangen. Da wir zu `M` keine Terme kennen, verwenden wir `x` und `y` als Unbestimmte des Typs `M`. Mit Hilfe der Unbestimmten `u`, `v` des Typs `Pq` lassen sich auch Terme wie der folgende bilden:

`enq(u,next(v))`

Prioritätsschlange bestehend aus den Elementen von `u` *und* `next(v)` *als zusätzlichem Element*

Diese Unbestimmten sind typspezifisch, `x` und `y` stammen aus einem Vorrat X_M, `u` und `v` aus einem Vorrat X_{Pq} von Bezeichnungen (Identifikatoren).

Welche Termsprache soll verwendet werden?

Definition (Σ-Term).

Es sei eine Signatur $\Sigma = (S, F)$ vorgelegt. Zu jedem Typ M aus S sei X_M eine Menge von typspezifischen Identifikatoren. Die Gesamtheit dieser (disjunkten) Mengen heiße X. Die Menge $W_\Sigma(X)$ der *Terme* über Σ und X ist wie folgt definiert:

- Jeder Identifikator $x \in X_M$ und jedes Symbol $c \in F$ mit $c{:}M$ ist ein Term des Typs M, für alle $M \in S$.

  (Jede *Variable* (Unbestimmte) x und jede *Konstante* c ist ein Term.)

- Ist $f \in F$ mit $f : M_1, \dots M_n \rightarrow M_{n+1}$
  und sind $t_1, \dots t_n$ Terme des Typs $M_1, \dots M_n$,
  so ist $f(t_1, \dots t_n)$ ein Term des Typs M_{n+1}.

  (Jede *Funktionsapplikation* ergibt einen Term.) ❑

Betrachten wir einmal die Menge aller Terme über der Signatur Π der Prioritätsschlangen:

$W_\Pi(X)$
= {`epq`, `enq(epq,x)`, `enq(enq(epq,x),y)`, ..., `next(u)`, `deq(v)`, ...}.

Zu beliebigen Termen t_1 vom Typ `Pq` und t_2 vom Typ `M` aus $W_\Pi(X)$ liegt auch `enq(`t_1`,`t_2`)` in dieser Menge. Ebenso `next(`t_1`)` und `deq(`t_1`)`. Sie ist abgeschlossen gegenüber der Funktionsapplikation. Allgemein:

Feststellung (Abgeschlossenheit von $W_\Sigma(X)$).

Ist $f \in F$ mit $f : M_1, \dots M_n \rightarrow M_{n+1}$ und sind $t_1, \dots t_n$ Terme der Typen $M_1, \dots M_n$, so ist die Abbildung τ_f, die dem Tupel $(t_1, \dots t_n)$ den Term $f(t_1, \dots t_n)$ zuordnet, wohldefiniert.

❑

Die Menge aller Terme ist unter diesen Abbildungen τ_f also abgeschlossen. Mathematische Gebilde dieser Art werden in der Algebra behandelt. Die betrachteten Mengen heißen *Trägermengen*, die Abbildungen nennt man *Verknüpfungen*. In Anlehnung daran heißt $W_\Sigma(X)$ die *Termalgebra* zur Signatur Σ.

Alle Terme, die frei von Variablen (Unbestimmten) sind, heißen *Grundterme*. Sie bilden die so genannte *Grundtermalgebra* W_Σ. Man beachte, wie wichtig Konstanten sind: Ohne sie können keine Grundterme gebildet werden. Einziger Grundterm des Typs `Pq` ist `epq`, solange keine Grundterme des Typs `M` verfügbar sind.

Wie werden die Eigenschaften eines Systems erfasst?

Die Signatur der Prioritätsschlangen war mit Erläuterungen versehen, die die Intention bei der Einführung der Bezeichnungen wiedergeben sollten. Man erwartet jetzt eine Umsetzung dieser Intentionen in Axiome. Beabsichtigt ist sicher, dass z.B. die folgende Eigenschaft gilt:

```
next(enq(epq,x)) = x.
```

D.h.: Nächstes Element höchster Priorität aus der Prioritätsschlange mit dem einzigen Element `x` ist dieses Element `x`.

Vielleicht legt man auch fest:

```
(next(u) < x) ⟶ (next(enq(u,x)) = x).
```

D.h.: Wenn `next(u)` der Priorität nach kleiner als `x` ist, dann ist das nächste Element höchster Priorität von `enq(u,x)` gleich `x`.

Die beiden aufgeführten Eigenschaften könnte man (neben anderen) als Axiome der Prioritätsschlangen ansehen.

Durch die Angabe von Axiomen sollen offenbar gewisse Terme gleichgesetzt werden. Gleichungen führen zu einer Einteilung der Terme in Klassen äquivalenter Terme.

Beispiel (Natürliche Zahlen).

Unter Verwendung der Peano-Axiome der natürlichen Zahlen lassen sich definierende Eigenschaften für die Addition angeben. (Im nächsten Abschnitt findet sich eine entsprechende Spezifikation.) Jedenfalls ist uns geläufig, dass die Addition kommutativ ist, d.h. dass die Terme `a+b` und `b+a` äquivalent sind.[2] Diese Terme sind für festes `a` und `b` zwei verschiedene Repräsentanten aus einer Klasse äquivalenter Terme. Die Zahlen 0, 1, 2, ... sind Bezeichnungen für solche Klassen.

❑

Feststellung (Repräsentanten). Alle Terme einer Äquivalenzklasse verhalten sich gleich gegenüber Abbildungen, die auf sie angewendet werden; ein beliebiger Repräsentant reicht zur Kennzeichnung aus.

❑

Wenn wir ein solches Repräsentantensystem zu Grunde legen, so denken wir uns das Ergebnis $f(t_1, \ldots t_n)$ der Abbildung τ_f angewandt auf Repräsentanten $(t_1, \ldots t_n)$ ersetzt durch seinen Repräsentanten. Dies vereinfacht unsere Überlegungen:

Definition (Termklassenalgebra).

Gegeben sei eine Menge E von Eigenschaften (formuliert mit Termen aus W_Σ). Wir wählen eine Menge von Termen, die aus jeder Klasse genau einen Vertreter enthält. Diese sei mit W_Σ/E bezeichnet. Sie ist abgeschlossen gegenüber den Abbildungen τ_f und bildet mit ihnen die (durch die Eigenschaftsmenge E induzierte) *Termklassenalgebra*.

❑

Nach diesen Vorbereitungen sind wir nun gerüstet, genau festzulegen, welche Textdokumente wir als algebraische Spezifikationen verstehen wollen.

Was ist eine algebraische Spezifikation?

Definition (Algebraische Spezifikation, Syntax).

In einer algebraischen Spezifikation wird festgelegt:

---

[2] Auch in weiteren Beispielen werden wir die vertraute Infixnotation für Terme benutzen, also `a+b` statt z.B. `add(a,b)` schreiben.

- eine Signatur Σ und
- eine Menge E von Eigenschaften (Axiomen) in Form von bedingten Gleichungen.

Im Allgemeinen erhält die Spezifikation eine Bezeichnung.

❑

Beispiel (Miniatur-Bibliothek).

```
SPEC MINIBIB =
{ based_on BOOL, STRING,
  sort Leser, Buch,

  Name:        Leser → String,
  Anschrift:   Leser → String,
  gemahnt:     Leser → Bool,
  KatNr:       Buch → String,
  BibAng:      Buch → String,
  entleiht:    Leser,Buch → Bool,
  zitiert:     Buch,Buch → Bool,

  zitiert(b,b) = false,
  (entleiht(leser1,b) ∧ entleiht(leser2,b))
   ⟶ (leser1=leser2)                          }
```

Die hier gewählte Aufschreibung verwendet einen Stil, der in gewissen Variationen in der Projektentwicklung als formale Sprache verwendet wird: Der Text führt den Namen `MINIBIB` ein und stützt sich auf gewisse Spezifikationen `BOOL` und `STRING`, die (z.B. aus der Sammlung weiter unten) zitiert werden. Er definiert dann

eine Signatur Σ = (S, F), gegeben durch

S = {`Leser`, `Buch`},
F = {`Name`, `Anschrift`, ... `zitiert`},

eine Abbildung, die jeder Bezeichnung aus F ihre Funktionalität zuordnet und

eine Menge E bestehend aus zwei Eigenschaften, nämlich einer Gleichung und einer bedingten Gleichung.

❑

Mit dem bereitgestellten Instrumentarium können wir uns das Beispiel etwas genauer ansehen. Zur Spezifikation gehört eine gewisse Termklassenalgebra. Ist sie geeignet, den gemeinten Gegenstandsbereich zu modellieren?

Im Beispiel fällt auf, dass F keine Konstanten und keine Funktionen enthält, mit denen sich Terme der neu eingeführten Typen `Le-`

`ser` und `Buch` bilden ließen. Das heißt, die Grundtermalgebra enthält keine Terme zu diesen beiden Typen.

In der realen Welt sind aber Bibliotheken selten leer. D.h. die Termklassenalgebra ist als Modell zu klein. Wir vergrößern sie:

Definition (Algebraische Spezifikation, Semantik).

Mit einer algebraischen Spezifikation ist eine Erweiterung der Termklassenalgebra gemeint, und zwar in folgendem Sinn:

- Die Trägermengen dürfen zusätzliche Elemente enthalten.
- Es dürfen zusätzliche Eigenschaften erfüllt sein.
- Die konsistente Umbenennung der Funktionen ist erlaubt.

❑

Aus der in dieser Weise gewählten Perspektive besteht die (beschriebene) Welt aus Algebren.

Die Interpretation ist bewusst offen gehalten.

Definition (Modell einer Spezifikation).

Als Interpretation ihrer Spezifikation heißen die erweiterten Termklassenalgebren der vorigen Definition *Modelle*, wenn alle Trägermengen nichtleer sind.

❑

Beispiel (Zwei Modelle einer Spezifikation).

```
SPEC EX1 =
{ sort Bit, Bs,
   O, L:    Bit,
   empty:   Bs,
   lap:     Bit,Bs → Bs  }
```

Die gewählten Bezeichnungen intendieren Bits und Zeichenreihen `Bs` über Bits mit einer Funktion `lap`, die an eine Zeichenreihe links ein Bit anfügt. Das ist die Interpretation B unten rechts. Ein anderes Modell A ist unten links angegeben. Die Spezifikation enthält keine Eigenschaften. Die beiden Modelle fügen Eigenschaftsmengen E^A bzw. E^B hinzu.

Bit^A	= {0,1}		Bit^B	= {0,1}	
Bs^A	= {0,1,2,...}		Bs^B	= {Zeichenreihen über 0 und 1}	
O^A	= 0		O^B	= 0	
L^A	= 1		L^B	= 1	
$empty^A$	= 0		$empty^B$	= ε	*leere Zeichenreihe*
lap^A	= +	*Addition*	lap^B	= prefix	*links anfügen*
E^A	=		E^B	=	
{Die Eigenschaften der natürlichen Zahlen}			{Die Eigenschaften der Zeichenreihen über 0 und 1 mit der Operation prefix}		

Die Addition im Modell A ist wie folgt zu verstehen: Sei `b` ein Term des Typs `Bs` und n die Zahl, die `b` interpretiert. Dann wird der Term `lap(O,b)` interpretiert durch 0+n (wegen E^A ist das n). Und der Term `lap(L,b)` wird interpretiert durch die Zahl 1+n. Für `b=empty` ist n=0 angegeben.

Die Interpretation von `lap(O,empty)` ist daher 0, diejenige von `lap(L,empty)` ist 1.

❑

Noch einmal zur Miniaturbibliothek: Die Spezifikation lässt sich leicht um Funktionen erweitern, die Terme der Typen `Leser` oder `Buch` erzeugen. Wenn solche Funktionen eingeführt werden, dann möchte man auch verlangen, dass die Modelle *termerzeugt* sind, d.h. dass die Trägermengen nur aus Termen und nichts sonst bestehen und dass sie gerade mit diesen Funktionen gebildet sind. Dies spezifizieren wir durch „... **generated_by** ...". Im folgenden Beispiel stehen zwei solche Axiome.

Beispiel (Miniatur-Bibliothek 2).

```
SPEC MINIBIB2 =
{ based_on MINIBIB,

  MkL:  String,String,Bool → Leser,
  MkB:  String,String → Buch,

  Leser generated_by MkL,
  Buch generated_by MkB,

  Name(MkL(x,y,z)) = x,
  Anschrift(MkL(x,y,z)) = y,
  gemahnt(MkL(x,y,z)) = z,
  KatNr(MkB(x,y)) = x,
  BibAng(MkB(x,y)) = y                    }
```

❑

Wegen ihrer termerzeugenden Rolle heißen `MkL` und `MkB` *Konstruktorfunktionen*. Die Funktionen `Name`, `Anschrift` und `gemahnt` sind durch ihre Eigenschaften als *Selektorfunktionen* ausgewiesen.

Algebraische Spezifikationen haben wir jetzt ihrer Syntax und Semantik nach beschrieben. Es folgen jetzt noch ein paar Zusätze.

Sortenparameter. Wenn wir auf die Prioritätsschlangen zurückkommen: Von welchem Typ sind die Elemente, aus denen Prioritätsschlangen aufgebaut sind? Der Spezifikation war eine Sorte `M` für diese Elemente vorgegeben. Wir möchten nun für `M` einen Platzhalter α einführen und diesen `Pq` explizit als Parameter mitgeben, in der Form `Pq` α . Sind dann Prioritätsschlangen eines bestimmten Elementtyps gemeint, z.B. `Nat` oder `String`, lässt sich das flexibel durch `Pq Nat` bzw. `Pq String` ausdrücken. Sehr häufig wird dabei vorausgesetzt, dass auf dem Parametertyp eine Gleichheits- oder eine Ordnungsbeziehung besteht. Das wird durch einen tief gestellten Index am Parameter ausgedrückt (im folgenden Beispiel: $\alpha_<$).

Beispiel (Prioritätsschlangen).

```
SPEC PRIOQUEUE =
{ based_on BOOL,

  sort Pq α<,
  epq :  Pq α,
  enq :  Pq α, α → Pq α,
  next : Pq α → α,
  deq :  Pq α → Pq α,

  Pq α  generated_by  epq, enq,

  next(enq(epq,a)) = a,
   deq(enq(epq,a)) = epq,

    (next(s)<a) ⟶ (next(enq(s,a)) = a),
  (¬(next(s)<a) ∧ s≠epq) ⟶
           (next(enq(s,a)) = next(s)),

    (next(s)<a) ⟶
           (deq(enq(s,a)) = s),
  (¬(next(s)<a) ∧ s≠epq) ⟶
           (deq(enq(s,a)) = enq(deq(s),a))  }
```

Bemerkungen: Diese Spezifikation legt den Term `next(epq)` nicht fest, ebenso wenig den Term `deq(epq)`. Für nichtleere Prioritätsschlangen sind die Spezifikationen der Funktionen `next` und `deq` jedoch eindeutig. Die Axiome werden untersucht in Übungsaufgabe 3.

❑

Hier steht α für eine beliebige, aber feste Sorte. Wie man diesen Typ festlegt und dann weitergehend spezifiziert, zeigt das folgende Beispiel.

Beispiel (Prioritätsschlangen aus natürlichen Zahlen).

Der Typ `Nat` der natürlichen Zahlen sei in einer Spezifikation `Y` erklärt (vgl. nächsten Abschnitt). So lässt sich dann z.B. eine Konstante mit dem Namen `nil` definieren:

```
SPEC PRIQNAT =
{ based_on NAT, PRIOQUEUE,
   nil: Pq Nat,
   nil = enq(epq,0)
   ...                         }
```

Die Prioritätsschlange `nil` enthält die natürliche Zahl 0 als einziges Element.

❑

Komplettierung durch ⊥. In der Praxis gibt es Aufgaben, die nur partiell lösbar sind, und es gibt Funktionen, die für bestimmte Argumente kein definiertes Ergebnis haben, sowie Algorithmen, die für gewisse Eingaben nicht terminieren. Diese Beobachtung ist uns aus der Mathematik bekannt. Beispielsweise liefert die Division durch Null kein eindeutiges Ergebnis. Auf zwei Wegen lässt sich dem Rechnung tragen: Entweder man schränkt den Definitionsbereich ein (und betrachtet nur von Null verschiedene Divisoren), oder man komplettiert den Zielbereich der Funktion durch ein uneigentliches Element ⊥ (lies: Bottom) und definiert $1/0 = \bot$.

Bei der Komplettierung geht man wie folgt vor. Wir verabreden:

- Alle Termmengen W seien zu $W \cup \{\bot\}$ komplettiert.

Konsequent angewandt bedeutet dies allerdings, dass wir es im Typ der Wahrheitswerte jetzt mit drei Werten, nämlich `true`, `false` und ⊥, zu tun haben.

Für die Axiome vereinbaren wir zweierlei:

- In Aussagen über *alle* Elemente eines Typs sind alle *eigentlichen*, von ⊥ verschiedenen Elemente gemeint.
- Die Gleichheit ist *stark*,

d.h. der Vergleich liefert stets `true` oder `false`, wobei alle undefinierten Terme eines Typs gleichgesetzt und alle definierten Terme von den undefinierten unterschieden werden.

In der Anwendung des Konzepts konzentrieren wir uns auf eine bestimmte Klasse von Funktionen:

- Abgesehen von den Booleschen Operatoren und der Gleichheit sind alle Funktionen *strikt*,

d.h. sie liefern undefiniert, wenn ein Argument undefiniert ist, soll heißen, es gilt

$$f(\ldots,\bot,\ldots) = \bot$$

Dies entspricht den Situationen, in denen Berechnungen nicht terminieren bzw. mit einem Fehlerresultat abbrechen, wenn eine Teilberechnung nicht terminiert bzw. abgebrochen wurde. Taschenrechner liefern zum Beispiel

$$1 + (1/0) = 1 + \perp = \perp$$

Allerdings komplettieren manche Taschenrechner mit zwei Elementen, $-1/0 = -\perp$. (Als strikte Funktion führt die Negation bei uns auf $\perp$.)

Unter der Festlegung auf strikte Funktionen lässt sich die programmiersprachliche Fallunterscheidung allerdings nicht als Funktion darstellen, denn sie ist offenbar nicht strikt, Beispiel:

```
if true then 17 else 1/0 fi
```

hat 17 als abgearbeitetes Ergebnis und nicht $\perp$.

Definition (Komplettiertes Modell).

Das Modell einer Spezifikation heißt *komplettiert*, wenn die oben angeführten vier Punkte gelten.

❑

Um den Definitionsbereich einer Funktion angeben zu können, führen wir ein Prädikat δ ein: Die Eigenschaft eines Terms t, für einen definierten Term zu stehen, wird ausgedrückt durch δ[t]. Das lässt sich insbesondere im negativen Sinn anwenden:

Beispiel (Definiertheitsprädikat).

```
SPEC PQ =
{ based_on PRIOQUEUE,
  δ[next(epq)] = false,
  δ[deq(epq)]  = false }
```

❑

Mit diesen beiden Eigenschaften ist im Gegensatz zu PRIOQUEUE festgelegt, dass es (in allen Modellen) zur leeren Prioritätsschlange epq kein nächstes Element gibt und dass es zu epq auch keine durch deq verkürzte Prioritätsschlange gibt.

Klassifizierende Begriffe. Wenn wir im folgenden Abschnitt die grundlegenden Spezifikationen durchgehen, dann gewinnen die folgenden Begriffe Bedeutung.

Definition (Initiales und terminales Modell).

Ein Modell heißt *initial*, falls jedes andere Modell weitergehende Eigenschaften im Sinne von Gleichungen besitzt.

Ein Modell heißt *terminal*, falls kein Modell weitergehende Eigenschaften im Sinne von Gleichungen besitzt.

❑

Beispiele finden sich im nächsten Abschnitt. Dort gibt es auch Beispiele zu monomorphen Spezifikationen im Sinne der folgenden Definition.

Definition (Monomorphie, Polymorphie und Inkonsistenz).
Eine Spezifikation heißt
monomorph, wenn sie bis auf Umbenennung nur ein Modell besitzt,
polymorph, wenn sie zwei Modelle besitzt, die nicht reine Umbenennungen voneinander sind, und
inkonsistent, wenn sie kein Modell besitzt.

❑

Die Praxis der formalen Spezifikation ist stets von der Sorge begleitet, dass die aufgestellten Eigenschaften auch widerspruchsfrei sind. Zum Nachweis der Widerspruchsfreiheit reicht die Angabe eines Modells.

Jede Gleichung kann als Ersetzungsregel verwendet werden, indem die linke Seite dort, wo sie in einem vorgegebenen Term auftritt, durch die rechte Seite ersetzt wird. Bedingte Gleichungen sind Ersetzungsregeln, die unter einem Vorbehalt verwendet werden können, den die Bedingung angibt. Eine Abfolge von solchen Ersetzungen in einem Term heißt *Reduktion.*

Definition (Vollständigkeit und hinreichende Vollständigkeit).
Wir betrachten eine Spezifikation (Σ, E) mit Σ=(S, F). Die Eigenschaftsmenge E heißt *vollständig*, wenn sie für alle Modelle festlegt, ob eine vorgelegte weitere Eigenschaft (Gleichung) über Σ gültig oder ungültig ist. Die Eigenschaftsmenge E heißt *hinreichend vollständig*, wenn jeder Grundterm sich reduzieren lässt auf einen Term, der nur noch Funktionen enthält, die durch **generated_by** als erzeugende Funktionen aufgeführt sind (in der Spezifikation selbst und in allen Spezifikationen, auf die sie sich durch **based_on** abstützt).

❑

Die praktische Bedeutung erläutert das folgende Beispiel.

Beispiel (Hinreichend vollständige Eigenschaftsmenge).

```
SPEC BITS =
{ sort Bit, Bs,

  O, L:   Bit,
  empty:  Bs,
  lap:       Bit,Bs → Bs,
  red:       Bs → Bs,     beseitigt führende Zeichen O

  Bit generated_by O, L,
  Bs  generated_by empty, lap,
```

```
red(empty) = empty,
red(lap(O,xs)) = red(xs),
red(lap(L,xs)) = lap(L,xs)    }
```

Wenn die letzte Eigenschaft fehlte, ließe sich ein Modell angeben, in dem `red` die Funktion ist, die konstant `empty` liefert. Die Intention wäre verfehlt. Diese Mehrdeutigkeit lässt die angegebene Spezifikation nicht aufkommen. Sie ist hinreichend vollständig, wie man sieht, wenn man sich überlegt, wie „von innen heraus" Teilterme `red(...)` reduziert werden können. – Dieses Problem ist bei Anwendungen nahezu allgegenwärtig.

❑

Nicht für alle Spezifikationen ist hinreichende Vollständigkeit oder Vollständigkeit eine Forderung. Häufig spezifizieren wir bewusst nur Teilaspekte.

1.2 Grundlegende Spezifikationen

Im Folgenden ist eine Auswahl abstrakter Rechenstrukturen zusammengestellt, die für viele Anwendungen als grundlegend gelten kann.

Die Rechenstruktur der Wahrheitswerte. Um Klammern einsparen zu können, verabreden wir die folgende Reihenfolge für die Bindungsstärke logischer Operatoren:

$\neg$ bindet stärker als $=$, dieses stärker als $\wedge$, dieses stärker als $\vee$, dieses stärker als $\longrightarrow$.

SPEC BOOL =
{ **sort** Bool,

true, false :	Bool,	*richtig, falsch*	
$\neg$:	Bool $\rightarrow$ Bool,	*Negation*	***Präfix***
$\vee, \wedge, \longrightarrow$:	Bool, Bool $\rightarrow$ Bool,		
	Disjunktion, Konjunktion, Implikation		***Infix***

Bool **generated_by** true, false,

true $\neq$ false,
$\neg$true = false,
$\neg\neg$x = x,

(false ∨ x) = (x ∨ false) = x,
(true ∨ x) = (x ∨ true) = true,
(true ∧ x) = (x ∧ true) = x,
(false ∧ x) = (x ∧ false) = false,
(x ⟶ y) = (¬x ∨ y) }

Für diese Spezifikation gelten folgende Aussagen:

BOOL ist monomorph, konsistent und vollständig.
Die Trägermenge eines Modells ist zweielementig.
Alle Grundterme t sind definiert, d.h. es gilt: $\delta[t]$.

BOOL ist für praktisch alle Spezifikationen primitive Teilspezifikation. Sie besitzt als einziges Modell (abgesehen von Umbenennungen) die Boolesche Algebra der Wahrheitswerte (vgl. Kap. 3).

Wir wollen anmerken, welche Gesetze hinzukommen, wenn wir die Termalgebren durch ein ⊥-Element komplettieren und zu dreiwertiger Logik übergehen. In der nach Kleene benannten Logik sind dies einerseits

true ≠ ⊥,
false ≠ ⊥,
¬⊥ = ⊥,
⊥∨⊥ = ⊥∧⊥ = ⊥.

Außerdem übernimmt man die fünf Axiome über ∨, ∧ und ⟶ auch in der dreiwertigen Logik, also für `x`, `y` ∈ {⊥, `true`, `false`}. Dies ist plausibel, wenn man ⊥ als „ungewiss", d.h. „möglicherweise `true`, möglicherweise `false`" versteht, wenn also ⊥ durch zusätzliche Informationen sich als `true` oder `false` herausstellt. In den fünf Axiomen stehen `x` und `y` dementsprechend für alle drei Werte.

Zahlartige Rechenstrukturen. Es existiert eine Vielzahl von zahlartigen Rechenstrukturen. Beispiele sind natürliche, ganze und rationale Zahlen. Dazu kommen Festpunkt- und Gleitpunktzahlen. Wir beschränken uns auf die Spezifikationen der natürlichen Zahlen NAT und der ganzen Zahlen INT.

SPEC NAT =
{ **based_on** BOOL,
sort Nat,

0 : Nat,		*Null*	
succ :	Nat → Nat,	*Nachfolger*	
iszero :	Nat → Bool,	*Test auf Null*	
pred:	Nat → Nat,	*Vorgänger*	
+, * :	Nat, Nat → Nat,	*Addition, Multiplikation*	***Infix***

Nat **generated_by** 0, succ,

```
    iszero(0) = true,
    iszero(succ(x)) = false,
    pred(succ(x)) = x,
    0+y = y,
    succ(x)+y = succ(x+y),
    0*y = 0,
    succ(x)*y = y+(x*y)        }

SPEC INT =
{ based_on BOOL,
    sort Int,

    0 :              Int,
    succ, pred : Int → Int,
    ≥ : Int, Int → Bool,                 (stärker bindend als =)    Infix

    Int generated_by 0, succ, pred,

    x ≥ x = true,
    x ≥ succ(x) = false,
    x ≥ y = false ⟶ x ≥ succ(y) = false,
    x ≥ y = true ⟶ x ≥ pred(y) = true,
    pred(succ(x)) = x,
    succ(pred(x)) = x,

    +, *, – : Int, Int → Int,                                        Infix

    0+y = y,
    succ(x)+y = succ(x+y),
    pred(x)+y = pred(x+y),
    x–0 = x,
    x–succ(y) = pred(x–y),
    x–pred(y) = succ(x–y),
    x*0 = 0,
    x*succ(y) = (x*y)+x,
    x*pred(y) = (x*y)–x              }
```

Die Spezifikationen NAT und INT sind konsistent. INT ist monomorph und vollständig; NAT ist beides nicht. Denn NAT lässt sich erweitern um ein Axiom pred(0) = 0 oder pred(0) = $succ^n(0)$ mit $1 \le n$. Auf NAT und INT lassen sich weitere Funktionen wie Negation, Division etc. durch algebraische Spezifikation einführen.

Sequenzartige Rechenstrukturen spielen in vielen Anwendungen der Informatik eine zentrale Rolle. Die klassische Spezifikation ist die folgende polymorphe Spezifikation SEQ.

SPEC SEQ =
{ **based_on** BOOL,
sort Seq α,

‹› :	Seq α,	*leere Sequenz*	
‹_› :	α → Seq α,	*einelementige Sequenz*	***Mixfix***
^ :	Seq α, Seq α → Seq α,	*Konkatenation*	***Infix***
iseseq :	Seq α → Bool,	*Test auf leer*	
first, last :	Seq α → α,	*erstes, letztes Element*	
rest, trunc :	Seq α → Seq α,	*Rest, Anfang*	

Seq α **generated_by** ‹›, ‹_›, ^,

iseseq(‹›) = true,
iseseq(‹a›) = false,
iseseq(x^y) = (iseseq(x) ∧ iseseq(y)),
x^‹› = x = ‹›^x,
(x^y)^z = x^(y^z),
first(‹a›^x) = a,
last(x^‹a›) = a,
rest(‹a›^x) = x,
trunc(x^‹a›) = x }

Die Spezifikation SEQ ist konsistent und vollständig.
Über SEQ lassen sich weitere Funktionen einführen:

SPEC EXTENDEDSEQ =
{ **based_on** SEQ, NAT,

: Seq α → Nat, *Länge der Sequenz* ***Präfix***
‹› = 0,
‹a› = succ(0),
(x^y) = (#x)+(#y) }

Die Funktion # bildet Sequenzen auf ihre Länge ab.
Eine wohlbekannte sequenzartige Rechenstruktur sind Warteschlangen. Sie unterscheidet sich von allgemeinen Sequenzen durch eine eingeschränkte Menge von Zugriffsfunktionen. Wir spezifizieren sie polymorph.

SPEC QUEUE =
{ **sort** Queue α,

emq :	Queue α,	*leere Warteschlange*
stock :	Queue α, α → Queue α,	*Element anfügen*
isemq :	Queue α → Bool,	*Test auf leer*
rest :	Queue α → Queue α,	*Rest*

```
    first :     Queue α → α,                  erstes Element

    Queue α generated_by emq, stock,

    isemq(emq) = true,
    isemq(stock(q, d)) = false,
    rest(stock(emq, d)) = emq,
    first(stock(emq, d)) = d,
    isemq(q) = false ⟶ rest(stock(q, d)) = stock(rest(q), d),
    isemq(q) = false ⟶ first(stock(q, d)) = first(q)          }
```

Die Spezifikation QUEUE beschreibt Warteschlangen in der klassischen First-In-First-Out-Zugriffsstruktur.

Eine andere klassische sequenzartige Struktur bilden Stapel (Keller, Stack). Wieder ist die eingeschränkte Menge von Zugriffsfunktionen charakteristisch.

```
SPEC STACK =
{ sort Stack α,

    estack :     Stack α,                  leerer Stapel
    append :     α, Stack α → Stack α,     Element anfügen
    isestack :   Stack α → Bool,           Test auf leer
    rest :       Stack α → Stack α,        Rest
    first :      Stack α → α,              erstes Element

    Stack α generated_by estack, append,

    isestack(estack) = true,
    isestack(append(d, s)) = false,
    rest(append(d, s)) = s,
    first(append(d, s)) = d                }
```

Fassen wir die charakteristischen Funktionen für Stapel und Warteschlangen zusammen, so erhalten wir „zweiseitige" Warteschlangen (engl. Double Ended Queues).

```
SPEC DEQUE =
{ sort Deq α,

    edeq :           Deq α,
    stock :          Deq α, α → Deq α,
    append :         α, Deq α → Deq α,
    isedeq :         Deq α → Bool,
    rest, prefix :   Deq α → Deq α,
    first, last :    Deq α → α,
```

Deq α **generated_by** edeq, append,
Deq α **generated_by** edeq, stock,

In jedem Modell sollen beide Axiome gelten (Umbenennung mit Argumentvertauschung).

isedeq(edeq) = true,
isedeq(stock(q, d)) = false,
isedeq(append(d, q)) = false,
stock(edeq, d) = append(d, edeq),
append(d1, stock(q, d2)) = stock(append(d1, q), d2),
rest(append(d, q)) = q,
first(append(d, q)) = d,
prefix(stock(q, d)) = q,
last(stock(q, d)) = d }

Die Spezifikation DEQUE beschreibt Double Ended Queues. Die Spezifikationen SEQ, QUEUE, STACK, DEQUE sind konsistent. Natürlich lassen sich alle angegebenen sequenzartigen Spezifikationen um die typischen Funktionen der Rechenstruktur der Sequenzen erweitern. Die Beschränkung auf die speziellen Funktionen drückt aus, dass gerade diese Funktionen zentrale Bedeutung haben und besonders effizient realisiert werden sollten.

Bäume. Die Menge der knotenmarkierten Binärbäume (mit leerem Baum) wird durch folgende Spezifikation beschrieben.

SPEC TREE =
{ **sort** Tree α,

etree : Tree α,
cons : Tree α, α, Tree α → Tree α,
left, right : Tree α → Tree α,
root : Tree α → α,
isetree : Tree α → Bool,

Tree α **generated_by** etree, cons,

isetree(etree) = true,
isetree(cons(t1, d, t2)) = false,
left(cons(t1, d, t2)) = t1,
right(cons(t1, d, t2)) = t2,
root(cons(t1, d, t2)) = d }

Die Spezifikation TREE ist konsistent.

Mengen. Die Rechenstruktur der endlichen Mengen wird durch folgende Spezifikation beschrieben. Wir definieren wieder polymorph. Für den Typ α setzen wir eine Gleichheitsoperation voraus.

SPEC FINSET =
{ **sort** Fset α,

eset : Fset α,
add, del : Fset α, $\alpha \to$ Fset α,
iseset : Fset $\alpha \to$ Bool,
isel : Fset α, $\alpha \to$ Bool,

Fset α **generated_by** eset, add,

iseset(eset) = true,
iseset(add(s, x)) = false,
isel(eset, x) = false,
isel(add(s, x), x) = true,
isel(s, x) = true $\longrightarrow$ isel(add(s, y), x) = true,
$x \neq y \longrightarrow$ isel(add(s, y),x) = isel(s, x),
del(eset, x) = eset,
del(add(s, x), x) = del(s, x),
$x \neq y \longrightarrow$ del(add(s, y), x) = add(del(s, x), y),
add(add(s, x), y) = add(add(s, y), x),
isel(s, x) = true $\longrightarrow$ add(s, x) = s }

Neben der in der Mathematik wohlbekannten Struktur der endlichen Mengen ist die etwas weniger gebräuchliche Struktur der Multimengen in der Informatik nützlich. Multimengen (engl. Bags) halten im Gegensatz zu Mengen zusätzlich fest, wie oft ein Element in ihnen enthalten ist. Wir spezifizieren sie nachstehend.

SPEC MULTISET =
{ **sort** Mset α,

emset : Mset α,
add, del : Mset α, $\alpha \to$ Mset α,
iseset : Mset $\alpha \to$ Bool,
isel : Mset α, $\alpha \to$ Bool,

Mset α **generated_by** emset, add,

iseset(emset) = true,
iseset(add(s, x)) = false,
isel(emset, x) = false,
isel(add(s, x), x) = true,
isel(s, x) = true $\longrightarrow$ isel(add(s, y), x) = true,
$x \neq y \longrightarrow$ isel(add(s, y), x) = isel(s, x),

```
del(emset, x) = emset,
del(add(s, x), x) = s,
x ≠ y ──→ del(add(s, y), x) = add(del(s, x), y),
add(add(s, x), y) = add(add(s, y), x)              }
```

Die Spezifikationen FINSET und MULTISET sind konsistent.

Felder lassen sich durch die folgende algebraische Spezifikation beschreiben:

```
SPEC GREX =
{ based_on NAT,
  sort Grex α,

  egrex     Grex α,
  put :     Grex α, Nat, α → Grex α,
  isfree :  Grex α, Nat → Bool,
  get :     Grex α, Nat → α,

  Grex α generated_by egrex, put,

  isfree(egrex, n) = true,
  isfree(put(g, n, x), m) = (n ≠ m ∧ isfree(g, m)),
  get(put(g, n, x), n) = x,
  n ≠ m ──→ get(put(g, n, x), m) = get(g, m),
  put(put(g, m, x), m, y) = put(g, m, y),
  n ≠ m ──→ put(put(g, n, x), m, y) = put(put(g, m, y), n, x)  }
```

Die Spezifikation GREX ist konsistent.

Graphen. Die Menge der endlichen, gerichteten Graphen über einem beliebigen Typ α wird durch folgende Spezifikation beschrieben.

```
SPEC GRAPH =
{ based_on FINSET,
  sort Graph α,

  egraph :       Graph α,
  put :          Graph α, α, Fset α → Graph α,
  neighbours :   Graph α, α → Fset α,

  Graph α generated_by egraph, put,

  neighbours(egraph, x) = eset,
  neighbours(put(g, x, s), x) = s,
  x ≠ y ──→ neighbours(put(g, x, s), y) = neighbours(g, y)   }
```

Die Spezifikation GRAPH ist konsistent.

Auswahlfunktionen. Nachstehend geben wir die Erweiterung der Spezifikation FINSET um eine Auswahlfunktion an.

SPEC EXTFINSET =
{ **based_on** FINSET,

any : Fset $\alpha \rightarrow \alpha$,

δ[any(s)] $\longrightarrow$ iseset(s) = false,
iseset(s) = false $\longrightarrow$ isel(s, any(s)) = true }

Die Funktion any stellt eine Auswahlfunktion dar. Es ist nicht festgelegt, welches Element ausgewählt wird. Solche Spezifikationen lassen der Implementierung Freiraum.

Ähnlich können wir GREX um eine Funktion erweitern, die einen unbesetzten Platz auswählt:

SPEC EXTGREX =
{ **based_on** GREX,

alloc : Grex $\alpha \rightarrow$ Nat,
isfree(g, alloc(g)) = true }

Die Spezifikationen EXTFINSET und EXTGREX sind nicht hinreichend vollständig, nicht monomorph, nicht vollständig aber konsistent.

Die Spezifikationen FINSET, MULTISET, GREX sind konsistent.

Man beachte, dass unvollständige Spezifikationen in vielen Anwendungen angemessen sind, da es nur darauf ankommt, dass charakteristische Eigenschaften gegeben sind. Andere Eigenschaften brauchen nicht festgelegt zu sein. Wir sprechen von *Unterspezifikation.*

1.3 Übungen

Zu Signaturen und Axiomen

1 Nachrichten im Netz

Eine Nachricht, die von einem Rechner in einem Netzwerk versandt wird, besteht zumindest aus einer Empfänger- und einer Absenderadresse sowie dem eigentlich zu übermittelnden Inhalt der Nachricht (vgl. auch die entsprechende Aufgabe zur Datensicht in AutoFOCUS). Hier sollen Adressen mit Elementen des Typs `Nat` und Inhalte mit Elementen des Typs `String` dargestellt werden. Entwerfen Sie eine algebraische Spezifikation `NETZNACHRICHT` mit der Konstruktorfunktion

```
MkN: Nat,Nat,String → Nachricht
```

und den Selektorfunktionen

```
an,von: Nachricht → Nat,
inh:    Nachricht → String.
```

Beschreiben Sie die Konstruktor- und Selektoreigenschaften mit Hilfe von Axiomen!

2 Elektronisches Zahlenschloss

Der Öffnungs- bzw. Quittungscode eines elektronischen Zahlenschlosses bestehe aus drei Ziffern aus der Menge {0, 1, 2, 3}. Entwerfen Sie analog zu Aufgabe 1 eine algebraische Spezifikation `CODE` (Typ `Code`) mit der Konstruktorfunktion `MkC` und den Selektorfunktionen `first`, `second` und `third`. Die Ziffern sollen spezifiziert werden

a) als Teilbereich der natürlichen Zahlen,

b) durch Abstützung auf eine (anzugebende) Spezifikation der Ziffern von 0 bis 3.

3 Die Axiome der Prioritätsschlangen

Wir untersuchen die Axiome der Spezifikation `PRIOQUEUE`:

```
n1:  next(enq(epq,a)) = a,
d1:   deq(enq(epq,a)) = epq,
n2:   (next(s)<a) ⟶ (next(enq(s,a)) = a),
n3: (¬(next(s)<a) ∧ s≠epq) ⟶
          (next(enq(s,a)) = next(s)),
d2:   (next(s)<a) ⟶ (deq(enq(s,a)) = s),
d3: (¬(next(s)<a) ∧ s≠epq) ⟶
          (deq(enq(s,a)) = enq(deq(s),a)).
```

Axiom *n2* lässt sich wie folgt interpretieren: Wenn das Element `next(s)` keine höhere Priorität hat als `a`, dann ist das nächste Element höchster Priorität von `enq(s,a)` gerade `a`.

Welches ist das nächste Element höchster Priorität von `enq(s,a)`, wenn `s` Elemente mit gleicher Priorität wie `a` enthält? Interpretieren Sie die einzelnen Axiome!

Zu grundlegenden Spezifikationen

1 Strichzahlen

„Strichzahlen" können wie folgt spezifiziert werden. Zunächst der Strich:

```
SPEC STRICH =
{ sort Strich,
  | : Strich  }
```

Und jetzt Sequenzen von Strichen:

```
SPEC STRICHZAHL =
{ based_on SEQ, STRICH,
  0ˢ:            Seq Strich,
  iszeroˢ:       Seq Strich → Bool,
  succˢ, predˢ:  Seq Strich → Seq Strich,
  +ˢ, *ˢ:        Seq Strich, Seq Strich →
                 Seq Strich,

  0ˢ = <>,
  succˢ(x) = <|>^x,
  predˢ(x) = rest(x),
  iszeroˢ(x) = iseseq(x),
  x +ˢ y = x^y,
  0ˢ *ˢ y = 0ˢ,
  succˢ(x) *ˢ y = y +ˢ (x *ˢ y)              }
```

Da `STRICHZAHL` auf `SEQ` basiert, gelten die Axiome von `SEQ`.

Die Namen 0^s, $succ^s$ usw. sind speziell gewählt. Sie entsprechen den Namen `0`, `succ` usw. in `NAT`. Die beiden letzten Axiome entsprechen sich in den beiden Spezifikationen ebenfalls. Zeigen Sie mit Hilfe der Axiome von `SEQ`, dass in `STRICHZAHL` auch die übrigen Axiome von `NAT` entsprechend gelten! Sie weisen damit nach, dass `STRICHZAHL` eine „Implementierung" von `NAT` ist.

2 Termreduktion

Durch Ersetzungen mit Hilfe der bedingten Gleichungen einer algebraischen Spezifikation lassen sich Terme reduzieren. Dies soll am Beispiel der Spezifikation `NAT` verdeutlicht werden.

Zur besseren Bezugnahme erhalten die zu verwendenden Axiome zunächst Namen:

preds: `pred(succ(x)) = x,`
add0: `0+y = y,`
adds: `succ(x)+y = succ(x+y),`
mult0: `0*y = 0,`
mults: `succ(x)*y = y+(x*y).`

Und nun ein Beispiel für eine Termreduktion („1+1=2“):

succ(0)+succ(0)
= {*adds*}
succ(0+succ(0))
= {*add0*}
succ(succ(0))
=
$\mathtt{succ}^2\mathtt{(0)}$.

Dabei steht $\mathtt{succ}^2\mathtt{(0)}$ für `succ(succ(0))`. Allgemein gelte für `0≤i`

sucpo0: $\mathtt{succ}^0\mathtt{(0)} = 0$,
sucpo: $\mathtt{succ}^{i+1}\mathtt{(0)} = \mathtt{succ(succ}^{i}\mathtt{(0))}$.

Reduzieren Sie entsprechend den Term $\mathtt{succ}^2\mathtt{(0)*succ}^3\mathtt{(0)}$, so dass er nur noch Funktionen enthält, die in der Spezifikation durch **generated_by** als erzeugende Funktionen aufgeführt sind!

Versuchen Sie auch eine Reduktion des Terms

`pred(pred(succ(0))).`

Ist die Eigenschaftsmenge von `NAT` hinreichend vollständig?

3 Implementierung von Prioritätsschlangen

Definieren Sie mittels Termen der Spezifikation `STACK` eine Konstante `epq` und drei Funktionen `enq`, `next` und `deq`, die die Axiome von `PRIOQUEUE` erfüllen, und zwar

a) mit `next(s) = first(s)` („geordnete Stapel“),

b) mit `enq(s,a) = append(a,s)` („ungeordnete Stapel“).

Sind die Modelle dieser Erweiterung als Modelle von `PRIOQUEUE` termerzeugt?

4 Ein Buchungssystem

Für ein Musicaltheater mit 3125 Sitzplätzen soll ein Online-Buchungssystem entwickelt werden. Darin soll es einem Nutzer möglich sein, in einem angezeigten Sitzplan des Theaters die bereits gebuchten Plätze zu sehen. Die Nutzer (Verwaltung, Agenturen) sollen nicht belegte Plätze belegen und belegte Plätze wieder frei geben können. Außerdem muss für jede Vorstellung ein neuer Plan erzeugt werden können. Der Einfachheit halber sollen die Sitzplätze fortlaufend durchnummeriert sein.

Es fragt sich, welche Art Datenstruktur wir hier vor uns haben und ob eine der grundlegenden Spezifikationen uns weiterhilft. Eine Möglichkeit ist, Belegpläne als Mengen belegter Plätze zu spezifizieren. (Diese Spezifikation ist modifizierbar für beliebige Platznummerierungen.) Endliche Mengen haben wir in `FINSET`; speziell brauchen wir Mengen des Typs `Fset Nat`:

```
SPEC BELEGPLAN =
{ based_on NAT, FINSET,
  neuerPlan:               Fset Nat,
  belegen,stornieren: Fset Nat, Nat →
                           Fset Nat,
  belegt:                  Fset Nat, Nat → Bool,

  neuerPlan = eset,
  belegen(p,n) = add(p,n),
  stornieren(p,n) = del(p,n),
  belegt(p,n) = isel(p,n),
  3124<n ⟶ (δ[belegen(p,n)]=false)
                              Nur 3125 Plätze }
```

Das Axiom `isel(eset,x)=false` von `FINSET` lässt sich nun wie folgt interpretieren: „In einem neu erzeugten oder im Lauf der Zeit wieder unbelegten Plan ist kein Platz belegt."

a) Interpretieren Sie die diesem Axiom im Abschnitt Grundlegende Spezifikationen folgenden Axiome von `FINSET` entsprechend!

b) Ergänzen Sie `BELEGPLAN` um eine Funktion `bestätigen`, die zur Bestätigung dafür, dass ein Wunschplatz für eine Vorstellung noch nicht belegt ist, dessen Platznummer ausgibt!

5 Ein einfaches Informationssystem

Im Stil der vorangegangenen Aufgabe soll eine Spezifikation `INFOSERVER` eines einfachen Informationssystems erstellt werden. Neben der Einrichtung eines neuen, leeren Servers soll es möglich sein, unter Angabe des Servers eine Information unter einer für diesen Server eindeutigen Adresse abzulegen, zu lesen und wieder zu löschen. Auf einen Passwortschutz wird der Einfachheit halber verzichtet. Stützen Sie die Spezifikation auf eine geeignete grundlegende Spezifikation und auf eine als gegeben anzunehmende Spezifikation `STRING` mit dem Typ `String` für Informationen ab!

6 Graphen

Zur Spezifikation `FINSET` der endlichen Mengen: Wir schreiben einfacher

$\{e_1, e_2, ... e_n\}$ für $add(...add(add(eset, e_1), e_2), ... e_n)$.

Allgemein stehe

$x : \alpha$ für die Feststellung: *Der Term x ist vom Typ α.*

Zur Spezifikation `GRAPH` der gerichteten, endlichen Graphen:

`egraph` repräsentiert den „leeren Graphen“.

Aus (`g:` `Graph` α), `x:` α und (`s:` `Finset` α) folgt

`put(g,x,s):` `Graph` α.

Jeder Graph ist definiert durch eine Menge von Ecken und eine Menge von Kanten, die jeweils zwei Ecken verbinden.

Eckenmenge und Kantenmenge des leeren Graphen sind leer. Der Term `put(g,x,s)` vergrößert die Eckenmenge von `g` um `x` und um die Elemente von `s`, und er vergrößert die Kantenmenge von `g` um Kanten, die von `x` zu den Elementen von `s` führen. Die Elemente von `s` heißen die „Nachbarn“ von `x`.

Graphisch stellt man Kanten durch Pfeile und Ecken durch kleine bezeichnete Scheiben dar. Drei Beispiele für `Graph Nat`:

g_0 = `egraph`, g_1 = `put(`g_0`,1,{1,2})`,
g_2 = `put(`g_1`,3,{1,2})`.

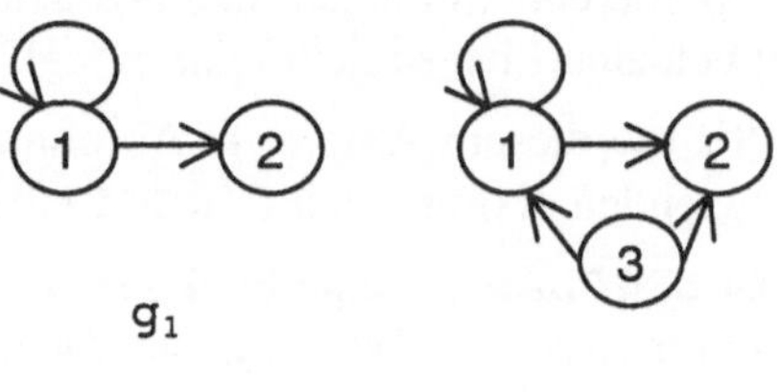

g_1

g_2

Dies ist ein Stapel von nummerierten Klötzen:

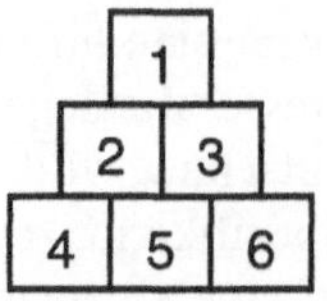

Die „Nachbarn“ eines Klotzes sind die Klötze, die direkt unter ihm liegen.

a) Beschreiben Sie die Situation durch ein System g_0, g_1, ... von Termen vom Typ `Graph Nat` und durch ein entsprechendes Diagramm!

b) Wenn der mittlere unterste Klotz aus dem Stapel herausgenommen wird, verändert sich der Graph. Beschreiben Sie die Situation *durch Verlängerung* des bisherigen Systems g_0, g_1, ..., ohne die bereits erstellten Zeilen zu ändern! Begründen Sie, weshalb das nach der Spezifikation der Funktion `neighbours` so möglich ist!

Wir betrachten die folgende Erweiterung der natürlichen Zahlen: *7 Auswertung*

```
SPEC NATFAC =
{ based_on NAT,
  fac:     Nat→Nat,
  facrep:  Nat,Nat,Nat→Nat,

  fac(n) = facrep(n,1,1),
  (¬(i≤n)) ⟶ (facrep(n,y,i) = y),
    (i≤n) ⟶ (facrep(n,y,i) =
                 facrep(n,y*i,i+1)) }
```

a) Die drei Axiome lassen sich zur Termersetzung verwenden. Reduzieren Sie den Term `fac(4)` auf eine natürliche Zahl und bestimmen Sie auf diese Weise den „Wert" des Terms!

b) Was ist der Wert von `fac(0)`?

Rechenvorschriften formuliert man in der Programmierung auch als Prozeduren. Man benutzt dazu Programmvariable (Speicherplätze). Eine Prozedur zur Berechnung von `y = n! = 1*2*...n` lautet dann etwa wie folgt:

```
proc Fakultaet = (var Nat n, y, i):
% Berechnet wird y = fac(n) %
⌈ y := 1;
  i := 1;
  while i ≤ n do
    y := y * i;
    i := i + 1
                 od ⌋
```

Die Änderung der Variablen unter der Wiederholungsanweisung simuliert die Termersetzung aus der Teilaufgabe a).

c) Wir stellen uns die Aufgabe, einen Keller zu revertieren, d.h. seine Elemente in die umgekehrte Reihenfolge zu bringen. Spezifizieren Sie als Erweiterung von `STACK` analog zu `fac` und `facrep` zwei Funktionen

```
rev:    Stack Nat → Stack Nat,
revrep: Stack Nat, Stack Nat → Stack Nat.
```

d) Beschreiben Sie die korrespondierende Rechenvorschrift als Prozedur!

1.4 Wie es weitergeht

Zur Einordnung

Generell stellt sich die Frage nach der Vorgehensweise bei jeder Modellierungsaufgabe neu. Zu klären ist im Vorfeld zweierlei:

Konzeptuelle Analyse: Welche Informationen sind von Bedeutung? Durch welche mathematischen Strukturen sollen sie erfasst werden?

Modellbeschreibung: Mit welchen Beschreibungsmitteln soll eine Lösung dargestellt werden?

Die Wahl der Beschreibungstechnik steht vor der grundsätzlichen Alternative

eigenschaftsorientiert: Signatur und charakterisierende Eigenschaften,

modellorientiert: Trägermengen und Lösungsverfahren.

Bei Eigenschaftsorientierung steht die Nutzungssicht im Vordergrund. Sie legt zunächst die Schnittstelle (die Signatur) fest.

Beispiel (Indexgesteuerter Zugriff).

```
SPEC INDACCESS
{ based_on DATA, INDEX,
  sort Grex,

  egrex:  Grex,
  put:    Grex,Index,Data → Grex
  get:    Grex,Index → Data,

  Eigenschaften                  }
```

❑

Zu dieser Spezifikation des indexgesteuerten Zugriffs gibt es viele Realisierungsmöglichkeiten (z.B. Hashtabellen, AVL-Bäume, Felder, verkettete Listen usw.). Sie sind durch gemeinsame Grundeigenschaften charakterisiert.

In der Informatik haben zwei unterschiedliche Modellierungssichten zu zwei besonderen Teilgebieten geführt, nämlich

Nutzungssicht (Black Box View): System- und Programmentwicklung,

Realisierungssicht (Glass Box View): Datenstrukturen und Algorithmen.

Den Übergang von der ersten zur zweiten Sicht leistet im Wesentlichen die Methode der schrittweisen Verfeinerung formaler Spezifikationen.

Zur Relevanz

In der Programmentwicklung erlaubt algebraische Modellierung die Konzentration auf die wesentlichen Eigenschaften einer Struktur, befreit von programmiersprachlichen Einschränkungen bei der Formulierung und schafft einen gewissen Abstand von der Hardware, auf der sie einmal laufen soll. Selbst bei allerkleinsten Programmieraufgaben sind Kenntnisse über algebraische Spezifikationen von Nutzen: Das aktuelle Problem gewinnt auf dem formalen Hintergrund Kontur, und die begleitende Reflektion ermöglicht zielstrebiges Vorgehen.

Mit dem algebraischen Ansatz können pragmatische Methoden reflektiert und kontrolliert werden. Daher führt er ins Zentrum der Informatik als Modellierungsdisziplin.

Routenvorschläge

Algebraische Spezifikationen werden uns auch in den folgenden Kapiteln begegnen. Die Themen sind

- Pragmatische Modellierung mit AutoFOCUS (Kap. 2),
- Logische Grundlagen und Verifikation (Kap. 3),
- Strukturen von Beschreibungsmitteln (Kap. 4),
- Anforderungsanalyse (Abschluss).

Das zweite Thema (Kap. 3) wird man wählen, wenn mathematische Fragen, die in diesem Kapitel aufgetreten sind, Vorrang haben. Spezifiziert werden Systeme ja durch Eigenschaften, und Eigenschaften sind Bausteine der mathematischen Logik. Außerdem geht es in der Modellierung um beweisbar korrekte Spezifikationen; Beweisformen stellt die Logik zur Verfügung.

2 Diagrammatische Modellierung

Zur Thematik

Diagramme scheinen unmittelbarer als Sprache oder Schrift geeignet, Vorstellungen niederzulegen und mitzuteilen. Da es wichtig ist, schnell einen ersten Eindruck und ein intuitives Verstehen zu wecken, werden auch in der Informatik Diagramme gern verwendet. In diesem Kapitel behandeln wir diagrammatische Ansätze zur Modellierung verteilter Systeme mit parallel ablaufenden Prozessen.

Zur Einordnung

Parallel arbeitende Systeme treten in der technischen Informatik u.a. als Hardware in Form von Schaltwerken und Rechnernetzen auf. In der systemnahen Informatik werden Betriebssystemstrukturen und Rechnerarchitekturen durch parallele, verteilte Systeme modelliert. Anwendungen der praktischen Informatik mit parallelen Abläufen sind z.B. betriebliche Organisationsstrukturen, Informations- und Sicherungssysteme und Telekommunikationssysteme. Ein klassisches Beispiel für ein verteiltes System ist das Internet.

Das Thema Verteilung und Interaktion steht auch im Zentrum beim Software Engineering. Moderne Software ist typischerweise eingebettet in technische oder organisatorische Prozesse, besteht aus räumlich verteilten Komponenten und steht unter konkurrierendem Zugriff. Sie kann Ergebnisse berechnen und technische Systeme kontrollieren und dabei kausal unabhängige Teile ggf. nebeneinander (parallel) ausführen.

Bei den Anwendungen, die wir im Auge haben, handelt es sich um Prozesse der Informationsverarbeitung, die sich aus diskreten Ereignissen zusammensetzen. Damit ist gemeint, dass jedes Einzelereignis von nur endlich vielen vorangehenden Ereignissen beeinflusst bzw. ausgelöst wird.

Aus den vielen Beschreibungsmitteln, die in praktischer Verwendung stehen, wählen wir solche, die ähnlich den ER-Diagrammen eine genaue Bedeutung zugewiesen bekommen haben. Diese Wahl hat nicht nur den Vorteil, dass die einzelnen Konstrukte gegen Missdeutung geschützt sind, sondern darüber hinaus auch, dass sich die Diagramme weitgehend mechanisch in formale Spezifikationen oder gar ausführbare Programme überführen lassen. Für diese Beschreibungstechniken steht dem Leser mit AutoFOCUS ein komfortables Computerprogramm zur Verfügung, das wir zur Modellierung, Konsistenzprüfung und Simulation einsetzen werden.

2.1 Modellierung aus komplementären Sichten

Wir werden für jedes Modell zwei einander ergänzende grafische Darstellungen angeben. Diese entsprechen zwei unterschiedlichen Perspektiven, dem Blick auf die räumliche oder logische Verteilung (Struktursicht) und dem Blick auf das Verhalten jeder einzelnen Strukturkomponente (Verhaltenssicht). Dies ist ein bewährter methodischer Ansatz.

Der Ansatz soll an einem durchgängigen Beispiel erläutert werden: Vor manchen Schulen und Krankenhäusern steht eine ***Fußgängerampel*** zur Verkehrsregelung. Oft sind solche Anlagen wie folgt aufgebaut. An Säulen zu beiden Seiten eines Fußgängerüberwegs sind jeweils drei Signallampen für den Autoverkehr und zwei Signallampen für die Fußgänger angebracht. Außerdem ist jeweils ein Knopf vorhanden, mit dem Fußgänger eine Grünphase anfordern können, und je ein Lämpchen, die gemeinsam aufleuchten, sobald einer der Knöpfe gedrückt worden ist. Uns interessiert die Steuerung einer solchen Fußgängerampel.

Dieses Beispiel ist nicht sonderlich komplex und doch geeignet, die verschiedenen Aspekte der Systemmodellierung zu erläutern:

Es ist ein *offenes* System, d.h. es besitzt eine Umgebung und kommuniziert durch Nachrichtenaustausch mit dieser Umgebung, mit seinen Nutzern wie möglicherweise mit anderen Systemen.

Es ist ein *zeitabhängiges* System, d.h. die Reaktionen des Systems stehen in kausalem Zusammenhang mit den Aktionen der Umgebung.

Es ist ein *verteiltes* und *interaktives* System, d.h. es besteht aus räumlich oder begrifflich verteilten Komponenten, die miteinander verbunden sind und untereinander kommunizieren.

Es ist auch ein *sicherheitskritisches* System, da ein nicht intendiertes Verhalten einen substantiellen Schaden anrichten kann.

Die CD zum Buch enthält die Modellierung der Fußgängerampel (PedestrianCrossing) mit AutoFOCUS, die wir im Folgenden heranziehen werden.

Wie wird Kommunikation modelliert?

Zwei besonders wichtige unterschiedliche Ansätze der Nachrichtenkommunikation sind:

> *Asynchrone Kommunikation*: Eine Nachricht wird gesendet, sobald der Sender bereit ist, unabhängig davon, ob der Empfänger zum Empfang bereit ist. Eine gesendete Nachricht wird gepuffert (durch den Kommunikationsmechanismus) und kann später empfangen werden. Wenn der Empfänger bereit ist, kann er auf bereits gepufferte Nachrichten zurückgreifen.

> *Synchrone Kommunikation* (Rendezvous, Handshake-Kommunikation): Eine Nachricht kann nur gesendet werden, wenn beide, Sender und Empfänger, zugleich bereit sind zu kommunizieren. Wenn nur einer von beiden bereit ist, muss er auf den anderen warten.

Wir werden *asynchron* modellieren, und zwar in einem *diskreten* Zeitrahmen, d.h. wir denken uns einen Taktgeber, der universell gewisse, nicht unbedingt gleichlange Grundintervalle (*Takte*) des Zeitverlaufs festlegt, in denen die Aktionen nebenläufig (parallel) stattfinden können.

Wie werden Nachrichten modelliert?

Nachrichten werden uns als Daten begegnen. Wir denken sie uns repräsentiert als Terme einer algebraischen Spezifikation. Dementsprechend sind sie typisiert. Ein einzelnes Signal wird z.B. durch eine Konstante dargestellt und ein Stapel von Signalen durch einen Term der Form `append(a,r)` (vgl. Kap.1.2). Man spricht in diesem Zusammenhang von der Datensicht eines Systems. Die formalsprachlichen Details treten in diesem Kapitel in den Hintergrund. Bei konkreten Modellierungen sind sie natürlich unverzichtbar.

2.2 Struktursicht (Systemstrukturdiagramme)

Wie zeigt sich ein System aus der Struktursicht? Werfen wir einen Blick auf die Fußgängerampel!

Die Ampelsteuerung als eine selbständige Einheit ist in Abb. 2.2–1 skizziert. Dort besitzt sie den Namen `Facility`. Sie empfängt Signale seitens der beiden Knöpfe, mit denen Fußgänger eine

Grünphase anfordern können. Die Abbildung enthält dementsprechend zwei Eingangsports, wie wir sagen, mit Namen `BA` (lies: Buttom A) und `BB` (Buttom B). Ports sind die Punkte einer Einheit, über die Nachrichten ein- oder ausgegeben werden. Die Ampelsteuerung sendet ihrerseits Signale an die Lampen für den Straßenverkehr über einen Port `TL` (Traffic Light) und für Fußgänger über einen Port `PL` (Pedestrian Light) sowie an jedes der beiden Anzeigelämpchen über `IA` (Indicator A) und `IB` (Indicator B).

2.2–1 Schnittstellensicht der Ampelsteuerung

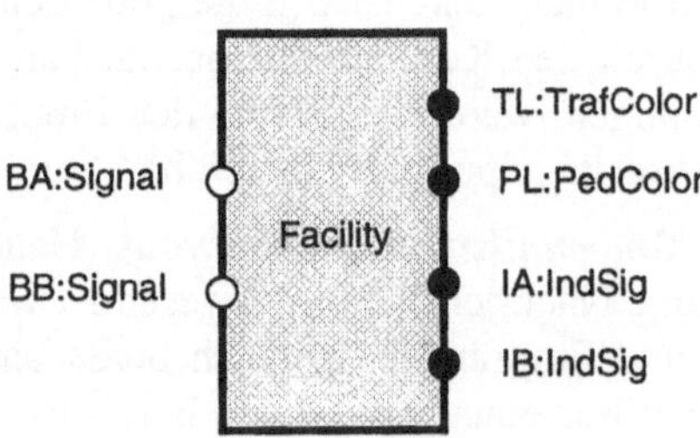

Jeder Port ist in der Abbildung mit einem Typ versehen (hinter dem Doppelpunkt nach dem Namen). Dieser Typ charakterisiert die zu erwartenden Nachrichten. Im Beispiel kommen nur Aufzählungstypen vor, die eine endliche Menge von Konstanten umfassen, und zwar steht

`Signal` für { `Present` },
`TrafColor` für { `Red`, `RedYellow`, `Green`, `Yellow` },
`PedColor` für { `Walk`, `Stop` },
`IndSig` für { `On`, `Off` }.

Mit jeder Konstanten ist eine Intention verbunden. Zum Beispiel meint `Walk` diejenige Nachricht, die eine Grünphase für Fußgänger auslöst. `Present` ist die einzige Nachricht, die am Port BA oder am Port BB auftreten kann; über weite Zeiträume wird gar keine Nachricht vorliegen. – Mit dem Diagramm und den textuellen Zusatzangaben ist der Aufbau unserer Fußgängerampel schon spezifiziert.

Abb. 2.2–1 zeigt die Ampelsteuerung in ihrer Schnittstellensicht, d.h. als *Komponente* in ihrer nicht näher spezifizierten Umgebung. Eine Komponente wird dargestellt durch ein Rechteck mit einem Namen und mit weißen Randpunkten als *Eingangsports* und schwarzen Randpunkten als *Ausgangsports*. Über die Ports erfolgt wie gesagt der Nachrichtenaustausch mit der Umgebung. Zu diesem Zweck werden Ports dann durch Pfeile (*Kanäle*) miteinander verbunden, s. Abb. 2.2–2. Ein Kanal kennzeichnet einen Ausgangsport als Quelle und einen Eingangsport als Ziel von Nachrichten.

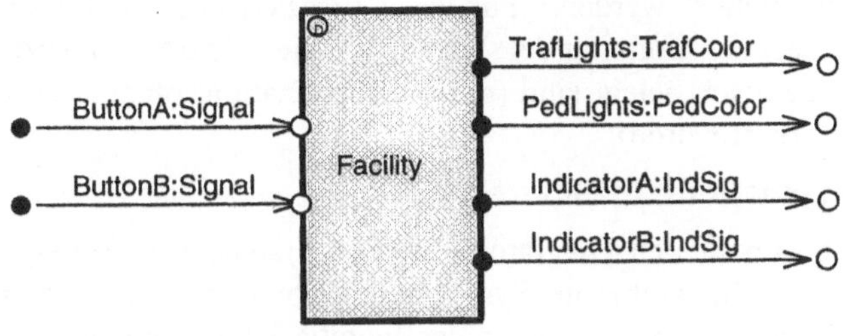

2.2–2 Kanäle

Ports und Kanäle werden benannt und typisiert. Bei den Typangaben muss Konsistenz gewährleistet sein, denn sie beziehen sich auf die Nachrichten, die durch die Ports und über die Kanäle laufen.

Wie lässt sich die Struktursicht verfeinern?

Im Diagramm 2.2–2 kennzeichnet ein kleines Symbol oben links eine Dekomposition, und zwar zu folgendem Zweck: Für unsere Ampelsteuerung ist es ja unerheblich, von welcher Straßenseite aus eine Grünphase für Fußgänger angefordert wird. Daher ist in Abb. 2.2–3 eine Teilkomponente `Merge` vorgesehen, durch die Signale der einen wie der anderen Seite auf einen gemeinsamen Ausgang gelenkt werden und von dort in eine weitere Teilkomponente `Controller` gehen, die die eigentliche Steuerung vornimmt.

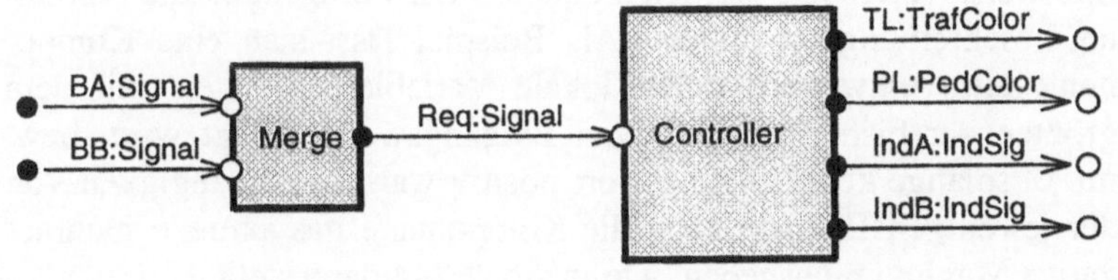

2.2–3 Dekomposition der Ampelsteuerung

Das Diagramm 2.2–3 ist eine konsistente Zerteilung (*Verfeinerung*) der Komponente `Facility`; die Eingangs- und Ausgangsports treten außen wieder auf. (Die berührenden Kanäle und Ports sind der Übersicht halber gleich bezeichnet.)

Diese Komponenten könnten ihrerseits verfeinert werden, wenn sie in ihrer Funktion zu komplex erscheinen sollten.

Nachrichten an mehrere Ziele?

Grundsätzlich verbindet ein Kanal einen Ausgangsport mit einem Eingangsport. Ausgangsports können in einer Komponente aber miteinander identifiziert werden, ganz einfach dadurch, dass sie gleich bezeichnet werden. Für den `Controller` ist das sinnvoll für die Ausgangsports zu den beiden Kanälen `IndA` und `IndB`, die ja stets identisch belegt sind (mit der Information, ob eine Grünphase angefordert wurde).

Was vermittelt die Struktursicht?

Die besprochenen Diagramme heißen *Systemstrukturdiagramme.* Sie erlauben hierarchische Systembeschreibungen: Ein interaktives verteiltes System besteht aus einer Familie interagierender Komponenten, manchmal auch Agenten oder Akteure genannt. Diese Komponenten agieren über die gerichteten Kanäle, durch die sie miteinander verbunden sind. Beschreibt man ein Netz kommunizierender Komponenten durch ein Systemstrukturdiagramm, so abstrahiert man davon, wie die einzelnen Komponenten agieren, und konzentriert sich allein auf den Aufbau, die *Systemarchitektur*, wie man sagt. Als Komponenten lassen sich nur Teilsysteme definieren, die eigenständig sind und deren Verhaltenabhängigkeit im Hinblick auf die Umgebung vollständig durch die Ports ausgedrückt ist.

Die Portnamen sind es, die für eine Verhaltensbeschreibung zur Verfügung stehen, und natürlich auch die Typangaben. Ein Strukturdiagramm legt Namen und Typ im Allgemeinen formalsprachlich fest, und zwar in einem Begleitdokument, dem so genannten Datenlexikon (wie bei den ER-Diagrammen).

Unter diesen textuellen Angaben wollen wir noch vorsehen, dass zu einer unverfeinerten Komponente *lokale Variablen* (mit Typ und Startwert) vereinbart werden können. Dies erleichtert die Verhaltensbeschreibung erheblich. Als Beispiel lässt sich eine Komponente `Max` entwerfen, deren lokale Variable `max` stets mit dem größten der bisherigen positiven Eingangswerte belegt wird, bzw. mit 0, solange kein Eingangswert positiv war. In Abhängigkeit von der jeweiligen Eingabe kann die Komponente das aktuelle nichtnegative Maximum ausgeben, wie in Ab. 2.2–4 dargestellt.

2.2–4
Lokale Variable

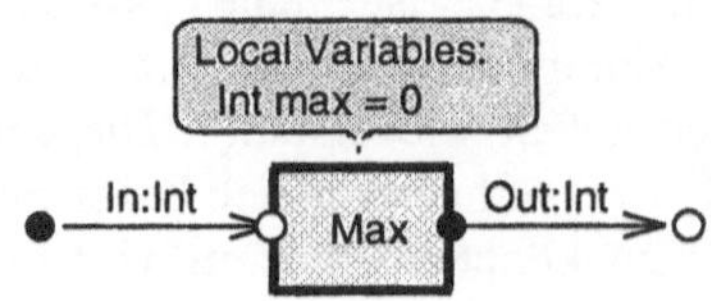

2.3 Verhaltenssicht (Zustandsübergangsdiagramme)

In welcher Weise agiert die einzelne Systemkomponente? Das Verhalten wird vom jeweiligen *Datenzustand* abhängig sein, d.h. davon, mit welchen Termen die Ports und die lokalen Variablen belegt sind. Zusätzliche Modellierungsidee ist die Unterscheidung von *Kontrollzuständen*. Diese kennzeichnen typische Situationen, in denen sich eine Komponente befinden kann. Das sollte eine möglichst überschaubare Anzahl sein. Das Verhalten lässt sich dann durch Übergänge (*Transitionen*) von einem Kontrollzustand zu einem anderen beschreiben.

Recht simpel ist das Verhalten der Komponente `Merge`, deren Strukturdiagramm in Abb. 2.3–1 wiedergegeben ist. Sie leitet das Signal `Present`, wenn es auf dem Eingabeport `BA` oder `BB` eintrifft, in den Ausgabeport `Req`.

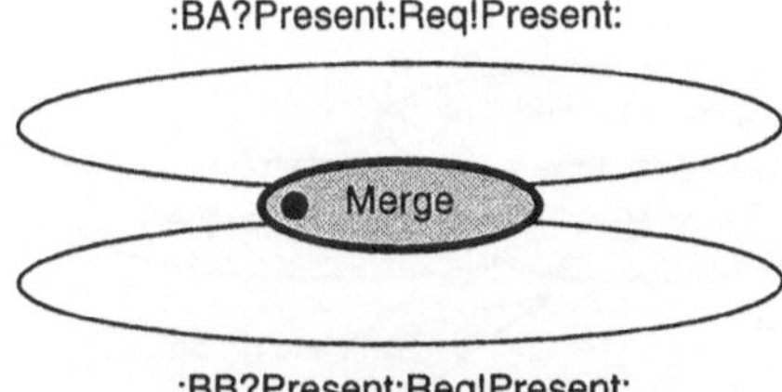

2.3–1 Signale zusammenführen

Für sie reicht ein einziger Kontrollzustand, in der Abbildung `Merge` genannt. Aus diesem gibt es allerdings zwei Übergänge (zu sich selbst), und zwar unter der Bedingung (ausgedrückt durch das Fragezeichen), dass am Eingangsport `BA` bzw. am Eingangsport `BB` der Term `Present` anliegt. In beiden Fällen wird der Ausgangsport `Req` mit dem Term `Present` belegt (ausgedrückt durch das Ausrufezeichen). Diese Belegung gilt dann für den nächsten zeitlichen Takt.

In der Beschriftung der Übergänge stehen Doppelpunkte als Trennzeichen. Der fette Punkt kennzeichnet den Zustand `merge` als Anfangszustand, was allerdings erst bei mehreren Zuständen von Bedeutung ist.

Dieses kleine Diagramm beschreibt das Verhalten der Komponente vollständig: Sobald an einem der beiden Eingangsports das Signal `Present` steht, liegt das Signal `Present` im anschließenden Takt am Ausgangsport. Sollten beide Eingangsports im selben Takt das Signal empfangen, so wird („nichtdeterministisch“) eine der beiden möglichen Transitionen realisiert, was hier auf dasselbe Ergebnis hinausläuft. In Takten ohne Signal an einem Eingangsport sind keine Übergänge vorgesehen und daher auch keine Signale am Ausgangsport. Dass eine Nachricht an andere Komponenten gelangt, ist Sache des angeschlossenen Kanals. Am gegenüberliegenden Eingangsport ist die Nachricht unverzögert verfügbar, und zwar ebenso lange wie am Ausgangsport, nämlich einen Takt lang.

Kommen wir zur zweiten Komponente! Welche Situationen erscheinen für die Steuerung der Ampel als typisch? Eine Möglichkeit besteht darin, den `Controller` an den Phasen des Autoverkehrs zu orientieren, wie das in der Abbildung 2.3–2 geschieht. Für diese Kontrollzustände lassen sich leicht Transitionen angeben. In der Abbildung sind sie zunächst durch Namen repräsentiert, die die Intentionen ausdrücken. Wir werden sie weiter unten spezifizieren.

2.3–2
Ampel schalten

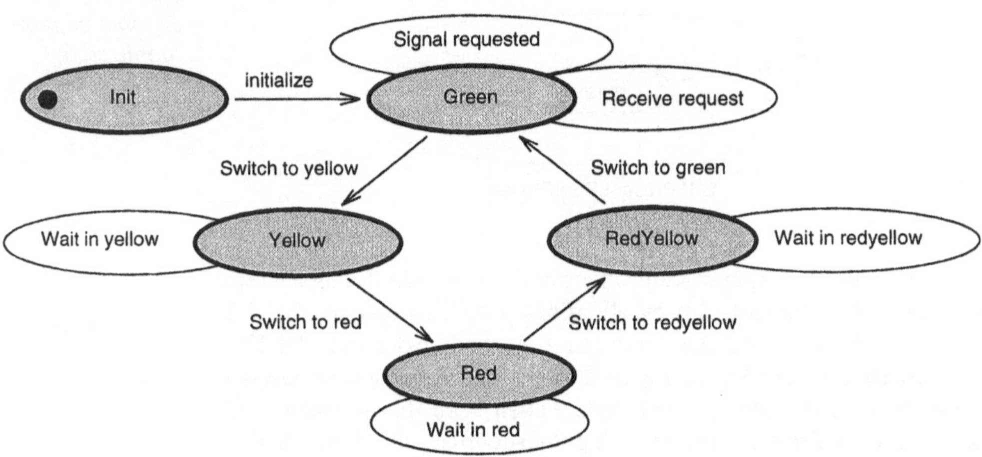

Zunächst zum Beschreibungsmittel selbst:

Wie sind Transitionssysteme ausgelegt?

Ein *Transitionssystem*, wie wir es an zwei Beispielen kennen gelernt haben, bezieht sich immer auf das Strukturdiagramm einer unverfeinerten Komponente, genauer: auf die Ports und die lokalen Variablen der Komponente.

Ein Transitionssystem ist gegeben durch

- einen Zustandsraum S, der aus einer endlichen Menge C von Kontrollzuständen und einer im Allgemeinen unendlichen Menge D von Datenzuständen (den jeweiligen Belegungen der Ports und lokalen Variablen) besteht,
- einen Anfangszustand $s_0 \in S$ und
- eine Zustandsübergangsrelation.

Die Zustandsübergangsrelation definieren wir durch ein Diagramm, in dem die Kontrollzustände als ovale Scheiben und die Transitionen als Pfeile dargestellt sind, die jeweils von einem Kontrollzustand zu einem anderen führen. (Sind die Kontrollzustände identisch, können die Pfeilspitzen weggelassen werden.) Diese Pfeile sind markiert mit Transitionsregeln, die angeben, für welche Datenzustände die Relation gilt und welche Belegungen die Parameter beim Zustandsübergang erfahren. Wir betrachten auf diese Weise Transitionssysteme „mit Ausgabe".

Eine *Transitionsregel* hat die folgende (über die bisherigen Beispiele hinausgehende) syntaktische Form:

<Vorbedingung> : <Eingaben> : <Ausgaben> : <Nachbehandlungen>

Eingaben und Ausgaben hatten wir oben schon gesehen. Die Vorbedingung erlaubt es, Einschränkungen zu formulieren; die Nachbehandlungen dienen dazu, lokale Variablen umzubesetzen.
Eine Eingabe ist von der Form

<Eingangsport> ? <Termschema>.

Die Form einer Ausgabe ist

<Ausgangsport> ! <Termschema>.

Mehrere Ein- oder Ausgaben werden durch Semikolon unterteilt. Um auszudrücken, dass an einem Port kein Signal (kein Term) anliegt, schreiben wir (ohne rechte Seite): <Eingangsport>? .

Die auftretenden *Termschemata* sind Terme mit Variablen (*Mustervariablen*). Interessant ist dabei, dass die Schemata gemeinsame Variable besitzen dürfen. Termschemata spielen eine doppelte Rolle:

- ***Die Eingabebehandlung*** analysiert den Eingangsport, genauer: seinen aktuellen Wert (den Eingangsterm). Bei der Eingabe <Eingangsport> ? <Termschema> wird das Termschema wenn möglich instantiiert, und zwar werden die Schemavariablen derart mit Termen belegt, dass das instantiierte Schema identisch ist mit dem Eingangsterm. Die Frage, ob und ggf. mit welcher

Belegung eine Instantiierung möglich ist, löst man durch so genannten *Mustervergleich* (engl.: pattern matching).

- ***Die Ausgabebehandlung*** synthetisiert einen Term für den Ausgangsport (den Ausgangsterm). Bei der Ausgabe <Ausgangsport> ! <Termschema> wird das Termschema instantiiert, und zwar mit der Belegung, die seine Variablen von der Eingabebehandlung her besitzen. Auch die Werte der lokalen Variablen werden eingesetzt (substituiert). Dabei werden arithmetische Ausdrücke ausgewertet.

Für Beispiele ist man sofort auf eine konkrete Termnotation angewiesen. Sei zu dem Zweck

```
append(3,append(4,append(5,estack)))
```

ein Stapel dreier natürlicher Zahlen (vgl. Kap. 1.2). Dann ist

```
append(x,append(y,s))
```

ein Termschema mit den Variablen x, y, s. Der Mustervergleich ist erfolgreich und ergibt für die Variablen die Belegung (lies „/" als „für")

```
3/x, 4/y, append(5,estack)/s.
```

Mit dem Muster lässt sich die folgende Transition (mit leerer Vorbedingung und leerer Nachbehandlung) formulieren:

```
: In?append(x,append(y,s)) : Out!y-x :
```

Wenn also am Eingangsport `In` ein Stapel anliegt, der mindestens die Länge 2 hat, so wird der Ausgangsport `Out` mit der Differenz der beiden ersten Elemente des Stapels belegt. Dies ist ein arithmetischer Ausdruck, der sich mit `3/x`, `4/y` auswerten lässt zu 1.

Als Vorbedingung könnten wir hinzufügen

```
x<y
```

damit die Differenz positiv ausfällt. Wenn für unsere Komponente eine lokale Variable `a` spezifiziert ist, können wir als Nachbehandlung z.B.

```
a=(y-x)
```

hinzufügen, um diesen Wert für den nächsten Transitionsschritt festzuhalten.

Eine *Vorbedingung* ist also ein Boolescher Ausdruck. Eine *Nachbehandlung* ist die Belegung einer lokalen Variablen. Mehrere Nachbehandlungen werden durch Semikolon unterteilt.

Welche Transitionen schalten die Ampel?

Wenn wir jetzt die Transitionen der `Controller`-Komponente bestimmen, benötigen wir so etwas wie einen Zähler, eine ganzzahlige lokale Variable `t`, wenn die Dauer der Ampelphasen zeitlich begrenzt werden soll. Um die jeweilige Dauer flexibel zu halten, führen wir für Beispielwerte, die uns vorschweben, die Bezeichnungen `TGreen`, `TYellow` und `TRed` ein. Diese drei Konstanten und die Variable `t` sind im Datenlexikon der Komponente zu vereinbaren.

In der unten stehenden Tabelle sind die Transitionen aus dem Zustandsübergangsdiagramm des `Controller` im Einzelnen spezifiziert. Mit diesen Transitionsregeln liest sich das Zustandsübergangsdiagramm 2.3–2 wie folgt: Ein Ablauf des `Controller` startet im Initialzustand `Init` (Initialzustände sind mit einem Punkt links markiert). `Initialize` als einzige Transition aus diesem Kontrollzustand heraus kommt ohne Eingaben aus und verlangt keine Vorbedingung.

Transition	Vorbed.	Eingaben	Ausgaben	Nachbeh.
initialize			TL!Green; PL!Stop; Ind!Off	t=-1
Receive request	t== -1	Req?Present	TL!Green; PL!Stop; Ind!On	t=TGreen
Signal requested	t>0			t=t-1
Switch to yellow	t==0		TL!Yellow	t=TYellow
Wait in yellow	t>0			t=t-1
Switch to red	t==0		TL!Red; PL!Walk; Ind!Off	t=TRed
Wait in red	t>0			t=t-1
Switch to redyellow	t==0		TL!RedYellow; PL!Stop	t=TYellow
Wait in redyellow	t>0			t=t-1
Switch to green	t==0		TL!Green	t=-1

Aufgabe der `Initialize`-Transition ist es, die Verkehrsampel auf Grün, die Fußgängerampel auf Rot und die Signallämpchen aus-, sowie den Timer abzuschalten: Die Anzeigen der Ampel werden durch entsprechende Signale auf den Ports `TL`, `PL` und `Ind` umgeschaltet. Die Timervariable `t` wird in der Nachbehandlung auf `-1` gesetzt. Nach Schalten der Transition befindet sich die Komponente im Kontrollzustand `Green`.

Sobald ein Signal `Present` auf dem Port `Req` anliegt, kann die Transition `Receive request` schalten, die die Timervariable `t` auf den Wert der Konstanten `TGreen` setzt. Durch die Transition `Signal requested` wird `t` um jeweils `1` heruntergezählt, bis `zum Wert 0`. Dann findet durch die Transition `Switch to yellow` der Übergang in den Kontrollzustand `Yellow` statt. Gleichzeitig wird die Ampel für die Autos auf Gelb geschaltet und der Timer auf den Wert von `TYellow` (die Anzahl der Takte einer Gelbphase) gesetzt.

In den Kontrollzuständen `Yellow`, `Red` und `RedYellow` ereignet sich immer das gleiche Szenario: Der Timer wird bis null heruntergezählt. Dann schaltet die Ampelanlage in den nächsten Kontrollzustand und setzt den Timer neu. Nur beim Übergang vom Kontrollzustand `RedYellow` zurück in den Kontrollzustand `Green` wird der Timer nicht neu gesetzt, sondern abgeschaltet, auf den Wert `—1` gesetzt. Befindet sich der `Controller` wieder im Kontrollzustand `Green`, kann sich der beschriebene Zyklus wiederholen.

Sind die Grundforderungen an eine Ampel gewährleistet?

Die festgelegte Verhaltenssicht erfüllt eine Reihe von Eigenschaften, die von einer Ampelsteuerung erwartet werden. Für konkrete Systeme ist es unverzichtbar, dass alle Eigenschaften, die für ein zuverlässiges Funktionieren unbedingt erforderlich sind, zweifelsfrei nachweisbar sind. Um z.B. nachzuweisen, dass Autos und Fußgänger nie zugleich der Weg frei gegeben wird, lässt sich wie folgt argumentieren: Die Initialisierung gibt dem Autoverkehr `Green` und den Fußgängern `Stop`. Sodann wird in keiner Transition die Kombination `Green` und `Walk` geschaltet und in keiner Transition allein `Green` bzw. `Walk`.

In größeren Anwendungen gibt es eine Vielzahl von Transitionssystemen, die parallel ablaufen. Die ***Eigenschaften*** des Gesamtsystems ergeben sich als Zusammensetzung der Eigenschaften seiner Komponenten. Letztere lassen sich „lokal“ beweisen. Die Verifikation der globalen Eigenschaften wird sich darauf stützen.

Woran man dabei interessiert ist, sind Eigenschaften von Abläufen (einer einzelnen oder mehrerer Komponenten). Sehr aufschlussreich sind dann schon Einzelabläufe unter exemplarischen Voraussetzungen. Bei solchen Abläufen werden die Interaktionen in ihrem zeitlichen Verlauf protokolliert. Mit diesen Protokollen wird die Evaluierung eines Systems durchgeführt. Dazu mehr im übernächsten Abschnitt, der die Modellierung von Systemen aus der Interaktionssicht behandelt.

2.4 Zeitverlauf

Für die Interpretation der Zustandsübergangsdiagramme treffen wir die folgenden Festlegungen:

- Ein Takt dauert, bis alle Komponenten eine schaltbereite Transition (falls vorhanden) ausgeführt haben. Eingangsinformation ist einen Takt lang verfügbar. Gleiches gilt für Ausgangsinformation.
- Als Bearbeitungsreihenfolge ist festgelegt:

  Eingangsbehandlung,
  Prüfung der Vorbedingung,
  – Ist beides erfolgreich, so heißt die Transition *schaltbereit*. –
  Ausgangsbehandlung,
  Nachbehandlung.
  – Die neuen Port- und Variablenbelegungen sind im kommenden Takt gültig. –
- Alle Transitionen des aktuellen Zustands werden parallel auf Schaltbereitschaft geprüft.
- In jedem Takt kommen sämtliche Komponenten gleichzeitig zum Zuge. Jede Komponente vollzieht aus ihrem aktuellen Zustand heraus *eine* schaltbereite Transition. Der neue Zustand gilt für den kommenden Takt.
- Ist in einem Takt keine Transition einer Komponente schaltbereit, so verstreicht er für diese Komponente mit „Untätigkeit“ und die Ausgangsports sind im anschließenden Takt unbelegt. Gibt es mehrere schaltbereite Transitionen, so erfolgt die Auswahl indeterministisch.[1]

---

[1] In AutoFOCUS kann der Benutzer während der Simulation die Auswahl treffen. Außerdem gibt es alternativ die Möglichkeit, Prioritäten bei den Transitionen festzulegen. Dieser Modus kann in den Einstellungen festgelegt werden.

- Jede lokale Variable behält ihren Wert bis zu dem Takt (einschließlich), in dem sie neu belegt wird.
- Jeder Kanal reicht die Information seines Ausgangsports unverzögert weiter. Die Verfügbarkeit der Information dauert an beiden Ports einen Takt lang.

Diese kurzzeitige Verfügbarkeit lässt sich durch die folgende Konstruktion verlängern: Man führt die Information `x` durch eine spezielle Komponente, die einen Rückführungskanal `H` mit den Ports `HIn`, HOut besitzt, wie in Abb. 2.4–1 angegeben. (Zur Erinnerung: Das Lesen eines Eingangsports mittels „`In?`", wo rechts vom Fragezeichen die leere Zeichenreihe steht, ist genau dann erfolgreich, wenn am Port `In` keine Information vorliegt.)

2.4–1 Speicherung

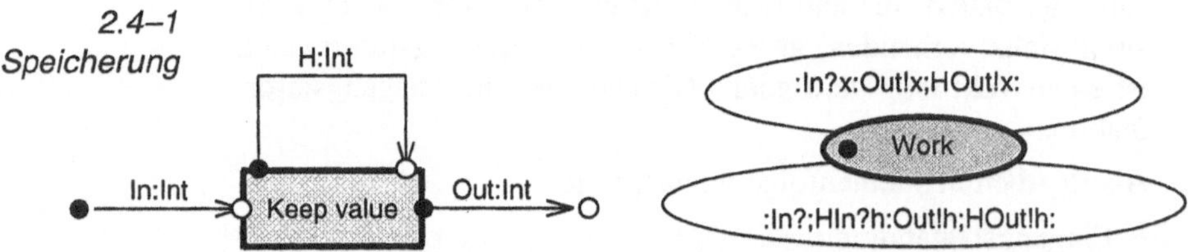

Zur Abkürzung für diese Konstruktion führen wir einen speziellen Typ von Ausgangsports ein, der eine Information solange hält, bis er eine neue Information bekommt. Solche Ports werden im Strukturdiagramm durch größere Punkte gekennzeichnet und heißen *speichernd*. Als Anwendungsbeispiel zeigt Abb. 2.4–2 eine Komponente `Delay`, die eine Eingangsinformation am Port `In` um 5 Takte verzögert auf ihren Ausgangsport `Out` legt. (Zwischenzeitlich an `In` eventuell eingehende Informationen werden ignoriert.)

2.4–2 Verzögerung

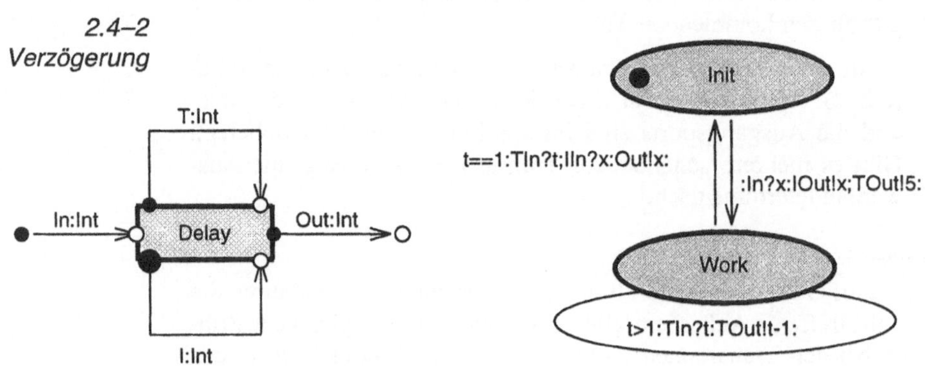

Die Verzögerung der Ausgabe um eine gewisse Anzahl von Takten hatten wir im vorigen Absatz mittels einer lokalen Variablen `t` (für die Dauer einer Ampelphase) anstatt wie hier durch einen zusätzlichen Kanal `T` erreicht.

Struktur- und Zustandsübergangsdiagramme bieten also eine gewisse Flexibilität. Durch lokale Variablen können Rückführungskanäle eingespart werden. Allerdings wird die Modellierung dadurch ins Datenlexikon verlagert. Man geht einen Schritt in Richtung algebraische Spezifikation.

2.5 Interaktionssicht (Sequenzdiagramme)

Wie lässt sich ein Modell daraufhin überprüfen, ob es gewisse Eigenschaften aufweist? Man wird dazu zunächst exemplarische Abläufe betrachten und die Nachrichten verfolgen, die zwischen den Komponenten ausgetauscht werden. Besonders geeignet zur Protokollierung des Interaktionsverhaltens sind *Sequenzdiagramme* (Extended Event Traces). Entsprechend ausgestattete Testumgebungen generieren diese Diagramme automatisch. Die Simulation unserer Ampelsteuerung erzeugt beim Start ein Diagramm, das die beiden Komponenten `Merge` und `Controller` und zwei senkrechte Linien aufweist, die als Zeitachsen zu verstehen sind (Abb. 2.5–1).

Im Verlauf der Simulation werden die Interaktionen der Komponenten durch waagerechte Pfeile dargestellt. Die Pfeile sind mit dem Kommunikationskanal und der Nachricht beschriftet. Die Zeitintervalle sind durch gestrichelte waagerechte Linien begrenzt.

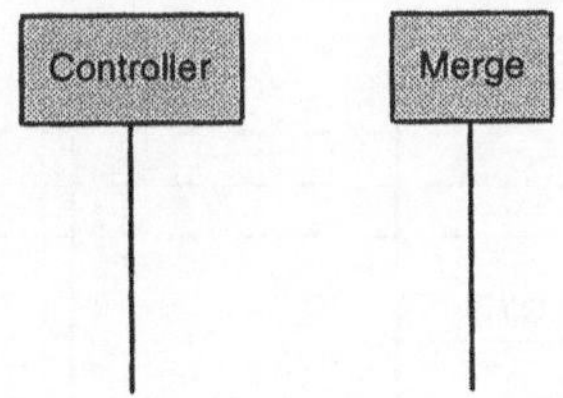

2.5–1 Zeitachsen

Als Beispiel starten wir in AutoFOCUS (in Einzeltakten) einen Ablauf der Fußgängerampel und geben im zweiten Takt die Anforderung einer Grünphase für Fußgänger. Abb. 2.5–2 zeigt das generierte Sequenzdiagramm.

2.5–2
Simulation der Ampelsteuerung

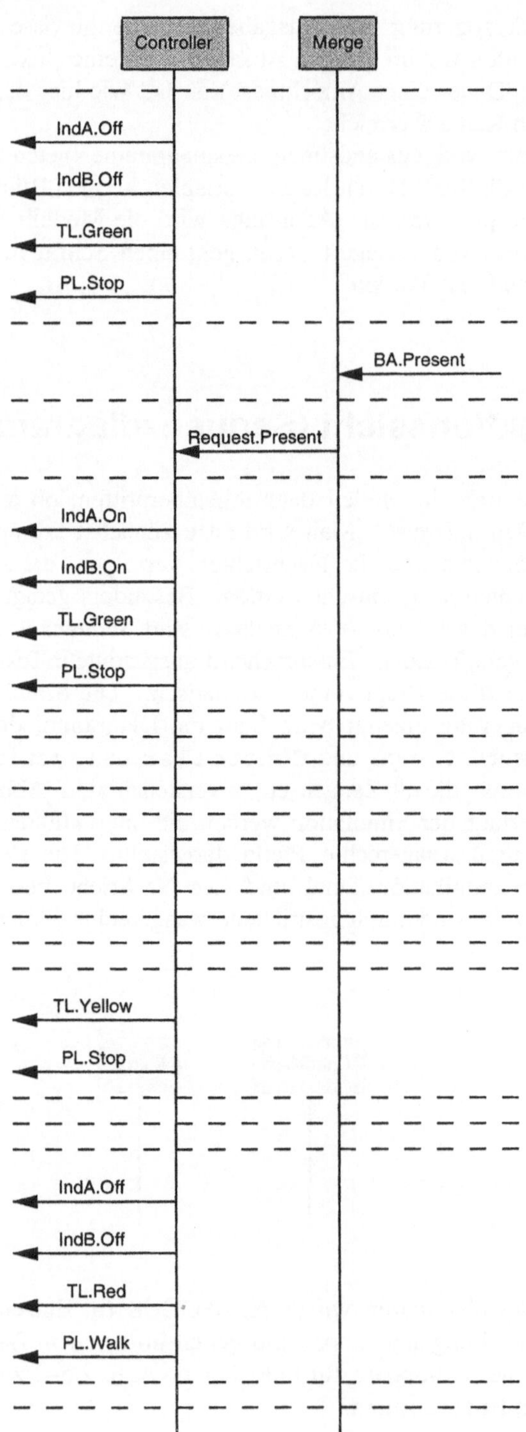

Der erste Takt von Abb. 2.5–2 vollzieht die Initialisierung des Systems. In den folgenden Takten lässt sich die Reaktion des Systems auf das `Present`-Signal verfolgen, und zwar bis die Fußgänger – über die voreingestellte Wartezeit von zehn Takten und die Gelbphase von drei Takten – das Signal `Walk` bekommen. Danach brechen wir die Simulation ab.

Beobachtet man im AutoFOCUS die Simulation in Einzeltakten und hält dabei das Strukturdiagramm und die Zustandsübergangsdiagramme in separaten Fenstern geöffnet, so sieht man Takt für Takt durch farbliche Hervorhebung, welche Komponente mit welchem Kanal aktiv ist und in welchem Zustand welche Transition gerade schaltet, und auch welche Zustände bereits durchlaufen wurden. Dies bietet eine dynamische Ansicht bei Testkontrollen.

Nicht erst bei der Simulation, auch schon beim Entwurf eines Modells lassen sich Sequenzdiagramme einsetzen. Die typischen Interaktionen bei der Anforderung einer Grünphase z.B. hätte man bereits zu Beginn der Modellierung spezifizieren können. Solche Skizzen schärfen die Sichten auf Struktur und Verhalten.

Welche Strukturierungsmittel gibt es für Entwurfsskizzen?

Für manche Teilabläufe lassen sich Varianten aufzählen. Bei der Signalanforderung durch Fußgänger ist es z.B. unerheblich, ob das Signal von der einen oder der anderen Straßenseite kommt (Abb. 2.5–3).

2.5–3
Zwei Varianten

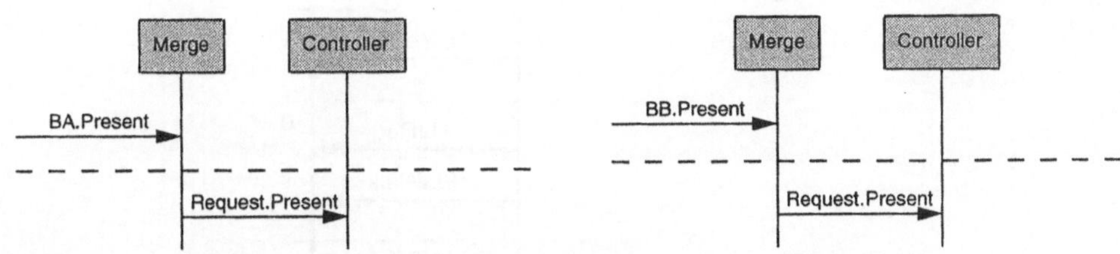

Die alternativen Abläufe fasst man in einer so genannten *Box* zusammen. Im Sequenzdiagramm steht eine solche Box dann für die Gesamtheit der Alternativen, vgl. Abb. 2.5–4.

2.5–4
Box für Varianten

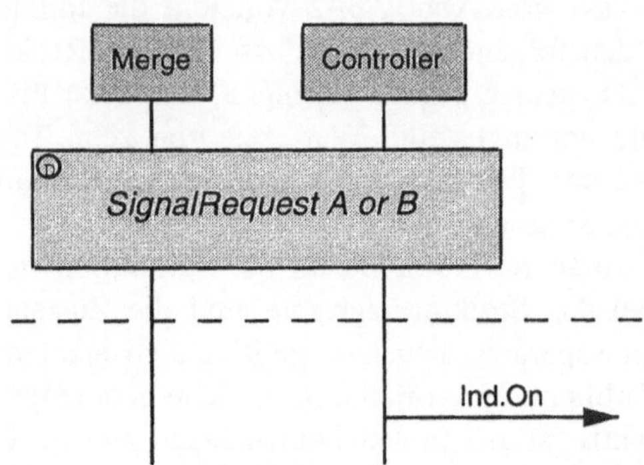

2.5–5
Indikator für Wiederholung

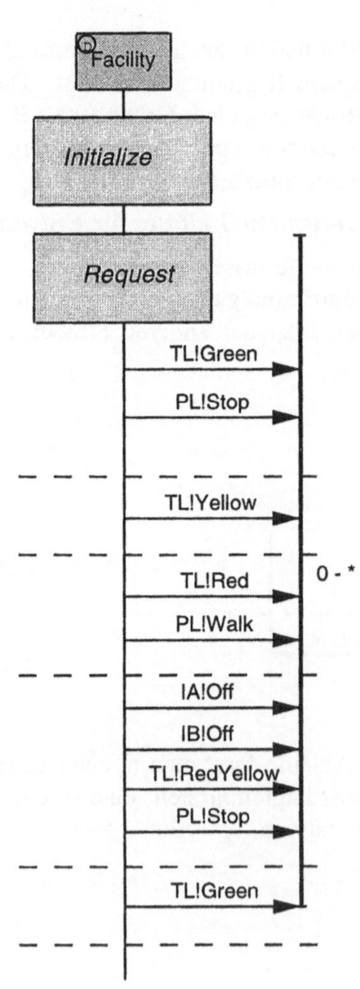

Eine spezielle Abkürzung gibt es für Wiederholungen von Interaktionsmustern. Um sie nicht mehrfach hinschreiben zu müssen, ist die Kennzeichnung der Sequenz durch einen senkrechten Strich am Rand vorgesehen.

Durch *Indikatoren* kann die Art der Wiederholung angegeben werden. Dabei bedeutet 0-* „beliebig oft, eventuell gar nicht", 1-* „mindestens einmal" und 0-1 „optional". So lässt sich bei der Ampel kompakt darstellen, dass sich die Anforderung von Grün seitens eines Fußgängers und die dadurch ausgelöste Folge von Ampelphasen beständig wiederholen.

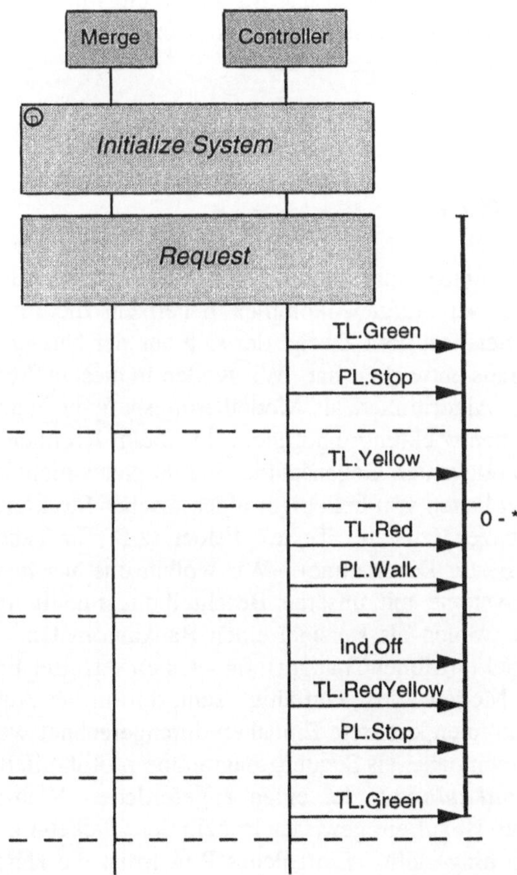

2.5–6 Achsenverfeinerung

Abbildung 2.5–5 enthält ein Sequenzdiagramm der Komponente `Facility`, des Gesamtsystems also. Die Interaktionen beziehen sich hier auf Ports (als die Schnittstellen zur Umgebung). Die Beschriftung der Interaktionspfeile sieht als Trennzeichen dann Frage- bzw. Ausrufezeichen für Ein- und Ausgabe vor.

Zur Detaillierung von Diagrammen steht ein spezielles Mittel zur Verfügung: Entschließt man sich zur Dekomposition einer Komponente, so kann das Sequenzdiagramm entsprechend „aufgeklappt" werden. Man spricht von *Achsenverfeinerung*. Als Achsenverfeinerung von `Facility` ergibt sich z.B. das Sequenzdiagramm 2.5–6.

Wie wir sahen, sind Sequenzdiagramme zur Modellierung eines Systems aus der Interaktionssicht gut geeignet. Boxen und Achsenverfeinerung bieten hierarchische Strukturierungsmittel. Indikatoren dienen zur Darstellung von Wiederholungen.

2.6 Algorithmen

Eine Hauptaufgabe informationsverarbeitender Maschinen ist das Rechnen. Dieser Aufgabenkomplex beherrscht die Informatik als Computing Science, dem Zweig, der sich aus der Numerischen Mathematik heraus entwickelt hat. Wir wollen in diesem Abschnitt den Entwurf von Algorithmen als Modellierungsaufgabe darstellen und in die Systementwicklung einordnen. Die beim Rechnen im umfassenden Sinn relevanten Gegenstände sind durchaus nicht nur Zahlen, sondern auch Daten von beliebiger algebraischer Struktur, beispielsweise Sequenzen (z.B. für Texte), Felder (z.B. für Tabellen) oder Graphen (z.B. für Diagramme). Wir wollen uns ansehen, wie sich rechnende Systeme mit unseren Beschreibungsmitteln modellieren lassen. Wir wählen als Beispiel einen Bankautomaten. Als AutoFOCUS-Projekt (MoneyChanger) findet sich das Beispiel auf der CD. Unser Modell wird „lauffähig" sein, d.h. in der AutoFOCUS-Umgebung können konkrete Eingaben durchgerechnet werden. Die Abläufe können dabei als Sequenzdiagramme protokolliert werden.

Unser ***Bankautomat***, der einen angeforderten Währungsbetrag ausgeben soll, ist auf ein gewisses Prinzip der Stückelung in Scheine und Münzen eingestellt. *Ein* solches Prinzip ist die Herausgabe in möglichst großen Stücken, worauf wir uns im Folgenden festlegen wollen. Welche Stücke das sein sollen, ist jeweils vorzugeben. Dann sei sichergestellt, dass die vorgesehenen Stücke in ausreichender Zahl vorhanden sind. Beispielsweise könnte ein solcher Bankautomat einen angeforderten ganzzahligen, durch fünf teilbaren Eurobetrag in 50 €-, 20 €- und 5 €-Scheinen, bevorzugt in großen Stücken, ausgeben.

Ein Bankautomat enthält als informatisches System eine Vielzahl von Komponenten, unter anderem eine Komponente `Change`, die die Stückelung des angeforderten Geldbetrages bestimmt. Wenn diese Komponente Stückwert für Stückwert bestimmt, wie viele Stücke auszugeben sind, kommt für den angeforderten Betrag von 230€ zum Beispiel heraus: 4×50 €, 1×20 €, 2×5 €. Es geht also darum, eine Folge natürlicher Zahlen zu berechnen, im Beispiel zuerst 4, dann 1 und schließlich 2: Zu einem Währungsbetrag `a` (einer natürlichen Zahl) und einer Stückelung `bs` (einer nicht leeren Folge von positiven ganzen Zahlen, absteigend geordnet) bestimmt die Komponente `Change` den gestückelten Währungsbetrag `qs` (eine Folge natürlicher Zahlen). Die zugehörigen Kanalnamen beginnen in Abb. 2.6–1 mit einem Großbuchstaben.

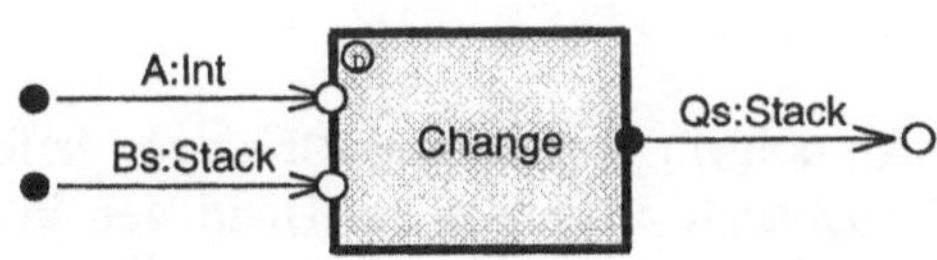

2.6–1 Geldwechsler

Als Datentypen verwenden wir die in unserem CASE Tool vorgegebenen Typen `Int` (ganze Zahlen) und `Stack` (Stapel ganzer Zahlen), erklären aber sogleich die Absicht, das Ein-/Ausgabeverhalten nur soweit zu behandeln, wie es die Aufgabenstellung verlangt. Die Konstruktorfunktionen von `Stack` seien wie in Abschnitt 2.3 `estack` (der leere Stapel) und `append` (das Ablegen einer Zahl auf einem Stapel). Das Muster `append(b,br)` gewährt bei einem nichtleeren Stapel den Zugriff auf die oberste Zahl `b` und den darunter liegenden restlichen Stapel `br`.

Das Problem, dass die Zerteilung eventuell nicht aufgeht, wollen wir so lösen, dass wir den verbleibenden Rest als letztes dem Ausgabestapel hinzufügen. Dann kann der Automat entsprechend darauf reagieren.

Wiederholt tritt bei der Berechnung die Teilaufgabe auf: Wie oft steckt ein Stückwert `b` in einem Währungsbetrag `a`? Oder abstrakt, bezogen auf natürliche Zahlen: Wie oft und mit welchem Rest teilt eine positive Zahl `b` eine Zahl `a`? Ist `q` diese Anzahl (der Quotient) und `r` der Rest, der übrig bleibt, dann gilt `a=q×b+r` und `r<b`.

Verfügten wir bereits über eine Komponente, die den Quotienten und den Rest bestimmt, so ließe sich `Change` wie folgt darauf abstützen:

Eingabe: `x` (der Währungsbetrag), `bs` (die Stückelung).
Sei `bs` von der Form `append(b,br)`
Verwende eine Variable `ys` zum Aufsammeln der Stückzahlen und beginne mit dem leeren Stapel
`estack` für `ys`.
* Seien `q0`, `r0` Quotient und Rest der Division von `x` durch `b`.
Falls `r0=0` oder `bs` leer ist, beende mit der
Ausgabe: `append(r0,append(q0,ys))`
(d.i. der letzte Rest `r0` und die Quotientenfolge).
Andernfalls sei `bs` wieder von der Form `append(b,br)`; setze
`r0` für `x`,
`append(q0,ys)` für `ys`
und fahre fort bei *.

Entsprechend obigem Ansatz soll `Change` verfeinert werden durch eine Komponente `Chg`, die das Dividieren in eine Komponente `Divmod` auslagert (vgl. Abb. 2.6–2).

2.6–2 Dekomposition des Geldwechslers

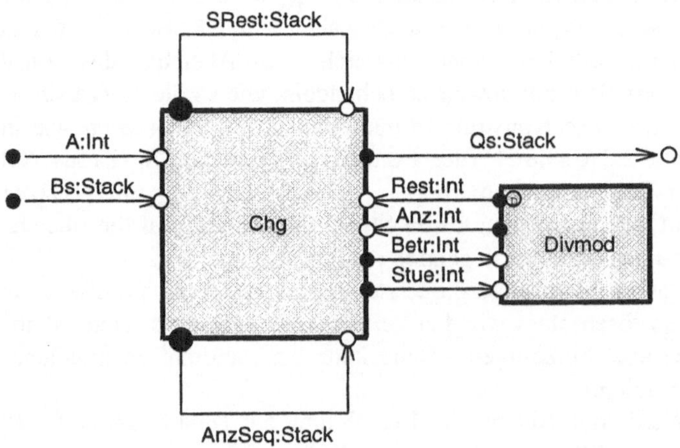

Empfängt die Komponente `Change` ihre Eingangswerte `a` und `bs=append(b,br)`, so instantiiert die Subkomponente `Chg` die beiden Eingangsports von `Divmod` mit `a` und `b` und außerdem mit br und estack ihre beiden speichernden Ports, die während der Division festzuhalten sind, s. Abb. 2.6–2.

Aus einem Wartezustand geht Chg bei der Initialisierung über in einen geschäftigen Zustand fortgesetzten Dividierens, bis das Endergebnis erreicht ist und am Port qs abgeliefert wird, wobei Chg in den Wartezustand zurückkehrt, vgl. Abb. 2.6–3.

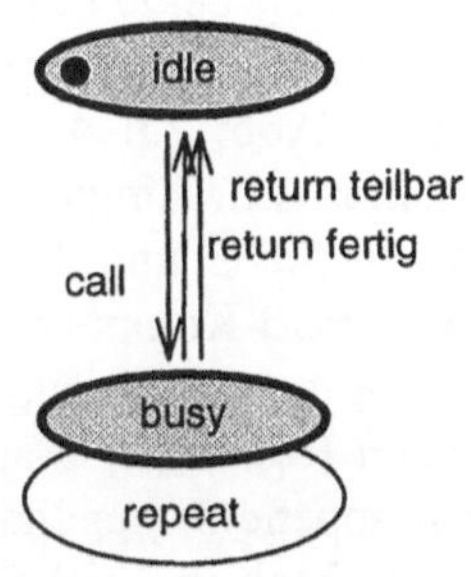

2.6–3 Geld wechseln

Transition	Vorb.	Eingaben	Ausgaben
call		A?x; Bs?append(b,br)	Betr!x; Stue!b; SRestOut!br; AnzSeqOut!estack
return teilbar		Rest?0; Anz?q0; AnzSeqIn?ys	Qs!append(0, append(q0,ys))
return fertig		Rest?a; Anz?q0; SrestIn?estack; AnzSeqIn?ys	Qs!append(a, append(q0,ys))
repeat	0<r0	Rest?r0; Anz?q0; SrestIn ?append(b,br); AnzSeqIn?ys	Betr!r0; Stue!b; SRestOut!br; AnzSeqOut !append(q0,ys)

In den Transitionsregeln von `Chg` kommen Nachbehandlungen nicht vor, weil auf lokale Variable verzichtet wurde. Die Portnamen des Strukturdiagramms sind so festgelegt, dass sie mit den angegebenen Kanalnamen übereinstimmen, ausgenommen bei rückführenden Kanälen, wo `In` bzw. `Out` hinzugefügt wurde.

Die beiden Terminierungsfälle überlappen: Im Fall `Rest=0` (die Stückelung ging ohne Rest auf) und zugleich `SrestIn=estack` (alle Stückwerte sind behandelt), sind die Transitionen `return teilbar` und `return fertig` beide schaltbereit. Das ist als ein Beispiel für Nichtdeterminiertheit auch krorrekt.

Das Sequenzdiagramm in Abb. 2.6–4 verdeutlicht die Verhaltensweise dieser Komponente: Zur Eingabe des Währungsbetrages 25 € und der Stückelung in 50 € und 10 € gehen zunächst die Werte 25 und 50 an die `Divmod`-Komponente, die nach zwei Takten 25 als Rest und 0 als Quotienten zurückgibt. Danach gehen 25 und 10 an `Divmod`, mit den Resultaten 5 als Rest und 2 als Quotient, die zur Ausgabe von append(5, append(2, append(0, estack))) führt, d.h. 25 € werden gewechselt in 0×50 €, 2×10 € und den Rest von 5 €.

Pfeile ohne Schaft

In unseren Sequenzdiagrammen sind Rückführungskanäle zur besseren Lesbarkeit durch Pfeilspitzen, also Pfeile ohne Schaft dargestellt.

Zur Lösung der verbleibenden Teilaufgabe wird ein Divisionsalgorithmus benötigt. Ein möglicher Ansatz besteht darin, abzuzählen, wie oft sich der Divisor vom Dividenden subtrahieren lässt:

> *Eingabe*:
> `a` (der Dividend), `b` (der Divisor).
>
> Verwende eine Variable `d` und beginne mit `0` für `d` (Zählvariable).
>
> ***Solange*** nicht `a<b` ist, erhöhe `d` um `1` und vermindere `a` um `b`.
>
> *Ausgabe*: `d`, `a` (Quotient und Rest).

Für die Umsetzung dieses Ansatzes wählen wir eine Komponente `Dm`, die während der Berechnungsschritte `b` konstant hält und `q` und `r` verändert.

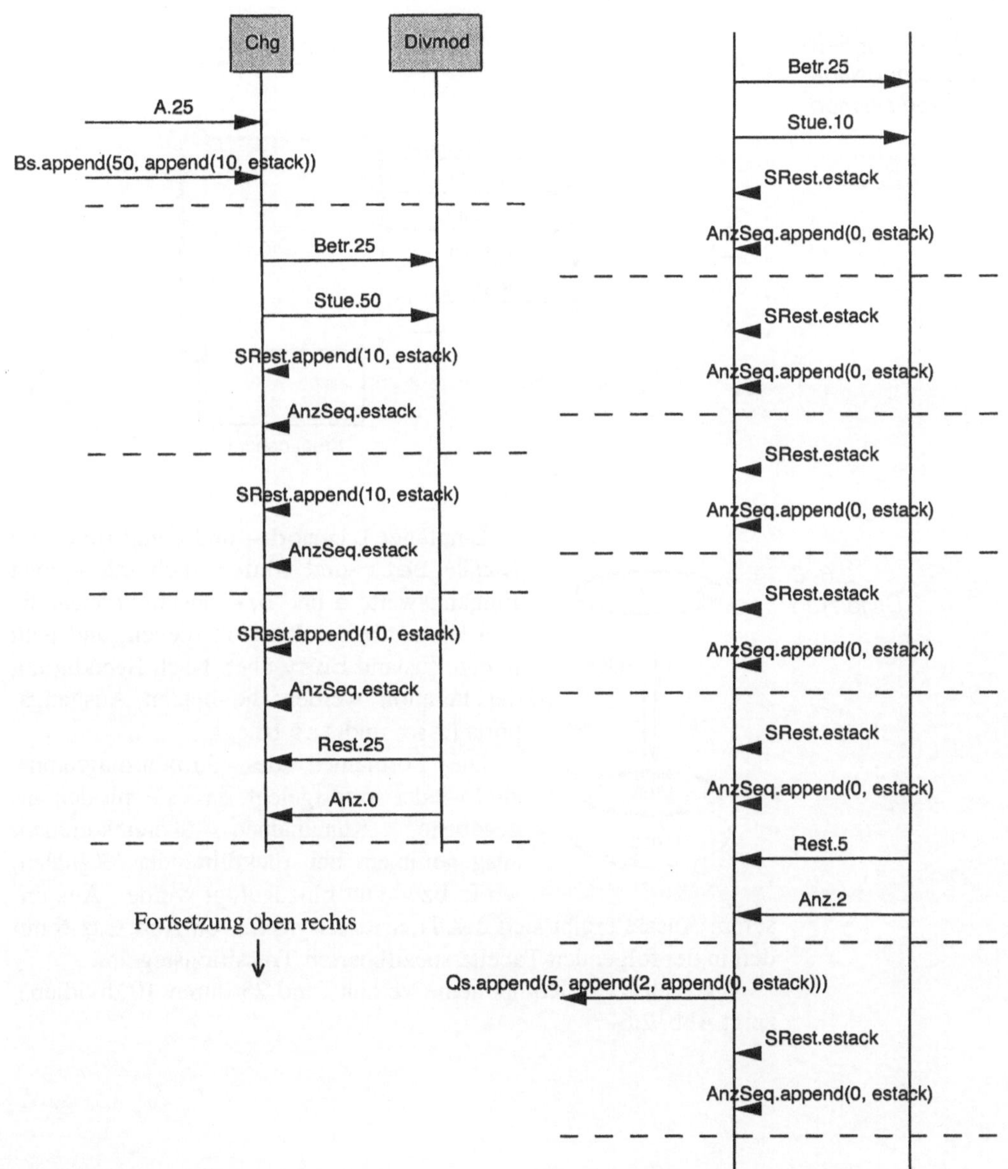
Chg
Divmod
A.25
Bs.append(50, append(10, estack))
Betr.25
Stue.50
SRest.append(10, estack)
AnzSeq.estack
SRest.append(10, estack)
AnzSeq.estack
SRest.append(10, estack)
AnzSeq.estack
Rest.25
Anz.0
Fortsetzung oben rechts
Betr.25
Stue.10
SRest.estack
AnzSeq.append(0, estack)
SRest.estack
AnzSeq.append(0, estack)
SRest.estack
AnzSeq.append(0, estack)
SRest.estack
AnzSeq.append(0, estack)
SRest.estack
AnzSeq.append(0, estack)
Rest.5
Anz.2
Qs.append(5, append(2, append(0, estack)))
SRest.estack
AnzSeq.append(0, estack)

Dm verfügt gegenüber DivMod über drei rückführende Kanäle zusätzlich, vgl. Abb. 2.6–5. (Auf lokale Variable wollen wir verzichten.)

2.6–5 Dekomposition von Divmod

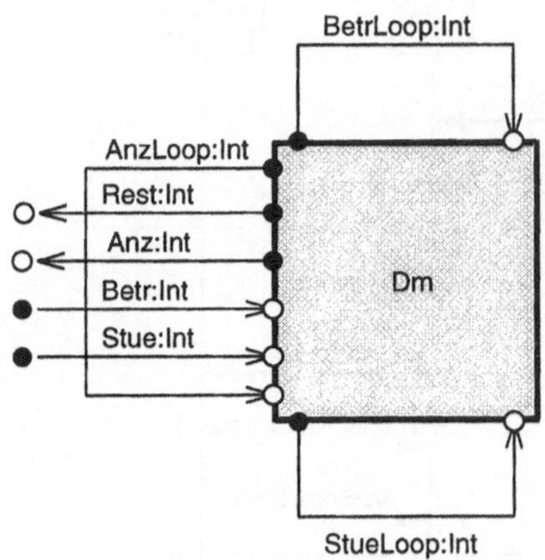

2.6–6 Dividieren

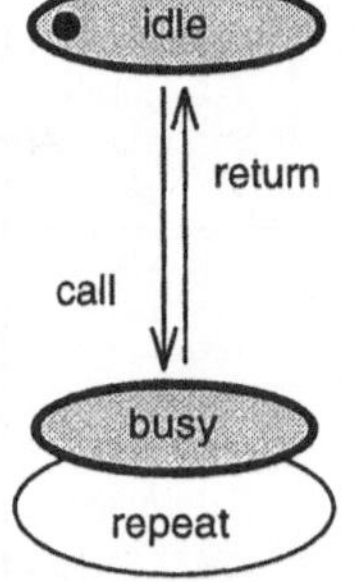

Empfängt Divmod – und damit (über die Kanäle Betr und Stue) auch Dm – zwei Eingangswerte a und b, so instantiiert Dm die drei Ports, die der Iteration dienen, und geht in den Zustand busy über. Nach Beendigung der Iteration werden die beiden Ausgangsports Rest und Anz belegt.

Die Portnamen des Strukturdiagramms sind wieder so festgelegt, dass sie mit den angegebenen Kanalnamen übereinstimmen, ausgenommen bei rückführenden Kanälen, wo In bzw. Out hinzugefügt wurde. Aus unserem Ansatz ergibt sich das Transitionssystem von Abb. 2.6–6 mit den in der folgenden Tabelle spezifizierten Transitionsregeln.

Wie sich diese Komponente verhält (und 25 durch 10 dividiert), zeigt Abb. 2.6–7.

Transition	Vorb.	Eingaben	Ausgaben
call		Betr?a; Stue?b	BetrOut!a; StueOut!b; AnzOut!0
return	a<b	BetrIn?a; StueIn?b; AnzIn?d	Anz!d; Rest!a
repeat	b<=a	BetrIn?a; StueIn?b; AnzIn?d	BetrOut!a-b; StueOut!b; AnzOut!d+1

Mit diesem Bankautomaten wurde ein System modelliert, das Berechnungen vollzieht. Bei jedem solchen Modell definiert die Beziehung zwischen Eingabe und Ausgabe eine partielle Funktion mit einer bestimmten Funktionalität. Wie ein Blick auf das Strukturdiagramm 2.6–1 zeigt, besitzt die Komponente `Change` zwei Eingangsports, die Typen sind Int und `Stack`, und einen Ausgangsport vom Typ `Stack`. Die Komponente modelliert also eine Funktion vom Typ `Int,Stack→Stack`. Nennen wir diese Funktion `change`, so haben wir

`change: Int,Stack → Stack.`

Nach dem Strukturdiagramm der Komponente `Divmod` in Abb. 2.6–2 modelliert `Divmod` eine Funktion vom Typ `Int,Int→ Int,Int`. Das Resultat der Funktion ist ein Zahlenpaar. Mit der Abkürzung von `Int,Int` durch die Typbezeichnung `Pair` spezifiziert `Divmod` eine Funktion

`divmod: Int,Int → Pair.`

Das Verhalten der Komponenten ist durch Transitionssysteme festgelegt, folglich auch der Werteverlauf der zugehörigen Funktionen. In der AutoFOCUS-Umgebung sind diese Modelle ablauffähig, wie wir gesehen haben. Die Definition der Funktionen ist also konstruktiv.

Zu dieser Modellierung stellt sich jetzt eine Reihe von Fragen. Im nächsten Abschnitt sollen sie näher analysiert werden.

2.6–7
Divisionsvorgang

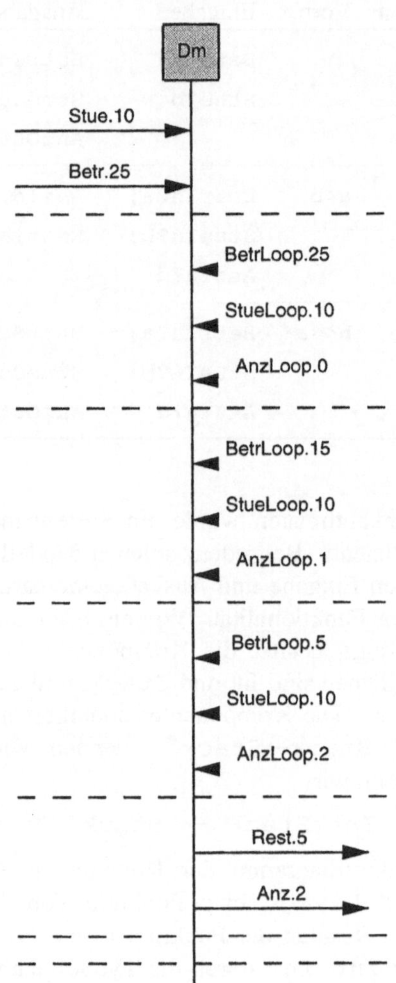

2.7 Partielle Korrektheit, Terminierung und Komplexität

Nach dem Algorithmenentwurf stellen sich einige Fragen: Sind die berechneten Werte wirklich diejenigen, die in der Aufgabenstellung verlangt werden? Wird zu *jeder* vorgesehenen Eingabe eine Ausgabe geliefert? Ist die benötigte Rechenzeit akzeptabel? Untersuchen wir diese Fragen am Bankautomaten und etwas eingehender am Divisionsalgorithmus:

In Bezug auf natürliche Zahlen war die Frage aufgetreten, wie oft und mit welchem Rest eine positive Zahl `b` eine Zahl `a` teilt. Es ist ein Satz der elementaren Zahlentheorie, dass dieses Problem lösbar ist, d.h. dass stets ein Zahlenpaar `[q,r]` mit der Eigenschaft

`a=q×b+r` und `r<b`

existiert und dass es jeweils nur ein einziges solches Zahlenpaar gibt. Sei daher `f` die Funktion, die einem Dividenden `a` und einem Divisor `b` das Paar bestehend aus dem Quotienten `q` und dem Rest `r` zuordnet. Festzuhalten ist, dass diese Funktion auf den natürlichen Zahlen nur partiell definiert ist, nur für `b≠0`.

Es gibt für diese Funktion mehrere Berechnungsverfahren, die mehr oder weniger effizient sind.

Zunächst fragt sich, ob der oben angegebene Algorithmus `divmod(a,b)` tatsächlich das Zahlenpaar `f(a,b)` abliefert, zumindest für alle Eingaben, für die er überhaupt ein Ergebnis liefert. Der Algorithmus wäre dann *partiell korrekt*, wie man sagt. Allein genommen besagt das noch wenig, denn partiell korrekt in diesem Sinn ist als Extrem auch der Algorithmus, der nie ein Ergebnis abliefert. Wenn ein partiell korrekter Algorithmus auf dem gesamten Definitionsbereich von `f` *terminiert*, also jeweils nur endlich viele Schritte benötigt, um ein Resultat abzuliefern, so heißt er *korrekt*. (Das eventuelle Verhalten eines Algorithmus außerhalb des Definitionsbereichs von `f` interessiert in diesem Zusammenhang nicht weiter.)

Wir werden also die partielle Korrektheit und die Terminierung unseres Verfahrens untersuchen und anschließend nach eventuell effizienteren Verfahren fragen. Unsere Vorgehensweise gibt ein Beispiel für die Analyse von Rechenproblemen, deren eindeutige Lösbarkeit gesichert ist.

Wie lässt sich partielle Korrektheit begründen?

Das Strukturdiagramm von `Divmod` wurde in Abb. 2.6–5 verfeinert durch eine Komponente `DM`. In dieser treten außer den beiden

Eingangs- und den beiden Ausgangskanälen zusätzlich drei rückführende Kanäle auf. Dies verweist auf eine rekursive Berechnung innerhalb der Komponente. Ein Blick auf das Transitionsdiagramm 2.6–6 bestätigt dies:

1. Aus dem Zustand `idle` tritt das System gemäß Transitionstabelle heraus, sobald die Eingaben `a`, `b` vorliegen. Zugleich werden `a`, `b` und der Wert 0 an die drei rückführenden Kanäle gegeben, so dass im Folgezustand `busy` diese Werte verfügbar sind.

2. Im Zustand `busy` verhält sich die Komponente wie eine dreistellige Funktion, die wir `dm` nennen wollen. Diese benutzt die drei rückführenden Kanäle sowie terminierend die beiden Ausgangskanäle und hat die Funktionalität

`dm: Int,Int,Int → Pair.`

3. Im Einzelnen: Die Transition `call` entspricht einem Funktionsaufruf von `dm`:

(*) `divmod(a,b) = dm(a,b,0).`

Die Transition `return` entspricht der bedingten Gleichung

(1) `a<b ⟶ dm(a,b,d)=[d,a].`

Die Transition `repeat` entspricht der bedingten Gleichung

(2) `b≤a ⟶ dm(a,b,d)=dm(a-b,b,d+1).`

Die Berechnung von `divmod(a,b)` wird also zurückgeführt auf die Berechnung von `dm(a,b,0)`. In *(2)* steckt die Idee des Abzählens beim Subtrahieren mit Resultatübergabe gemäß *(1)*.

Nun kann man (durch fundierte Induktion nach a) beweisen:

(#) `dm(a,b,d)=[q,r]` gilt genau dann, wenn
`a=(q-d)b+r ∧ 0≤r<b.`

Nach *(*)* interessiert uns speziell der Fall `d=0`. Für diesen Wert ist *(#)* exakt die definierende Eigenschaft von `f`. Dies beweist die partielle Korrektheit der Komponente `Divmod` (für `0<b`).

Wie lässt sich Terminierung absichern?

Sobald die Komponente `Dm` ein Wertepaar `a`,b übergeben bekommen hat, geht sie in den Zustand `busy` über. Die anschließenden Transitionen sind durch *(1)* und *(2)* beschrieben. Die beiden Bedingungen `a<b` und `b≤a` schließen einander aus. Gilt `b≤a`, so erfolgt ein rekursiver Aufruf von `dm`. Gibt es Werte `a` und `b`, für die sich das endlos wiederholt? Offenbar nicht, wenn wir im Bereich der natürlichen Zahlen sind und `0<b` ist, denn in jedem Schritt verkleinert sich `a` um `b` und es gibt nur endlich viele Zahlen, die kleiner sind als der Anfangswert. Die Berechnung terminiert, und zwar mit

unverändertem Parameter b und abgeändertem Parameter a, für den a<b gilt, Parameterwerte also, für die *(1)* anwendbar ist, was definitiv zu einem Resultat führt.

Eine Komponente *terminiert nicht*,

- wenn ausgelagerte Berechnungen nicht terminieren,
- wenn das Transitionssystem unvollständig ist und
- wenn eine unendliche Folge von Transitionen möglich ist.

Terminierungsfunktion

Der letzte Punkt lässt sich durch folgende Argumentation generell ausschließen. Wir betrachten eine Komponente mit n Transitionen der Form

$$C_i \ : \ A_1?x_1;\ldots;A_m?x_m \ : \ A_1!E_{i1};\ldots;A_1!E_{im}) \ :$$

für i=1,...,n. Diese entsprechen den bedingten Gleichungen

$$C_i \longrightarrow t(x_1,\ldots,x_m)=t(E_{i1},\ldots,E_{im}) \quad \text{für } i=1,\ldots,n$$

in einer Funktion t. Dabei seien $E_{i1},\ldots,E_{im}$ Terme in den Variablen $x_1,\ldots,x_m$. Existiert nun eine Funktion h, die in die natürlichen Zahlen abbildet, mit der Eigenschaft

$$C_i \longrightarrow h(E_{i1},\ldots,E_{im}) < h(x_1,\ldots,x_m) \quad \text{für } i=1,\ldots,n,$$

so ist jede Kette aus diesen Transitionen endlich. Eine solche Funktion h heißt *Terminierungsfunktion.*

Als Anwendung wählen wir einen zweiten Divisionsalgorithmus, und zwar das Verfahren, nach dem wir mit Bleistift und Papier dividieren: Der Divisor wird an die Stellenzahl des Dividenden angepasst, dann wird abgeschätzt, wie oft er aufgeht, was die erste Stelle des Ergebnisses ergibt; zur Fortsetzung nimmt man den Rest als neuen Dividenden, und der Divisor wird um eine Stelle nach rechts verschoben. Dieses Verfahren ist vom Zehnersystem unabhängig. Im Dualsystem, das auf Rechenanlagen eine bevorzugte Rolle spielt, ergibt sich als besonderer Vorteil, dass nur zwei Möglichkeiten in Frage kommen, wenn der Teiler abzuschätzen ist, nämlich 0 oder 1. Den Divisor an die Größe des Dividenden anzupassen, d.h. das Anfügen hinreichend vieler 0, geschieht im Dualsystem durch Verdoppeln. Hierfür denken wir uns eine Komponente Shift, die sich wie das folgende Gleichungssystem verhält. Es sei 0<b.

```
    a≤b ──→ shift(a,b)=b,
(3) b<a ──→ shift(a,b)=shift(a,b*2).
```

Das Wegstreichen der letzten Stelle einer Zahl x lässt sich im Dualsystem als x/2 (Halbieren) schreiben. Das vom Zehnersystem vertraute Verfahren der Division von a durch b mit 0<b formuliert sich dann wie folgt.

```
shift(a,b)=c ⟶ divmod2(a,b)=d2(a,b,c,0).
```

In der letzten Komponente von d2 wird der Quotient aufgebaut, d.h. in jedem Schritt eine 1 oder eine 0 angefügt:

```
    c<b        ⟶ d2(a,b,c,d)=[d,a],
(4) b≤c∧c≤a    ⟶ d2(a,b,c,d)=d2(a-c,b,c/2,d*2+1),
(5) b≤c∧a<c    ⟶ d2(a,b,c,d)=d2(a,b,c/2,d*2).
```

An das Dualsystem sind wir nur dahingehend gebunden, dass die Operationen x*2 und x/2 als einstellige Grundoperationen zur Verfügung stehen müssen.

Wir übergehen den Nachweis der partiellen Korrektheit dieses Verfahrens und klären die Terminierungsfrage, und zwar für natürliche Zahlen a, b mit 0<b:

Eine Beobachtung, die weiterhilft: Bei shift wird der Abstand zwischen den beiden Argumenten in der Rekursion von Schritt zu Schritt kleiner. Bei der Konstruktion einer Terminierungsfunktion h ist allerdings darauf zu achten, dass die Funktionswerte nichtnegative ganze Zahlen sind. Wir definieren deshalb h partiell durch

```
0<b<a ⟶ h(a,b)=a*2-b,
```

denn aus 0<b<a folgt 0<a+a-b-b<a+a-b.
Das ist im Hinblick auf *(3)*:

```
0<b<a ⟶ 0≤h(a,b*2)<h(a,b).
```

Bei d2 ist festzustellen, dass sich das dritte Argument in der Rekursion durch Halbieren von Schritt zu Schritt verkleinert. Eine Terminierungsfunktion k ist daher partiell definiert durch

```
0<b≤c ⟶ k(a,b,c,d)=c,
```

denn aus 0<b≤c folgt 0≤c/2<c.
Daraus ergibt sich im Hinblick auf *(4)* und *(5)*:

```
0<b≤c ⟶ 0≤k(a-c,b,c/2,d*2+1)<k(a,b,c,d)
```

und

```
0<b≤c ⟶ 0≤k(a,b,c/2,d*2)<k(a,b,c,d).
```

Terminierungsfunktionen liefern eine Abschätzung für die Anzahl der Rekursionen in Abhängigkeit von der Eingabe. Diese muss nicht scharf sein; im Terminierungsbeweis tut man sich im Allgemeinen leichter mit einer groben Abschätzung.

Wie wird Zeitkomplexität abgeschätzt?

Bei der Divmod-Komponente ist es ausnehmend einfach, die Anzahl der Rekursionen bei einem Ablauf anzugeben. Denn in unserer ersten Variante enthält die Transition repeat explizit einen Zähler, der von 0 in jedem Schritt um 1 heraufgezählt wird, was (a/b)-mal geschieht. Bei der zweiten Variante wird zunächst b durch shift n-mal verdoppelt und anschließend durch d2 (n+1)–mal halbiert, wobei n die kleinste ganze Zahl mit $a \leq b*2^n$ ist. Für $a \neq 0$ ist n also der ganzzahlige Anteil von $\log_2(a/b)$.

Das zweite Divisionsverfahren benötigt deutlich weniger Transitionen, wenn die Differenz von a und b groß ist. Allerdings fragt sich, ob der Rechenaufwand pro Transition vergleichbar ist. Das ist jedenfalls dann der Fall, wenn mit Dualzahlen gerechnet wird.

Neben der Rekursionszahl ist der Aufwand bei der Ausführung der einzelnen Transitionen in Rechnung zu stellen. Schließlich ist es ja möglich, die gesamte Berechnung in einem einzigen Schritt durchzuführen, indem man den Algorithmus in die Datenspezifikation hinein nimmt. Zum Beispiel hatten wir Divmod durch die Gleichungen (*), (1) und (2) beschrieben. Wenn wir die Gleichungen als Funktionsdefinition verwenden, kann auf divmod in den Transitionen zurückgegriffen werden; Abb. 2.7–1 zeigt diese Variante: Die rekursive Abfolge von Transitionen ist in die Termreduktionen verlagert, die bei dem einen verbleibenden Transitionsschritt erforderlich sind. Vom mathematischen Ansatz her sind Divmod und Divmod3 zwar vergleichbar, als Modelle jedoch grundverschieden.

2.7–1 Quotient und Rest

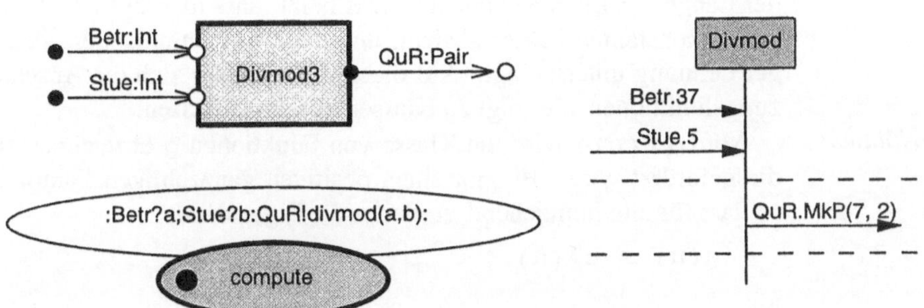

Angaben über den Zeitbedarf eines Algorithmus sind Angaben über die Anzahl der Elementarschritte. Sie sollten sich auf Modelle beziehen, deren Datenspezifikation allein aus „elementaren" Operationen besteht. Allerdings sind sie auch dann von der Repräsentation der Daten abhängig. Meist bezieht man sich auf eine Binärdarstellung.

Es ist im Allgemeinen schwierig, wenn nicht sogar unmöglich, die Anzahl der Elementaroperationen in Abhängigkeit von der Eingabe zu bestimmen. Um zu entscheiden, ob ein Resultat in akzeptabler Zeit erscheint, reicht auch meist eine Worst-Case-Analyse.

Im Divisionsbeispiel zeigt eine solche Analyse, dass bei festem Dividenden die meisten Schritte für den Divisor `1` benötigt werden.

Wir wollen jetzt den Zeitbedarf eines Algorithmus abschätzen, und zwar in Abhängigkeit vom Eingabetupel **x**. Da dieses ja durchaus nicht nur aus Zahlen bestehen muss, wird der Eingabe zunächst eine „Länge" `|x|` zugeordnet. Alle Eingaben derselben Länge werden einheitlich abgeschätzt. Beispiele sind die Länge eines Stapels oder die Zahl der Blätter eines Binärbaums; bei der Division wäre `|x|=a` für `x=(a,b)` geeignet.

Die Worst-Case-*Zeitkomplexität* $wc_A(n)$ eines Algorithmus `A` ist die Anzahl $steps_A$ der Elementarschritte von `A` bei der ungünstigsten Eingabe der Länge `n`:

$$wc_A(n) = max_{|x|=n} steps_A(x)$$

Falls $wc_A(n) \le f(n)$ für eine gewisse Funktion f gilt, so ist also die Anzahl der Elementarschritte von `A` bei jeder Eingabe der Länge `n` durch `f(n)` beschränkt. Man verwendet für solche Abschätzungen Abbildungen `f` von den natürlichen Zahlen in die reellen Zahlen.

Interessiert ist man jetzt an pauschalen Aussagen der Art, dass ein Algorithmus „logarithmisch", „polynomial" oder „exponentiell" von der Länge der Eingabe abhängt. Das heißt, dass man bei `f(n)` von einem konstanten Faktor absieht, und dass man Summanden niedriger Ordnung unterschlägt. Auf diese Weise lassen sich die Abschätzungsfunktionen wie folgt zu Klassen zusammenfassen.

Big-O-Notation

Mit `O(f(n))` wird die Klasse von Funktionen `g` bezeichnet, für die gefordert wird: Es gibt einen positiven ganzzahligen Faktor `c`, so dass für alle hinreichend großen n die Eigenschaft

$$g(n) \le cf(n)$$

gilt.

Man sagt dann z.B.

> `Dimod` ist von linearer Ordnung, weil $wc_{Divmod}(n) \in O(n)$,
>
> `Dimod2` ist von logarithmischer Ordnung,
> weil $wc_{Divmod2}(n) \in O(\log n)$.

Von exponentieller Ordnung ist z.B. die Aufgabe, von einem aussagenlogischen Ausdruck in n Variablen festzustellen, ob er für alle Belegungen, d.h. für alle 2^n Wertekombinationen, zu `true` äquivalent ist.

2.8 Datensicht (der applikativen Programmierung)

Diagramme enthalten Textangaben vielfältiger Art, z.B. sind Transitionen durch Terme definiert, Ports und Kanäle sind typisiert. Bei der Modellbildung sind also in gewissem Umfang auch Datenstrukturen zu entwerfen. Zur maschinellen Bearbeitung der Diagramme müssen diese Entwürfe formalisiert, zur Simulation müssen sie sogar konstruktiv sein. Daher verwendet man eingeschränkte algebraische Spezifikationen. Eine passende Einschränkung definiert für uns Quest. Quest ist eine applikative (funktionale) Programmiersprache. Es folgt eine kurze Übersicht.

Welche Grundtypen sind vordefiniert?

Ausgangspunkt sind die folgenden vier elementaren Typen:

Wahrheitswerte: `Bool`,
ganze Zahlen: `Int`,
Gleitkommazahlen: `Float`,
Zeichenreihen: `String`.

Aus Kompatibilitätsgründen zu anderen Programmiersprachen sind mehrere synonyme Bezeichnungen erlaubt.

Wahrheitswerte: `Bool`, `boolean`, `Boolean`,
ganze Zahlen: `Int`, `int`,
Gleitkommazahlen: `Float`, `float`.

Wahrheitswerte `Bool`. Es stehen die konstanten Werte `True` und `False` sowie die folgenden Operatoren zur Verfügung:

Bezeichnung	Operator	Typ
Gleichheit	`==`	`Bool->(Bool->Bool)`
Ungleichheit	`!=`	`Bool->(Bool->Bool)`
Negation	`not`	`Bool->Bool`
Implikation	`=>`	`Bool->(Bool->Bool)`
Äquivalenz	`<=>`	`Bool->(Bool->Bool)`
Disjunktion (logisches „oder“)	`||`	`Bool->(Bool->Bool)`
Konjunktion (logisches „und“)	`&&`	`Bool->(Bool->Bool)`

Beispiele für korrekte Ausdrücke vom Typ `Bool` mit `A`, `B`, `C` als Booleschen Parametern sind

```
True => False,
A || B,
(A && B) <=> C.
```

Ganze Zahlen `Int`. Der Datentyp `Int` stellt die Menge der ganzen Zahlen in Dezimalschreibweise dar. Bei Simulation und Code-Erzeugung ist der Wertebereich von `Int` allerdings auf das endliche Intervall $[-2^{31}..2^{31}-1]$ begrenzt. (In diesem Intervall liegen 32-Bit-Zahlen in Zweierkomplementdarstellung.) Die folgende Tabelle zeigt die vordefinierten Operatoren.

Bezeichnung	Operator	Typ
Gleichheit	==	Int->(Int->Bool)
Ungleichheit	!=	Int->(Int->Bool)
Größer	>	Int->(Int->Bool)
Größergleich	>=	Int->(Int->Bool)
Kleiner	<	Int->(Int->Bool)
Kleinergleich	<=	Int->(Int->Bool)
Addition	+	Int->(Int->Int)
Subtraktion	-	Int->(Int->Int)
Multiplikation	*	Int->(Int->Int)
Division	/	Int->(Int->Int)
Rest	%	Int->(Int->Int)
Negation	-	Int->Int

Die ganzzahlige Division / verliert gegenüber der reellen Division die Nachkommastellen.

Gleitkommazahlen `Float`. Gleitkommazahlen werden in üblicher Syntax angegeben (z.B. 0.0, 5.38, 3e-1). Durch den Dezimalpunkt in .0 wird die `Float`-Null von der `Int`-Null unterschieden. Es stehen die Operatoren der folgenden Tabelle für den Typ `Float` zur Verfügung.

Bei der Auswertung von `a==b` und `a!=b` können unterschiedliche Rundungsfehler bei der Berechnung von `a` und `b` auftreten. Deshalb sollten die Operatoren `==` oder `!=` für Gleitkommazahlen mit Vorsicht verwendet werden.

Bezeichnung	Operator	Typ
Gleichheit	`==`	`Float->(Float->Bool)`
Ungleichheit	`!=`	`Float->(Float->Bool)`
Größer	`>`	`Float->(Float->Bool)`
Größergleich	`>=`	`Float->(Float->Bool)`
Kleiner	`<`	`Float->(Float->Bool)`
Kleinergleich	`<=`	`Float->(Float->Bool)`
Addition	`+`	`Float->(Float->Float)`
Subtraktion	`-`	`Float->(Float->Float)`
Multiplikation	`*`	`Float->(Float->Float)`
Division	`/`	`Float->(Float->Float)`
Negation	`-`	`Float->Float`

Wird ein zweistelliger Operator mit einem Argument vom Typ `Int` und einem vom Typ `Float` verwendet, so wird die `Int`-Darstellung automatisch in `Float` umgeformt. Aus 5.0 * 3 wird zum Beispiel 5.0 * 3.0 .

Zeichenreihen `String`. Eine Folge von Zeichen wird in Anführungsstriche eingeschlossen. Vordefiniert sind die folgenden Funktionen:

Funktion	Typ
`concat`	`String->(String->String)`
`first`	`String->String`
`last`	`String->String`
`rest`	`String->String`
`head`	`String->(Int->String)`
`tail`	`String->(Int->String)`
`startswith`	`String->(String->String)`
`endswith`	`String->(String->String)`
`length`	`String->Int`
`indexof`	`String->(String->Int)`
`lastindexof`	`String->(String->Int)`
`substring`	`String->(Int->(Int->String))`

Kommentare werden durch // eingeleitet, wenn sie auf eine Zeile passen, oder sonst durch /** ... */ eingeschlossen.

Welche algebraischen Spezifikationen sind zulässig?

Mit Hilfe des `data`-Konstruktes können neue Sorten mit neuen Operatoren (Konstruktorfunktionen, Selektorfunktionen und Diskriminatorfunktionen) definiert werden. Eine solche Definition wird im Folgenden auch als *Data-Definition* bezeichnet. Data-Definitionen haben in Quest die folgende Syntax:

```
data <newType> = <Constr1> | <Constr2> | ... | <ConstrN>;
```

Darin ist <newType> der Name des neu definierten Typs, und <Constr1> bis <ConstrN> sind N alternative Konstruktionsangaben für Terme. Die Trennung der Angaben erfolgt durch senkrechte Striche. Konstruktionsangaben ähneln Funktionsapplikationen und haben die Form

```
<KonName>(<SelName>:<TypName>).
```

Erlaubt sind auch mehr als ein „Argument“, getrennt durch Kommata (n-stellige Konstruktorfunktionen); es geht auch ohne Argument (nullstellige Konstruktorfunktionen). Wie mächtig dieses Konzept noch ist verglichen mit beliebigen algebraischen Spezifikationen, zeigen die folgenden Spezialfälle.

Aufzählungstypen. Sind alle Konstruktorfunktionen nullstellig, so werden neue Konstanten eingeführt und es gibt nur diese Konstanten als Terme des neuen Typs. Beispiel:

```
data TrafColor
= Red|RedYellow|Green|Yellow;
data PedColor = Walk|Stop;
```

Varianten (direkte Summe, Typvereinigung). Sind alle Konstruktorfunktionen einstellig, so dienen sie zur Einbettung vorhandener Typen. Zum Beispiel lassen sich so die ganzen und reellen Zahlen unter einem Typ vereinigen:

```
data Number
= Int2Num(N2I:Int)|Flo2Num(N2F:Float);
```

Terme vom Typ `Number` sind z.B.

`Int2Num(17)` und `Flo2Num(0.1)`.

Mit Hilfe einer einstelligen und einer nullstelligen Konstruktorfunktion lassen sich die ganzen Zahlen um ein uneigentliches Element komplettieren:

```
data IntB = Emb(I:Int)|Bottom;
```

Ein Term vom Typ `IntB` ist entweder eine eingebettete ganze Zahl, z.B. `Emb(0)`, oder die Konstante `Bottom` (als Zeichen: ⊥).

Tupel (cartesisches Produkt) sind ebenfalls als Data-Definition fassbar, Beispiel:

```
data Datum
= TMJ(tag:Int, monat:Int, jahr:Int);
```

Hier wird ein Konstruktor `TMJ` (Tag/Monat/Jahr) definiert, der drei Terme vom Typ `Int` zu einem Tripel zusammenfasst.

Es bleibt nachzutragen, dass die Syntax der Argumente darauf abzielt, so genannte Selektorfunktionen einzuführen. Im letzten Beispiel sind `tag`, `monat` und `jahr` Namen für Funktionen zum Zugriff auf die Argumente eines Terms vom Typ `Datum`. Die Auswertung des Terms

`tag(TMJ(31,3,2003))` liefert `31`.

Induktive Data-Definitionen. Data-Definitionen können auf den eigenen Typnamen zurückgreifen. Beispiele sind Stapel und Binärbäume:

```
data Stack
= append(fst:Int, rst:Stack) | estack;
data IntTree
= node(left:IntTree,
       element:Int,
       right:IntTree) | etree;
```

Welche Funktionen erzeugt eine Data-Definition?

Bei Konstruktoren, die nicht nullstellig sind, wird für jedes Argument wie schon gesagt eine *Selektorfunktion* definiert. Die Data-Definition für `Datum` hat die folgenden drei Selektorfunktionen:

```
tag:   Datum->Int,
monat: Datum->Int,
jahr:  Datum->Int.
```

Es gelten die kanonischen Eigenschaften

```
tag(TMJ(x,y,z))   = x,
monat(TMJ(x,y,z)) = y,
jahr(TMJ(x,y,z))  = z.
```

Zu jeder Konstruktorfunktion wird in Quest automatisch auch eine *Diskriminatorfunktion* erzeugt, mit der festgestellt werden kann, ob ein Term mit einer bestimmten Konstruktorfunktion beginnt oder nicht. Die Namensbildung erfolgt unter Voranstellen von `is_` vor den Konstruktornamen. Im `TrafColor`-Beispiel stehen die folgenden Diskriminatorfunktionen bereit, ohne dass sie explizit aufgeschrieben wurden.

```
is_Red:          TrafColor->Bool,
is_Yellow:       TrafColor->Bool,
is_RedYellow:    TrafColor->Bool,
is_Green:        TrafColor->Bool.
```

Der Term `is_Red(x)` mit einer Variablen `x` zum Beispiel liefert bei seiner Auswertung `True`, falls `x` mit `Red` belegt ist, und sonst `False`.

Schlussendlich werden bei jeder Definition eines Typs *T* noch *Gleichheit* und *Ungleichheit* als Standardoperatoren definiert:

Bezeichnung	Operator	Typ
Gleichheit	`==`	*T*->*T*->`Bool`
Ungleichheit	`!=`	*T*->*T*->`Bool`

Jede Data-Definition führt also nicht nur einen Typ ein, sondern auch Konstruktor-, Selektor- und Diskriminatorfunktionen mit kanonischen Eigenschaften sowie Gleichheit und Ungleichheit. Das führt zu einer übersichtlichen Menge möglicher Terme (vgl. weiter unten den Abschnitt 3.5 über induktive Definitionen und Beweise).

Wie sind Terme aufgebaut?

Konstanten als die einfachsten Terme bestehen aus einem Namen, einem Typ und einem unveränderlichen Wert. `Bool`, `Int`, `Float` und `String` haben Konstanten, andere kommen durch Data-Definitionen hinzu. Außerdem lässt sich durch eine Const-Definition eine Konstante einführen. Diese hat die Form

`const` <constIdentifier> = <value>`;`

wobei <constIdentifier> der Name und <value> der Wert (ein Term) ist. Der Typ der neuen Konstanten wird automatisch über Typinferenz (Bestimmung des allgemeinsten Typs) bestimmt. Zum Beispiel definiert:

```
const TRed = 5;
```

eine neue Konstante `TRed` vom Typ `Int` mit dem Wert `5`.

Parameter (Termvariable) haben einen Namen und einen Typ. Sie können mit wechselnden Termen belegt werden.

Zusammensetzung. Wie gewohnt können aus Konstanten und Parametern weitere Terme zusammengesetzt werden durch

Operationen wie in `2+3`, `True&&False` und `5*3.5`,

auch geklammert wie in `(2+3)*5`,

Funktionsapplikationen wie in
`fst(append(5, append(17, estack)))`

und durch Fallunterscheidungen in der Form
`if b then x else y fi`,

wobei b ein Term vom Typ Bool und x, y Terme von beliebigem aber gleichem Typ sind.

Es gibt Vorrangsregeln wie „*“ bindet stärker als „+“ und „&&“ bindet stärker als „||“; im Zweifelsfall helfen Klammern.

Welche Semantik besitzen Terme?

Der Auswertung von Termen liegt eine Wertaufruf-Semantik (engl.: call-by-value, auch eager im Gegensatz zu lazy) zugrunde, d.h. vor der Anwendung einer Funktion bzw. Operation werden zunächst alle Argumente der Funktion ausgewertet. Dabei ist es unerheblich, ob die Werte zur Berechnung des gesamten Terms benötigt werden oder nicht. Beispiel: Der Term (1+1==3)&&(10==5/0) führt in einer Wertaufruf-Semantik auf einen Fehler, da das Ergebnis von 5/0 undefiniert ist. Die Konjunktion in (False && ...) wird also nicht als „und dann“ ausgewertet, was False ergäbe.

Einzige Ausnahme von der Wertaufruf-Auswertung ist das Konstrukt if_then_else_fi. Hier wird zunächst die Bedingung ausgewertet und dann in Abhängigkeit vom Ergebnis nur die in Frage kommende Alternative. Beispiel: Im Term

```
if (1+1==3) then 5/0 else 4/2 fi
```

wird 5/0 nicht ausgewertet, und der gesamte Term ergibt 2.

Wie lassen sich zusätzlich Funktionen definieren?

Funktionsdefinitionen werden eingeleitet durch das Schlüsselwort fun (für function). Wenn man für Argumente definiert, die mit Konstruktorfunktionen aufgebaut sind, so werden verschiedene Alternativen mit „|“ unterteilt, Beispiel:

```
fun switch(Red)       = RedYellow
  | switch(RedYellow) = Green
  | switch(Green)     = Yellow
  | switch(Yellow)    = Red;
```

Ansonsten geht es immer mit if_then_else_fi:

```
fun switch(x) =
  if is_Red(x)       then RedYellow else
  if is_RedYellow(x) then Green     else
  if is_Green(x)     then Yellow    else
  if is_Yellow(x)    then Red fi fi fi fi;
```

Wenn wie im Beispiel der Typ erschlossen werden kann, braucht er nicht angegeben zu werden. Der Typ wird automatisch als

```
switch: TrafColor->TrafColor
```

bestimmt. Anders in folgendem Beispiel:

```
fun cond(b,x,y) = if b then x else y fi;
```

Hier ist der Typ von `x` und `y` nicht erkennbar. Man hat zu erklären, was man meint, z.B. (dies ist die Gestalt einer Typspezifikation):

```
cond: Bool -> (Int -> (Int -> Int));
```

Bei der Auswertung von `cond(1+1==3,5/0,4/2)` werden im Übrigen wie bei jeder Funktion alle drei Argumente ausgewertet, so dass die Gesamtauswertung auf einen Fehler führt.

Funktionsdefinitionen stützen sich oft auf sich selbst (unmittelbar oder wechselseitig) und sind damit *rekursiv*. Die definierenden Gleichungen werden dann zur Termauswertung benutzt. Wir wollen uns klarmachen, welche Funktionen es eigentlich sind, die wir unter einem Termersetzungsverständnis deklarieren:

Wie werden rekursive Funktionsdeklarationen interpretiert?

Bei der Auswertung einer Funktionsapplikation f(E) gibt es das Problem, dass die Anzahl der benötigten Rekursionsschritte dem auswertenden System nicht von vornherein bekannt ist. Um das System (und den wartenden Benutzer) nicht unzumutbar zu belasten, ist im Allgemeinen eine obere Schranke `i` für die Anzahl der Rückgriffe auf die Definition von `f` festgelegt. Im Fall des Abbruchs einer Auswertung ist natürlich nicht erkennbar, ob die Berechnung nur ein paar Schritte mehr benötigt hätte oder ob sie tatsächlich nicht terminiert. Das System berechnet also nicht `f`, sondern eine „schwächere" Funktion f_i.

Manche Systeme erlauben, die Schranke bei Bedarf höher zu setzen. Dann hat man die Chance, für einige weitere Argumente Werte von `f(x)` zu bekommen. Schauen wir uns das einmal am Beispiel der Fakultätsfunktion an. Sie ist gegeben durch

```
(*) fun fac(x) = if x==0 then 1 else x*fac(x-1) fi.
```

Wir bezeichnen den undefinierten Wert durch ⊥ („bottom") und erhalten für `i=0` (null Rückgriffe auf die Definition von `fac`) die Gleichung:

$fac_0(x) = \bot$

und für `i=1`:

(1) $fac_1(x) =$ `if x==0 then 1 else` ⊥ `fi.`

Für `i=2` bekommt man ausgehend von (*) die Gleichung (mit einem Rückgriff auf `fac` weniger):

```
fac₂(x)= if x==0 then 1 else x*fac₁(x-1) fi
       = {unter Verwendung von (1)}
         if x==0 then 1 else
         x*(if (x-1)==0 then 1 else ⊥ fi) fi
       = {im zweiten then-Zweig ist x=1}
         if x==0 then 1 else
         if x==1 then 1*1 else 1*⊥ fi fi,
```

was sich noch ausmultiplizieren lässt zu 1 bzw. ⊥. Für `i=3` ergibt sich

```
fac₃(x)= if x==0 then 1 else x*fac₂(x-1) fi
       = if x==0 then 1 else
         x*( if x-1==0 then 1 else
             if x-1==1 then 1 else ⊥ fi fi.) fi
       = if x==0 then 1 else
         if x==1 then 1 else
         if x==2 then 2 else ⊥ fi fi fi.
```

Es gilt offenbar

```
fac₃(x)= if 0≤x<3 then fac(x) else ⊥ fi.
```

Man erhält allgemein fac_i ausgehend von (*) durch

```
facᵢ(x)= if x==0 then 1 else x*facᵢ₋₁(x-1) fi,
```

wobei rechts die rechte Seite der Definition von `fac` steht, jedoch mit fac_{i-1} statt `fac`.

In diesem Zusammenhang nennt man eine Funktion `g` *schwächer* als eine Funktion h, wenn für alle x

`g(x)=h(x)` oder `g(x)=⊥`

gilt, und schreibt dann $g \sqsubseteq h$. In unserer Folge ist

$f_0 \sqsubseteq f_1 \sqsubseteq \ldots f_i \sqsubseteq f.$

Man sagt die Folge der f_i *approximiert* `f`.

Wie in diesem Beispiel müssen wir also generell darauf gefasst sein, dass jede Funktionsdeklaration nur approximiert wird. Die Überlegung hat aber auch etwas Positives erbracht: Keine Approximation liefert „falsche" Ergebnisse: Wenn eine Applikation ein definiertes Ergebnis liefert, ist es im Sinne der Funktionsdeklaration korrekt. Dies besagt die Gleichung $f_i(x) = f(x)$.

An dieser Stelle ist ein zentraler Punkt unserer Datensicht und der mit ihr verbundenen Programmierung erreicht. Man spricht in diesem Zusammenhang von *applikativer* Programmierung, weil das Konzept der Funktionsapplikation im Mittelpunkt steht.

Was ist darüber hinaus „funktionale" Programmierung?

Die funktionale Programmierung gewinnt durch *Funktionale* (Abbildungen von Funktionen in Funktionen) besondere Kompaktheit.[2] Quest ist dafür nicht vorgesehen.

Kurz zusammengefasst besteht eine algebraische Spezifikation in Quest aus einer Aneinanderreihung von Data-, Const- und Fun-Definitionen. Für die ***Ampelanlage*** wird sehr wenig benötigt:

```
data Signal = Present;
```

`Signal` ist der Typ der Signalanforderung durch Fußgänger. Es gibt nur einen Term vom Typ `Signal`, nämlich `Present`. Dass kein Signal anliegt, wird implizit durch das Senden keiner Nachricht ausgedrückt. Deshalb hat der Typ `Signal` nur einen parameterlosen Konstruktor: Hinzu kommen

```
data TrafColor = Red
               | RedYellow
               | Green
               | Yellow;
data PedColor = Walk | Stop;
data IndSig = On | Off;
```

für die Ampelanzeigen und

```
const TGreen = 10;
const TYellow = 2;
const TRed = 5;
```

als Konstanten für die Timervariable, die festlegen, wie lange die Ampel in dem jeweiligen Zustand bleiben soll.

Der Quest-Interpreter. Um mit Quest zu experimentieren, startet man AutoFOCUS, wählt im Menü und beginnt ein neues „Projekt" und schreibt die Quest-Angaben in eine „DTD". Hat man die Syntaxprüfung („parse") durchgeführt, so öffnet sich mit „eval" ein Dialogfenster. Man kann Funktionsnamen zur Typbestimmung und Terme zur Auswertung eingeben und gegebenenfalls die Datei DTD abändern und nach dem Parsen weiter testen.

Um die Eindeutigkeit sicherzustellen, dürfen Bezeichnungen in einem Projekt nicht mehrfach verwendet werden. Dies bedeutet z.B., dass `Red` nicht gleichzeitig als Konstruktor für `PedColor` und `TrafColor` verwendet werden kann. Außerdem müssen eigene Bezeichnungen grundsätzlich mit einem Buchstaben beginnen und

[2] L. C. Paulson: ML for the Working Programmer. Cambridge University Press 1991f.

müssen sich von Schlüsselwörtern wie `if` oder `data` sowie von Namen unterscheiden, die in vordefinierten Datentypen verwendet werden (`Int`, `Bool`, `0`, `1`, `2.4`, `True`, ...).

Wir werden die Programmierung nicht weiter vertiefen, weil das für die Modellierung mit Diagrammen nicht erforderlich ist; vgl. jedoch zu den besprochenen Aspekten die folgenden Übungen! (Die drei hervorgehobenen Aufgaben sind in Quest ausgeführt.)

Sinn der Fokussierung auf Data-Definitionen ist die Auswertbarkeit der Terme. Damit ist gemeint, dass sich jeder parameterfreie Term auf eine Normalform reduzieren lässt, auf einen Term, der nur noch mit Konstruktorfunktionen aufgebaut ist. Termreduktion ist eine Erweiterung der bekannten Auswertung arithmetischer oder logischer Terme.

2.9 Übungen

Diagrammatische Modellierung erfordert für die praktische Durchführung ein Werkzeug, das Computerunterstützung bietet. Eine solche Modellierungsumgebung steht auf der beiliegenden CD zur Verfügung. Installations- und Benutzungsanleitung sind beigegeben.

Die folgenden Aufgaben werden durch mehrere Sichten hindurch verfolgt. Die Modellierungsschritte bauen aufeinander auf. Es empfiehlt sich deshalb, auch richtige eigene Lösungen nachträglich entsprechend abzuändern. Vor allem die Bezeichner von Datentypen, Ports und Kanälen sollten ggf. angepasst werden.

Legen Sie zunächst für jede Aufgabe ein Projekt im AutoFOCUS-Projektbrowser an!

Der Name für das jeweils erste SSD-Dokument kann frei gewählt werden. Bei Dekompositionen werden die Dokumentnamen beim Speichern automatisch erzeugt.

Da die Diagramme das Buchseitenformat sprengen, sind die Lösungsvorschläge zu den Aufgaben auf der CD zu finden. Dort können sie mit jedem Webbrowser betrachtet werden.

Zur Struktursicht

1 Parkscheinautomat

Es soll ein SSD eines Parkscheinautomaten erstellt werden, in den man die bei der Einfahrt erhaltene Karte steckt, worauf man den fälligen Betrag mit Münzen bezahlt und die Karte mit Freigabecode sowie evtl. Wechselgeld in Münzen zurückerhält. Der Automat selbst ist dabei die einzige Komponente. Mit Hilfe von Kanälen sollen der Schlitz zum Einführen der Karte, der Münzeinwurf, die C-Taste zum vorzeitigen Abbruch, der Wechselgeldauswurf und der Schreibkopf, der den Freigabecode auf die Karte schreibt, modelliert werden.

2 Ethernet

Mit Ethernet bezeichnet man eine Netzwerkstruktur, die man in lokalen Netzen – auch an Schulen – häufig antrifft. Im einfachsten Fall sind dort die beteiligten Rechner so miteinander verbunden, dass das Signal, das ein Rechner abgibt, von allen Rechnern registriert, aber nur von dem Rechner weiter ausgewertet wird, für den die Nachricht bestimmt ist. Dazu verwendet man z.B. als weitere Komponente einen Hub, mit dem alle Rechner über Sende- und Empfangsleitungen verbunden sind. Aufgabe des Hubs ist es, das von einem Rechner gesendete Signal an alle Rechner weiterzugeben. Im Prinzip kann jeder Rechner zu jeder Zeit senden. Dass hierbei Konflikte auftreten können, soll in diesem Stadium des Entwurfs noch nicht berücksichtigt werden.

In unserem Modell eines Ethernets sollen die Rechner unter anderem je zwei Eingabekanäle (für Zieladresse und Inhalt der zu übermittelnden Nachricht) und zwei Ausgabekanäle (für Absenderadresse und Anzeige des Inhalts der empfangenen Nachricht) besitzen.

Modellieren Sie das Ethernet zunächst als einzige Komponente mit den Ein- und Ausgabekanälen für vier Rechner. Stellen Sie anschließend die Netzstruktur mit vier Rechnern und einem Hub in einer Dekomposition dar. Ordnen Sie den bei der Dekomposition entstehenden Ports entsprechende Kanäle zu bzw. von den Rechnern zu und verbinden Sie die Rechner durch geeignete Kanäle mit dem Hub. Achten Sie darauf, dass Sie Kanäle für gleichartige Informationen mit demselben Typ versehen und gleichartigen Ports der Rechner gleiche Bezeichnungen geben.

3 Elektronisches Zahlenschloss

Es soll ein elektronisches Fahrradschloss, wie es in den „Call-Bikes" (s. Aufgabe 3 zur ER-Modellierung bzw. http://www.callabike.de) zu finden ist, modelliert werden. Machen Sie sich zunächst – falls noch nicht geschehen - unter der gegebenen Adresse mit dem Ausleihvorgang vertraut!

Das reale Fahrradschloss besteht aus einer Tastatur, mit der Öffnungscodes und die Antworten auf die „Fragen" des ebenfalls am Schloss angebrachten Displays eingegeben werden können, sowie aus einem Verriegelungs- bzw. Entriegelungsmechanismus, der durch die Elektronik gesteuert wird. Die Tastatur und der Verriegelungs-/Entriegelungsmechanismus selbst gehören nicht zur Steuerung des Schlosses, sondern zu seiner Umwelt und sollen daher nicht modelliert werden. Eine LED am Schloss zeigt durch ihre Farbe an, ob das Fahrrad gerade ausgeliehen ist. Auch sie gehört zur Umwelt.

Das Schloss vergleicht den eingegebenen Öffnungscode mit einer intern generierten Zufallszahl, die zu Beginn des Vorgangs bereit gestellt wird. Zur endgültigen Rückgabe muss ein Rückgabecode ebenfalls zufällig erzeugt und auf dem Display ausgegeben werden.

Fertigen Sie zunächst ein SSD der Schlosssteuerung an, das aus einer einzigen Komponente `Schloss` besteht! `Schloss` sollte drei Ausgangsports und einen Eingangsport haben.

Zerlegen Sie nun diese oberste Sicht in die Subkomponenten `Steuerung` und `Zufall`! `Steuerung` soll die gesamte Kommunikation mit der Umwelt übernehmen. `Zufall` liefert auf Nachfrage der Hauptkomponente `Steuerung` eine entsprechende Zufallszahl an diese zurück. Verbinden Sie die Subkomponenten!

4 Zimmerverwaltung

Beim Projekt „Omnibus", das Sie in Aufgabe 4 zur ER-Modellierung kennen gelernt haben, werden Zimmer kurzfristig belegt und meist auch spontan wieder frei. Hier soll dieser Mechanismus simuliert werden (siehe http://www.franziskaner.de/was/omnibus.htm). Erstellen Sie zunächst ein SSD, in dem die Zimmerverwaltung die einzige Komponente darstellt. Für folgende Ein- bzw. Ausgaben werden Kanäle benötigt:

Anfrage, ob ein Zimmer für eine Mutter bzw. einen Vater bzw. beide Elternteile benötigt wird,

Aussage, welches Zimmer (Zimmernummer) an die anfragende(n) Person(en) vergeben wird bzw. dass kein Zimmer zur Verfügung steht,

Angabe, wer (Mutter bzw. Vater bzw. beide Elternteile) aus einem Zimmer auszieht,

Angabe, aus welchem Zimmer ausgezogen wird.

Achten Sie während der gesamten Modellierung darauf, dass Sie Kanäle für gleichartige Informationen mit demselben Typ versehen!

Erstellen Sie nun eine Dekomposition der Zimmerverwaltung in einen Verwalter bzw. eine Verwalterin und eine Kartei! Der Verwalter bzw. die Verwalterin übernimmt sinnvollerweise die Kommunikation mit der Umgebung. Es soll angenommen werden, dass vier Zimmer zur Verfügung stehen. Für jedes Zimmer wird je ein Kanal für „Anweisungen“ der Verwaltungsperson an die Kartei und einer für „Antworten“ der Kartei an die Verwaltungsperson benötigt.

Zur Datensicht

Im Folgenden sollen für die in den SSDs verwendeten und nicht vordefinierten Datentypen geeignete Typdefinitionen erstellt werden. Die Bezeichner in den Aufgabenstellungen beziehen sich auf die Musterlösungen zu den SSDs.

Innerhalb der einzelnen Projekte ist es unerheblich, ob dies in mehreren DTDs erfolgt oder jeweils in einem gemeinsamen.

Die Dokumentnamen sind frei wählbar.

1 Parkscheinautomat

Bei den Kanälen `Kartenschlitz`, `C-Taste` und `Schreibkopf` ist nur die Tatsache relevant, dass sie mit einem definierten Wert belegt bzw. unbelegt sind.

Der Automat soll nur Münzen zu 50 Cent, 1 € und 2 € akzeptieren und zurückgeben.

2 Ethernet

Unter dem Typ `Adresse` sollen Werte für vier Rechner zur Verfügung stehen. Im weiteren Verlauf der Modellierung soll auch die Tatsache, dass seit der letzten Sendung keine neue Rechneradresse eingegeben wurde, durch einen definierten Wert dargestellt werden.

Weil in AutoFOCUS keine Zeichenketten (Typ `string`) vordefiniert sind, müssen die Werte vom Typ `Nachricht` explizit erzeugt werden. Es genügen zwei erlaubte Werte. Im weiteren Verlauf der Modellierung soll auch die Tatsache, dass seit der letzten Sendung keine neue Nachricht eingegeben wurde, durch einen definierten Wert dargestellt werden.

Ein Signal ist ein Tripel aus Empfängeradresse, Absenderadresse und zu übermittelnder Nachricht.

3 Elektronisches Zahlenschloss

Bei der LED bedeutet grünes Licht „frei“ und rotes Licht „ausgeliehen“.

Über die Tastatur können die Ziffern 0 bis 4 oder die Antworten `J` bzw. `N` für „Ja“ bzw. „Nein“ eingegeben werden.

Bei Falscheingabe erscheint auf dem Display eine Fehlermeldung zusammen mit der Aufforderung, einen Code einzugeben. Bei korrekter Eingabe öffnet sich das Schloss durch eine Ausgabe `oeffnen` an den Kanal `Riegel`. Die Verriegelung nach dem Aufsperren erfolgt manuell durch den Kunden und muss bei der Steuerung des Schlosses nicht mit berücksichtigt werden.

Um dem Kunden Zwischenstopps und die endgültige Rückgabe des Fahrrads zu ermöglichen, muss nach dem Verriegeln gefragt werden, ob jetzt die Rückgabe erfolgen soll. Bei der endgültigen Rückgabe muss das Display den Rückgabecode anzeigen können. Dieser ist wie der Öffnungscode aufgebaut.

Zum Start von `Zufall` muss `Steuerung` einen definierten Wert auf den Kanal `Anforderung` schreiben.

Definieren Sie also folgende fünf Aufzählungstypen:

Bezeichner	Wert(e)
`Signal`	`erzeugen`
`Vorgang`	`oeffnen`
`Eingabe`	`J, N, EZiffer(Int)`

`Ausgabe`	`RueckgabeJN,`
	`RichtigenCodeEingeben,`
	`CodeEingeben,`
	`AZiffer(Int)`

`Farbe`	`rot, gruen`

4 Zimmerverwaltung

Es werden Zimmernummern für vier Zimmer benötigt. Auch die Tatsache, dass zur Zeit kein Zimmer zur Verfügung steht, soll darstellbar sein.

`ElternArt` beschreibt, ob die gewünschte Aktion (Anfrage, Einzug, Auszug) für eine Mutter bzw. einen Vater allein oder für beide Elternteile ausgeführt werden soll. Auch die Tatsache, dass zur Zeit keine Anfrage vorliegt, soll mit einem Wert von diesem Typ darstellbar sein.

Ein Zimmer kann von zwei Personen bewohnt werden. Mit Hilfe des Typs `Belegung` soll angegeben werden, ob ein Zimmer leer ist, von einer Mutter bzw. einem Vater allein bewohnt wird, oder ob es vollständig belegt ist. Ein vollständig belegtes Zimmer wird entweder von einem Elternpaar, von zwei Müttern oder von zwei Vätern bewohnt.

Eine Anweisung ist entweder die Aufforderung an eine Karteikarte, den momentanen Belegungszustand ihres Zimmers zu melden oder einen Einzug bzw. Auszug einer Mutter bzw. eines Vaters bzw. beider Elternteile zu registrieren.

Die Kartei meldet Zimmernummer und Belegung des Zimmers gleichzeitig über einen Kanal. Hierfür wird ein Typ `Datensatz` benötigt, in dem beide Informationen verpackt sind.

Zur Interaktionssicht

1 Parkscheinautomat Die Parkgebühr beträgt bei unserem Automaten einheitlich 2 €. Man steckt zuerst die Karte, die man beim Einfahren in das Parkhaus gezogen hat, in den Kartenschlitz (Wert `drin`). Anschließend wirft man so lange zulässige Münzen ein, bis 2 € erreicht oder überschritten sind. Dann schreibt der Schreibkopf den Freigabecode auf die Karte. Gegebenenfalls erfolgt noch eine Geldrückgabe, wobei immer mit möglichst wenigen Münzen im Wert aufsteigend herausgegeben wird.

Solange noch nicht mindestens 2 € eingeworfen sind, kann der Vorgang durch Drücken der C-Taste unterbrochen werden. In diesem Fall wird der bereits bezahlte Betrag nach obiger Regel zurückgegeben.

Es wird angenommen, dass für die Rückgabe immer ausreichend viele Münzen jeder Sorte vorhanden sind.

a) Erstellen Sie ein EET für die Komponente `Automat`, wenn bis zum Schreiben des Freigabecodes 3,50 € eingeworfen werden!

b) Erstellen Sie ein entsprechendes EET für den Fall, dass zweimal 50 Cent eingeworfen werden und dann die C-Taste gedrückt wird!

2 Ethernet In unserem Modell eines Ethernets wartet ein Rechner, bis eine Empfängeradresse und ein Inhalt (in beliebiger Reihenfolge) eingegeben worden sind. Dann legt er das zu übermittelnde Signal auf den Kanal zum Hub. Der Hub legt seinerseits das Signal auf die Kanäle zu allen Rechnern. Der Rechner, für den die Nachricht bestimmt ist, zeigt Absenderadresse und Inhalt an.

Wenn zwei Rechner gleichzeitig senden, wählt der Hub ein Signal „zufällig“ aus und gibt es an alle Rechner weiter. Rechner, die gerade ein Signal verschickt haben, warten auf das „Echo“ und vergleichen dieses mit dem eben gesendeten Signal. Bei Nicht-Übereinstimmung wiederholen sie die Sendung. Der Vorgang des Vergleichs braucht an dieser Stelle nicht modelliert zu werden. Dies wird bei den Aufgaben zur Verhaltenssicht nachgeholt.

a) Erstellen Sie ein EET des Ethernets mit Hub und vier Rechnern für die Übermittlung einer Nachricht von Rechner 1 zu Rechner 3 vom Beginn der Eingabe bis zur Anzeige!

b) Stellen Sie entsprechend eine Übermittlung zweier Nachrichten von verschiedenen Rechnern vom Beginn der Eingabe bis zur Anzeige auch der zweiten Nachricht dar, wobei die beiden Rechner gleichzeitig senden!

3 Elektronisches Zahlenschloss

Der Ausleihvorgang eines Call-Bikes läuft folgendermaßen ab:

Der Kunde liest die Fahrradnummer auf dem Fahrradrahmen ab, ruft die Call-a-Bike-Zentrale an und gibt (neben seinem Ausleihwunsch) diese Nummer durch. Daraufhin erhält er von der Zentrale einen Öffnungscode. Wir nehmen vereinfachend an, dass dieser aus <u>drei</u> Ziffern von 0 bis 4 besteht. Den Code gibt der Kunde über die Tastatur ein. Das Schloss vergleicht den eingegebenen Öffnungscode mit einer intern generierten Zufallszahl, die schon vorher bereit gestellt wird. Zur weiteren Vereinfachung nehmen wir an, dass der Öffnungscode anfangs grundsätzlich `121` ist. Nach der ersten Rückgabe soll dann die Komponente `Zufall` auf Anforderung durch die Komponente `Steuerung` eine entsprechende Zufallszahl an diese zurückliefern.

Die Eingabe des Kunden wird mit dem internen Öffnungscode verglichen. Bei Falscheingabe erscheint auf dem Display die Meldung `RichtigenCodeEingeben`. Bei korrekter Eingabe öffnet sich das Schloss durch eine Ausgabe `oeffnen` an den Kanal `Riegel`. Die LED des Schlosses wechselt auf `rot`. Die Verriegelung nach dem Aufsperren erfolgt manuell durch den Kunden und muss bei der Steuerung des Schlosses nur durch einen expliziten Zeitschritt berücksichtigt werden.

Nun hat der Kunde die Möglichkeit, beliebig viele Zwischenstopps einzulegen und dazu das Fahrrad abzusperren. Um dem Kunden auch die endgültige Rückgabe des Fahrrads zu ermöglichen, muss nach jedem Verriegeln die Meldung `RueckgabeJN` angezeigt werden. Antwortet der Kunde bei seinem nächsten Stopp mit `N`, wiederholt sich die Möglichkeit, einen Zwischenstopp einzulegen. Wird mit `J` geantwortet, zeigt das Schloss einen unmittelbar nach der ersten Eingabe des Öffnungscodes ebenfalls zufallsgenerierten <u>drei</u>stelligen Rückgabecode an. Diesen muss der Kunde der Zentrale zur Rückgabe telefonisch melden.

Damit ist ein Entleihzyklus abgeschlossen, die `Steuerung` fordert von `Zufall` einen zufallsgenerierten Öffnungscode an, die LED wechselt auf `gruen` und das Display zeigt die Meldung `CodeEingeben`. Diese Meldung und die grüne LED gehören auch zur Initialisierung des Systems.

Fertigen Sie zwei Interaktionsdiagramme (EETs) für die Dekomposition von `Schloss` zu folgenden Abläufen an:

a) Ausleihvorgang ohne Zwischenstopp (d.h. Entleihen – Rückgabe), wobei zunächst ein falscher Öffnungscode eingegeben wird,

b) Ausleihvorgang mit einem Zwischenstopp (d.h. Entleihen – Absperren – Öffnen – Rückgabe).

4 Zimmerverwaltung

Die Zweibettzimmer werden, wenn möglich, an ein Elternpaar oder eine Einzelperson vergeben. Bei Bedarf können auch zwei Mütter bzw. zwei Väter ein Zimmer bewohnen. Unter Berücksichtigung dieser Regeln wird auf eine Anfrage hin das am besten geeignete Zimmer vergeben. Bei gleicher Eignung wird das Zimmer mit der niedrigeren Zimmernummer zugeteilt.

a) Stellen Sie in einem EET die Interaktion der Hauptkomponente `Zimmerverwaltung` dar, wenn zunächst alle Zimmer unbelegt sind und in dieser Reihenfolge eine Mutter, ein Elternpaar und ein Vater nach einem Zimmer fragen!

b) Erstellen Sie nun eine Achsenverfeinerung mit den Komponenten `VerwalterIn` und `Kartei`! Stellen Sie den Vorgang aus Aufgabe a) als Box `Vorgeschichte` dar und modellieren Sie in diesem EET nacheinander die Vorgänge „Mutter zieht aus Zimmer 2 aus" und „Mutter fragt nach einem Zimmer"!

Hinweis: Die Verwaltungsperson erfragt die Zimmerbelegungen bei der Kartei in alphabetischer Reihenfolge (Z1, Z2, Z3, Z4). Bei der Vergabe eines Zimmers wird gleichzeitig dessen Nummer an die Umgebung gemeldet und die Karteikarte angewiesen, die Belegung zu registrieren.

Zur Verhaltenssicht

Einzelne Aspekte des Verhaltens von Komponenten wurden bereits bei den Aufgaben zur Struktursicht bzw. zur Interaktionssicht beschrieben.

Bei der Lösung der folgenden Aufgaben empfiehlt sich an vielen Stellen die Verwendung von Musterparametern. Dies gilt vor allem dann, wenn eine Transition bei jeder Belegung eines Ports mit einem von mehreren möglichen Werten schalten soll oder wenn der anliegende Wert in der Vorbedingung oder Nachbehandlung oder im Ausgabemuster verwendet wird.

Transitionen werden im STD-Editor standardmäßig als Strecken zwischen zwei verschiedenen Kontrollzuständen bzw. bei identischem Quell- und Zielzustand als Ellipsen dargestellt. Um größere STDs übersichtlich zu halten, hat man die Möglichkeit, Transitionen auch durch Bezier-Kurven darzustellen. Dazu markiert man die betreffende Transition, wählt im „Edit"-Menü „Bezier Type" und im Fenster „Attribute Request" entweder „Symmetrical bezier curve" oder „Arbitrary bezier curve". Schließt man dieses Fenster mit „Done", so erscheinen bei der Transitionslinie vier kleine Quadrate, an denen man durch Ziehen die Kurve verformen kann.

1 Parkscheinautomat

Eine Möglichkeit, das Verhalten des Parkscheinautomaten festzulegen, besteht darin, für die Kontrollzustände den bereits gezahlten bzw. den noch herauszugebenden Geldbetrag zu verwenden. Zusätzlich wird ein Kontrollzustand benötigt, in dem der Parkscheinautomat auf die nächste Parkkarte wartet. Dieser ist zugleich Initialzustand. Zu beachten ist ferner, dass durch Drücken der C-Taste der Zahlungsvorgang abgebrochen werden kann, wobei der bereits gezahlte Betrag zurückgegeben wird. Erstellen Sie mit diesen Vorgaben ein STD `Automat`!

2 Ethernet

Der Hub gibt bei ihm ankommende Signale an alle Rechner (auch an den sendenden) weiter. Kommen gleichzeitig von mehreren Rechnern Signale an, soll unser Hub – abweichend von der Realität eines Ethernets – eines zur Weitergabe auswählen. Das entsprechende Zustandsübergangssystem ist also nichtdeterministisch. Erstellen Sie nun ein geeignetes STD `Hub`!

Das einheitliche Verhalten der vier Rechner kann in einem einzigen STD `Rechner` festgelegt werden, wenn man für deren Ports gleiche Bezeichner gewählt hat. Die Rechner speichern ihre eigene Adresse sowie eingegebene Nachrichten und Zieladressen in lokalen Variablen, die noch für jeden Rechner im SSD vereinbart werden müssen. Sobald im Initialzustand ein Paar aus Zieladresse und Nachricht (in beliebiger Reihenfolge) eingegeben wurde, sendet der betreffende Rechner sein Signal an den Hub. Dabei wechselt er in einen Kontrollzustand, in dem er auf das „Echo" wartet. Empfängt er nun ein Signal eines anderen Rechners, so sendet er seines erneut. Andernfalls kehrt er in den Anfangszustand zurück. Dabei müssen die lokalen Variablen so belegt werden, dass vor einer erneuten Sendung auf eine Neueingabe von Zieladresse und Nachricht gewartet wird. In beiden Kontrollzuständen zeigt ein Rechner Absenderadresse und Nachricht an, wenn er ein an ihn selbst adressiertes Signal empfängt.

3 Elektronisches Zahlenschloss

Fertigen Sie ein Zustandsübergangsdiagramm `Steuerung` zur gleichnamigen Komponente an! Diese benötigt zur Speicherung des Öffnungs- und des Rückgabecodes zwei lokale Variablen vom Typ `Int`, die im SSD noch vereinbart werden müssen. Der Öffnungscode lautet anfangs `121`. Der Anfangswert des Rückgabecodes ist beliebig. Zur Festlegung der Kontrollzustände eignen sich typische Phasen des Entleihzyklus.

Für die Komponente `Zufall` ist ebenfalls ein gleichnamiges Zustandsübergangsdiagramm zu erstellen. Die drei Ziffern der Codes sollen dabei nacheinander erzeugt werden, indem `Zufall` jeweils nichtdeterministisch in einen Folgezustand wechselt und dabei jeweils eine lokale Variable vom Typ `Int` mit einer Ziffer belegt. In diesem Nichtdeterminismus steckt der „Zufall". Anschließend wird aus den drei Ziffern der dreistellige Code erzeugt, in einer weiteren lokalen Variablen gespeichert und schließlich an die Komponente `Steuerung` gesandt.

4 Zimmerverwaltung

Die Komponente `VerwalterIn` benötigt zur Registrierung eines Auszugs lokale Variablen zur Speicherung von Zimmernummer und Art des bzw. der Erziehungsberechtigten. Diese müssen im SSD noch vereinbart werden. Die Anfangswerte sind so festzulegen, dass sie als "keine Eingabe erfolgt" interpretiert werden. Darüber hinaus ist es sinnvoll, auch die nach einem Zimmer fragende Person in einer Variablen zu speichern.

Die Komponente hat zwei Aufgaben: Bei Anfragen muss ein passendes Zimmer ermittelt und vergeben werden, bei Auszügen reicht es, der Kartei den Auszug zu melden. Setzen Sie für das Finden eines Zimmers folgende Vorgehensweise um: Zuerst wird nach einem leeren Zimmer gesucht. Ist kein leeres Zimmer mehr verfügbar, wird ein Zimmer ermittelt, in dem noch Platz für die anfragende Person wäre. (Beachten Sie bitte, dass in dem Fall nur Mütter zu Müttern und Väter zu Vätern ziehen sollen und ein Zimmer nur zwei Betten hat.) Sie können die Verwaltungskomponente z.B. so entwerfen, dass Sie die Belegungen aller vier Zimmer nacheinander von der Kartei abfragt und überprüft, ob sich ein leeres Zimmer findet. Findet sich keines, werden erneut alle vier Belegungen abgefragt und daraufhin überprüft, ob ein Zuzug möglich ist. Anfragende Elternpaare können Sie schon vor dem zweiten Durchgang abweisen.

Die Kartei muss Anfragen nach Zimmerbelegungen beantworten, von der Verwaltung angeordnete Belegungsänderungen speichern bzw. sich um Ein- und Auszüge kümmern. Für die Speicherung der vier Belegungen eignen sich vier lokale Variablen des Typs `Belegung`. Dies sieht zwar auf den ersten Blick "unelegant" aus, die Benutzung einer rekursiven Listendefinition ist allerdings auf Grund der Beschränkungen der Sprache Quest sehr schwierig und unübersichtlich.

Zur Integration und Simulation

Weisen Sie – falls dies noch nicht geschehen ist – den Komponenten in Ihren Projekten die für sie vorgesehenen STDs zu! Führen Sie anschließend Konsistenzüberprüfungen durch und korrigieren Sie ggf. die gefundenen Fehler!

Führen Sie nun Simulationsläufe durch! Verzichten Sie zunächst auf die automatische Erstellung von EETs! Bei nichtdeterministischen Systemen sollten Sie mit beiden Auswahlmöglichkeiten („ask user" bzw. „by chance") experimentieren.

Versuchen Sie nun, die in den Aufgaben zur Interaktionssicht beschriebenen Abläufe zu simulieren, und vergleichen Sie die automatisch erzeugten EETs mit den von Ihnen erstellten!

5 Token Ring

Mit Token Ring bezeichnet man eine ringförmige Netzwerkstruktur, bei der Signale von Rechner zu Rechner weitergereicht werden, bis sie beim Empfänger angekommen sind. Dazu sind die Rechner mit ihren beiden „Nachbarn" durch je eine Leitung so verbunden, so dass eine Ringstruktur entsteht. Die Richtung der Signalübermittlung ist so festgelegt, dass Signale immer im gleichen Sinn im Ring „kreisen".

In einem Token Ring darf ein Rechner aus Gründen der Konfliktvermeidung ein Signal nur dann auf die abgehende Leitung legen, wenn er „das Token hat", d.h. wenn er gerade einen ganz bestimmten Signalwert empfangen hat.

Das Token (es gibt im Ring nur eines) wird zu Betriebsbeginn von einem dafür vorgesehenen Rechner auf seine abgehende Leitung gelegt. Hat ein Rechner keine eigene Nachricht zu senden und kommt das Token bei ihm an, so reicht er dieses einfach weiter. Ist dagegen eine Nachricht zu senden und kommt das Token an, wird statt des Tokens das entsprechende Signal (Nachricht mit Adressen) auf die abgehende Leitung gelegt. Ein ankommendes Signal, das nicht an den empfangenden Rechner adressiert ist, wird von diesem einfach weitergegeben. Gegebenenfalls wird dann ein eigenes zur Übermittlung anstehendes Signal zur späteren Übermittlung aufbewahrt. Kommt ein an den empfangenden Rechner adressiertes Signal an, so wird das Signal entgegengenommen und ausgewertet. Steht gleichzeitig ein Signal zur Übermittlung an, legt der Rechner dieses auf die abgehende Leitung. Andernfalls legt er das Token auf die Leitung.

Modellieren Sie einen Token Ring in den vier Sichten! Orientieren Sie sich dabei an den Aufgaben zum Ethernet aus den vorangegangenen Kapiteln! Beachten Sie, dass auch für das Token ein definierter Wert vom richtigen Typ zur Verfügung stehen muss und dass sich die Verhaltenssicht eines bestimmten Rechners leicht von der der übrigen Rechner unterscheidet!

Modellieren und überprüfen Sie mit Hilfe von Ereignisdiagrammen folgende Situationen:

a) Übermittlung einer Nachricht von einem Rechner zu einem zweiten ausgehend vom Betriebsbeginn bis zur Anzeige der Nachricht,

b) Übermittlung zweier Nachrichten von verschiedenen Rechnern ausgehend vom Beginn der Eingabe bis zur Anzeige auch der zweiten Nachricht, wobei ein Rechner sein Signal zunächst aufbewahren muss,

c) Übermittlung zweier Nachrichten von verschiedenen Rechnern ausgehend vom Beginn der Eingabe bis zur Anzeige auch der zweiten Nachricht, wobei ein Rechner die für ihn bestimmte Nachricht erhält und sofort selbst senden kann.

Zur funktionalen Programmierung

Weitere Aufgaben zur Modellierung mit rekursiven Funktionen enthält Abschnitt 4.7.

1 Totalisierung

Komplettieren Sie die Gleitpunktzahlen mit einem Element `Bottom` und definieren Sie die Division als strikte totale Funktion (unter Abstützung auf die Standardoperation /), und zwar

a) mittels Konstruktorfunktionen in den Argumenten,

b) mit Hilfe von Diskriminator- und Selektorfunktionen.

Testen Sie Ihre Lösung in Quest! (Ein Lösungsvorschlag steht unter den Lösungen zu Kap. 4 im Anhang.)

2.10 Wie es weitergeht

Zur Relevanz

In diesem Kapitel ist erneut deutlich geworden, dass pragmatische und formale Techniken zusammengehören und sich gegenseitig ergänzen. Tragen wir die algebraische Spezifikation des oben modellierten Bankautomaten noch nach: Er wurde oben als Beispiel eines rechnenden Systems in seiner Struktur- und Verhaltenssicht modelliert. Wie wir gesehen haben, spezifizieren die Diagramme vier partielle Funktionen, nämlich

```
change: Int,Stack → Stack,
chg:    Int,Int,Stack,Stack → Stack,
divmod: Int,Int → Pair,
dm:     Int,Int,Int → Pair,
```

wobei `Stack` Stapel und `Pair` Paare ganzer Zahlen bezeichnen, mit den Konstruktorfunktionen `estack` und `append` bzw. `[.,.]` (Paarbildung).

Die Argumente von `chg(x,d,bs,ys)` haben die folgende Bedeutung:

- `x` ist der aktuelle Währungsbetrag,
- `d` ist der nächste Stückwert,
- `bs` enthält die verbleibenden Stückwerte,
- `ys` enthält die bisherige Stückelung.

Die Transitionssysteme 2.6–3 und 2.6–6 legen Funktionseigenschaften fest. Jede Transition entspricht dabei einer (bedingten) Gleichung:

```
change(x,append(b,br))=chg(x,b,br,estack),              call

[q0,r0]=divmod(x,d) ⟶

(r0=0 ⟶                                                  return teilbar
 chg(x,d,bs,ys)=append(0,append(q0,ys))) ∧
 chg(x,d,estack,ys)=append(r0,append(q0,ys)) ∧           return fertig

(0<r0 ⟶                                                  repeat
 chg(x,d,append(b,br),ys)
 =chg(r0,b,br,append(q0,ys))),

divmod(a,b)=dm(a,b,0),                                   call1
a<b ⟶ dm(a,b,d)=[d,a],                                   return1
b≤a ⟶ dm(a,b,d)=dm(a-b,b,d+1).                           repeat1
```

Diese Eigenschaften sind für natürliche Zahlen und positive b hinreichend vollständig, was die Tatsache widerspiegelt, dass die diagrammatischen Beschreibungen terminieren.

Das Verfahren ist bei festgehaltenen Stückwerten b_1, b_2, ..., b_k linear im Währungsbetrag x, denn die Anzahl der Rekursionsschritte ist höchstens $x/b_1+b_1/b_2+\ldots+b_{k-1}/b_k$.

Es zeigt sich an diesem Beispiel erneut, dass die Übertragung des diagrammatischen Modells in eine algebraische Spezifikation die Absicherung der Korrektheit und die Abschätzung der Komplexität erleichtert.

Zur Einordnung

Algorithmen zu entwerfen, ist ein umfangreiches, anspruchsvolles, reich gegliedertes Aufgabenfeld[3]. Komplexitätsanalyse ist dabei ein zentraler Punkt. Die probleminhärente Komplexität zu kennen, ist dabei aufschlussreich sowohl im negativen Sinn, wenn es um effiziente Lösungen geht, als auch im positiven Sinn bei der Verschlüsselung von Daten.[4]

Beschreibungsmittel sind einerseits Rüstzeug, geben andererseits großenteils schon die Handhabungsweise vor. Um unter Praxisbedingungen Informatikprobleme verstehen und erfolgreich behandeln zu können, wird man sich systematisch damit auseinanderzusetzen haben, wie Probleme zerteilt werden und wie rekursive Abläufe zu klassifizieren sind.[5]

Wieviel Programmierung benötigt die abstrakte Modellierung?

Moderne Modellierungssysteme bieten komfortable Grafikoberflächen, vielfältige Möglichkeiten der Konsistenzprüfung und der Simulation. Jeder Simulation im AutoFOCUS-System liegt eine Übersetzung des Modells in die Programmiersprache Java zu Grunde. Wir brauchen uns darum nicht zu kümmern. Jedes CASE Tool bietet eine problemgerechte Abstraktionsebene und verbirgt eine Fülle von Code, den man als Anwender nicht kennen muss.

Bei den Datenspezifikationen waren wir unversehens in den Bereich der Programmierung[6], speziell der funktionalen Programmierung, gelangt, aber ohne die Notwendigkeit, in die Programmierung tiefer einzusteigen. Termschemata (Muster) waren uns begegnet. Weiter hatten wir im `Divmod3`-Beispiel (Abschnitt 2.7) die Spezifikation des Algorithmus in die Datensicht hinein genommen, wodurch die Diagramme um einiges kompakter wurden, aber eben auf Kosten eines weiteren Bestandteils der funktionalen Programmierung, einer rekursiven Funktionsdefinition.

Neben den Diagrammen benötigt die Modellierung, wie wir sehen, formalsprachliche Beschreibungen. Wichtig sind insbesondere Data-Definitionen für anwendungsspezifische Datenstrukturen und rekursive Funktionen für das Systemverhalten. Wie sollten sonst Ports und Kanäle typisiert und Transitionsregeln spezifiziert wer-

---

[3] U. Schöning: Algorithmik. Heidelberg: Spektrum Akademischer Verlag 2001

[4] D. Harel: Computers Ltd.: What They Really Can't Do. Oxford: Oxford University Press 2000

[5] M. Broy: Informatik. Eine grundlegende Einführung. Teil 1, 2. Aufl. Berlin: Springer 1997

[6] Eine systematische Einführung enthält das in der vorigen Anmerkung zitierte Buch.

den? Es zeigt sich eindringlich, dass die Datensicht integraler Bestandteil jedes Modells ist.

In der Datensicht ist Programmierung erforderlich. – Diese Feststellung relativiert natürlich in keiner Weise den Abstand, den wir in der Modellierung durch Abstraktion gewinnen.

Routenvorschläge

Die beiden Standbeine jeglicher Modellierung in der Informatik sind

- mathematische Logik, auf Grund der Eigenschaftsorientierung der Datenmodellierung (Kap. 3), und
- formale Sprachen, auf Grund der Sprachabhängigkeit von Modellen (Kap. 4).

3 Modellierung und Verifikation

Zur Thematik

Eigenschaftsorientierte Modellierung benötigt mathematische Anleihen eher aus der Logik als aus der Algebra, insbesondere wenn es um die Korrektheit der Artefakte geht.

Logik beschäftigt sich hauptsächlich mit zwei Konzepten: Wahrheit und Beweisbarkeit.

Sie richtet dabei ihr Interesse auf Aussagen, die ohne Kenntnis der zu Grunde liegenden Materie getroffen werden können, auf *Tautologien*, die richtig sind allein aufgrund der Bedeutung der Verbindungswörter:

> Entweder die Erde dreht sich, oder sie dreht sich nicht.
>
> Wenn Jupiter oder Venus nicht sichtbar ist, sind nicht Jupiter und Venus zugleich sichtbar.
>
> Wenn das Wetter umschlägt, wenn Neumond ist, dann ist nicht Neumond, wenn das Wetter nicht umschlägt.
>
> Manche Kometen bestehen nicht aus Eisstaub, oder alle Kometen bestehen aus Eisstaub.

Vor solchen etwas überflüssig wirkenden Spitzfindigkeiten mag es fraglich erscheinen, wie Logik für angewandte Disziplinen von Nutzen sein kann. Die Ausrichtung auf Tautologien beschränkt sich im Übrigen nicht nur auf die Wahrheits-, sondern auch auf die Beweisfindung. Das Beweiskonzept gründet auf *Regeln*, nach denen aus bekannten Tautologien immer neue gebildet werden können. Diesen Regeln zufolge lässt sich z.B. darauf schließen,

> dass der Mond sich um die Erde bewegt, wenn man weiß, dass ein Trabant sich um seinen Zentralstern bewegt, der Mond ein Trabant und die Erde sein Zentralstern ist.

Solch eine Argumentation bringt eigentlich nur zu Tage, was eingebracht wurde, wiederum allein auf Grund der Bedeutung der Verbindungswörter.

Die Wurzeln der Logik liegen in der Antike. Die neuere Forschungsgeschichte wandte sich den üblichen mathematischen Methoden zu, mit der Zielsetzung, sie ausnahmslos als widerspruchsfrei zu erkennen. Damit hielt mathematische Terminologie Einzug in die Logik. Eigenschaften werden als *Formeln* ausgedrückt:

prim(3) „3 ist eine Primzahl“

$3 < 12$ „3 ist kleiner als 12“

z(3,1,12) „3 liegt zwischen 1 und 12“
(definiert durch $(1<3) \wedge (3<12)$)

trans(<) „< ist transitiv“
(definiert durch $((x<y) \wedge (y<z)) \longrightarrow (x<z)$)

p(12,3,4) „12 ist das Produkt von 3 und 4“

$12 = (3*4)$ „12 und 3*4 bezeichnen dieselbe Zahl“

Voraussetzung für alle Anwendungen der Logik ist seitdem die mathematische Erfassung der Objekte. Diese lässt sich nicht umgehen, wenn Techniken der Logik nutzbar gemacht werden sollen. Für die Informatik rückten daher formale Systemmodelle, insbesondere algebraische Spezifikationen, ins Zentrum.

Woher bekommen Tautologien einen praktischen Aussagewert? Nehmen wir ein Gebiet, das sich mit den Mitteln der Mengenlehre adäquat behandeln lässt. Es könnte sein, dass für die Anwendung, auf die sich unser Interesse richtet, wichtig ist, ob ein Element z zu einer gewissen Menge A gehört. Die Frage lässt sich positiv beantworten, wenn z.B. bekannt ist, dass z im Durchschnitt zweier Mengen B, C liegt und C Teilmenge von A ist. Dies lässt sich mit Hilfe der Axiome der Mengenlehre beweisen (s.u.). D.h. unsere Behauptung ist eine Konsequenz der zu Grunde gelegten Axiome. Die Konsequenz ist formal eine Tautologie. Der Praxisbezug liegt in der Interpretierbarkeit der Axiome.

Beim Umgang mit Tautologien wird vom Praxisbezug abstrahiert. Das Instrumentarium der Logik ist zunächst pures Hantieren mit Symbolen. Insoweit ist es mechanisierbar und in interaktiven Theorembeweisern auch erfolgreich mechanisiert worden. Diese erweitern den Grad der Komplexität der Aufgaben, die bewältigt werden können, beträchtlich, allein schon dadurch, dass Entlastung von schematischen Bestandteilen beim Beweisen geboten wird.

Beide Aspekte der Logik – Wahrheit und Beweisbarkeit – finden sich in der Modellierung informationsverarbeitender Systeme wieder.

Wahrheit: Modelle erschöpfen sich so gut wie nie in der Beschreibung einiger endlicher Abläufe bzw. bei Funktionen in der Auflistung von speziellen Resultaten. Was wir stattdessen beschreiben, wird am deutlichsten in der algebraischen Modellierung: Eine algebraische Spezifikation besteht aus einer Signatur und einer Menge von Axiomen. Wir charakterisieren Abläufe oder Funktionen also durch logische Eigenschaften. Dabei benutzen wir mathematische Logik.

Beweisbarkeit: In der Systementwicklung spielt vielfach die Sicherheit eine beherrschende Rolle. Die Informatik steht dann vor einer besonderen Herausforderung. Sie steht z.B. unter dem sozialen Druck, Fehler in sensiblen Bereichen zu vermeiden, und unter dem wirtschaftlichen Druck, die Funktionstüchtigkeit zu gewährleisten, bevor ein Produkt in die Massenfertigung geht, was den Nachweis erfordert, dass das Produkt bestimmte Anforderungen erfüllt. In diesen Fällen sind beweisbar korrekte Produkte gefordert. Woher aber nimmt die Systementwicklung ihre Argumente? Nach welchen Methoden wird verifiziert? Wie arbeiten Theorembeweiser?

Diese Fragen richten wir an die mathematische Logik. Der nächste Abschnitt enthält zunächst eine informell gehaltene erste Annäherung und, nach einem Einschub mit „Fundamentals“, einen formaler gehaltenen Abschnitt zur Begründung der Verifikation. Idealerweise würden sich praktische Versuche mit einem Theorembeweiser anschließen.

3.1 Formeln und Regeln

Wenn es der Logik hauptsächlich um Wahrheit und Beweisbarkeit geht, so um die Absicherung, wie Richtiges konstatiert und wie richtig argumentiert wird, materiell also um

Behauptungen und
Beweise.

Als Darstellungsformen dienen auf diesen beiden Ebenen

logische Formeln und
Beweisformen, insbesondere Regeln des logischen Schließens (Schlussregeln).

Logische Formeln sind konstatierende Aussagen, wohingegen Beweisformen argumentierende Aussagen sind. *Aussagen* sind beide, und zwar im Sinn von schriftlich fixierbaren Äußerungen, die entweder richtig oder falsch sind – von denen es jedenfalls sinnvoll ist zu fragen, ob sie richtig sind, ohne dass es bereits entschieden oder überhaupt entscheidbar sein müsste, ob sie richtig sind oder nicht.

Die klassische formale Logik ist zweiwertig: Keine Aussage ist etwas anderes als richtig oder falsch (*Prinzip vom ausgeschlossenen Dritten*). Keine Aussage ist beides, richtig und falsch (*Prinzip vom ausgeschlossenen Widerspruch*).

Der Erfolg der Logik ist zum einen in einer Präzisierung der Umgangssprache und zum anderen in der Erfindung prägnanter Symbole begründet. Zugunsten einer Präzisierung verzichtet man auf den Nuancenreichtum der Umgangssprache und beschränkt sich auf einige wenige Formulierungsmittel.

Welche Formulierungsmittel sollen verwendet werden?

Zur Formulierung von Aussagen dient in der Mathematik die Sprache der Prädikatenlogik. Die textuellen Ausdrücke in dieser Sprache heißen *Aussageformen*. Die verwendeten Symbole haben teils eine feste Bedeutung, teils sind sie interpretationsfähig. Jede Interpretation ist eine Abbildung von Aussageformen auf Aussagen, wie man sie kennt.

Von besonderem Interesse sind diejenigen Aussageformen, die unter jeder Interpretation richtig sind. Sie heißen *allgemeingültig* (Tautologien). Ihnen stehen gegenüber die *nicht erfüllbaren* Aussageformen, die für jede Interpretation falsch ergeben. Erfüllbarkeit bedeutet demnach, dass es mindestens eine Interpretation gibt, die eine richtige Aussage liefert. Zum Nachweis der Erfüllbarkeit genügt also ein solches Beispiel (ein „Zeuge“).

Die wichtigsten Aussageformen sind logische Formeln und Beweisformen. Wir gehen zunächst auf die Formeln ein. Das folgende ist ***eine typische prädikatenlogische Formel***:

$$\exists f.\ (f(a) = b) \wedge \forall x, y.\ (f(g(x,y)) = h(x,y,f(y))).$$

Fünf Symbole haben darin eine feste Bedeutung:

$\exists f. \ldots$	steht für	es gibt ein Element f derart, dass gilt: ...
$\ldots = \ldots$	steht für	... ist gleich ...
$\ldots \wedge \ldots$	steht für	... und ...
$\forall x, y. \ldots$	steht für	für alle Elemente x und y gilt: ...
(...)	Klammern gruppieren, in der Interpretation setzen wir Anführungsstriche.	

Die Formel bedeutet also (ohne grammatikalische Bereinigung):

> es gibt ein Element f derart, dass gilt: „f(a) ist gleich b“ und für alle Elemente x und y gilt: „f(g(x,y)) ist gleich h(x,y,f(y))“

Interpretationsbedürftig sind hier noch die Größen a, b, g und h sowie die Bereiche, denen sie sowie x und y angehören. Eine mögliche Interpretation der Formel erhalten wir folgendermaßen:

Mit D als der Menge der natürlichen Zahlen und den Zuordnungen (lies „/“ als „für“)

0 / a,   1 / b,   y+1 / g(x,y),   (y+1)∗z / h(x,y,z)

ergibt sich die folgende mathematische Aussage:

> es gibt eine Funktion f derart, dass gilt: „f(0) ist gleich 1“ und für alle natürlichen Zahlen x und y gilt: „f(y+1) ist gleich (y+1)∗f(y)“

Dies ist offenbar eine richtige Aussage; ein Beispiel für eine solche Funktion f ist die Fakultätsfunktion. Denn für die Fakultät gilt 0! = 1 und (y+1)! = (y+1)∗y! .

Betrachten wir noch eine zweite Interpretation. Sei D_1={O, L} und D_2 die Menge der endlichen Sequenzen (Wörter) aus Zeichen von D_1; ferner bezeichne ε das leere Wort. Wir wählen

ε / a,   ε / b,

<x>^y / g(x,y)	an das Wort y wird vorne das Zeichen x angefügt,
z^<x> / h(x,y,z)	an das Wort z wird hinten das Zeichen x angefügt.

Diese Interpretation ergibt:

> es gibt eine Funktion f derart, dass gilt: „f(ε) ist gleich ε“ und für alle Zeichen x und Wörter y gilt: „f(<x>^y) ist gleich f(y)^<x> “

Auch diese Aussage ist richtig. Ein Beispiel für f ist die Funktion, welche die Reihenfolge der Zeichen in einem Wort umkehrt.

Die Formel ist aber nicht allgemeingültig, wie man an der folgenden Interpretation sieht. Sei wieder D die Menge der natürlichen Zahlen. Ferner sei zugeordnet

0 / a,   1 / b,   y / g(x,y),   z+1 / h(x,y,z) .

Aus unserer Formel wird die mathematische Aussage:

> es gibt eine Funktion f derart, dass gilt: „f(0) ist gleich 1“ und für alle natürlichen Zahlen x und y gilt: „f(y) ist gleich f(y)+1“

Diese Aussage ist falsch. Denn es gibt keine solche Funktion f.

Man beachte, dass f sowie x und y in der Formel *quantifiziert* sind, d.h. ihnen sind in der Aussage die Wörter „es gibt“ bzw. „für alle“ vorangestellt. Daher bleiben sie offen in der Interpretation der Formel, ganz im Gegensatz zu den Größen a, b, g und h. Um ihre unterschiedliche Rolle auszudrücken, heißen die quantifizierten Größen f, x und y *Variablen* und die nichtquantifizierten Größen a, b, g und h *Konstanten*. Die Variable f ist im Beispiel *existenzquantifiziert*, x und y sind *allquantifiziert*.

Betrachten wir noch ***eine zweite Formel***:

$$\neg(x=a) \wedge \forall y.\ \exists z.\ x=f(y,z) \longrightarrow y=x \vee y=a.$$

Die folgenden Klammern sind darin unterstellt:

$$\neg(x=a) \wedge \forall y.\ \exists z.\ (x=f(y,z)) \longrightarrow ((y=x) \vee (y=a)).$$

Hier treten drei weitere Symbole auf, die eine feste Bedeutung haben:

$\neg$ ...	steht für	es gilt nicht ...
... $\vee$ ...	steht für	... oder ...
... $\longrightarrow$ ...	steht für	wenn ... gilt, dann gilt ...

Zur Interpretation der Formel sei D die Menge der positiven ganzen Zahlen und

1 / a und y*z / f(y,z) .

Durch Einsetzen ergibt sich die folgende Aussage:

> es gilt nicht „x ist gleich 1“ und für alle positiven ganzen Zahlen y gilt: es gibt eine positive ganze Zahl z derart, dass gilt: wenn „x ist gleich y*z“ gilt, dann gilt „y ist gleich x“ oder „y ist gleich 1“

Kurz: „x ist eine Primzahl.“

Hier ist x eine Variable. (Solche nicht quantifizierten (*freien*) Variablen können auftreten, wenn eine Formel als Teilformel aus dem Bereich eines Quantors herausgelöst wird.) Um zu entscheiden, ob die obige Aussage richtig oder falsch ist, muss x irgendeine positive ganze Zahl zugeordnet werden, ganz wie einer Konstanten. Mit der Zuordnung 17 / x z.B. ergibt sich richtig, mit 18 / x hingegen falsch.

Die Interpretation freier Variablen nennt man *Belegung* (der Variablen mit Werten). Im Allgemeinen gibt es unterschiedliche Belegungen bei einer festen Interpretation der anderen Konstituenten einer Formel.

Die Formelsprache der Prädikatenlogik kommt mit den angegebenen Konstrukten aus. Wir nehmen noch die beiden Symbole

T	für	richtig (true)
F	für	falsch (false)

in den Sprachschatz auf.

Weitere *atomare* (nicht in Teilformeln zerlegbare) Formeln lassen sich durch Prädikatsymbole und durch die Gleichheit bilden. Beispiele sind etwa prim(x) und x=a. Eine besondere Rolle spielen nullstellige Prädikatsymbole als Variablen: In Formeln wie $a \vee \neg a$ heißt a eine *Aussagenvariable.* Aus Formeln können weitere Formeln gebildet werden durch *Negation* $\neg$, *Konjunktion* $\wedge$, *Disjunktion* $\vee$, *Implikation* $\longrightarrow$. Zu diesen so genannten *Junktoren* können bei Bedarf weitere als Schreibabkürzungen hinzugenommen werden.

Formeln können für Variablen allquantifiziert ($\forall$) und existenzquantifiziert ($\exists$) werden. Quantifizierung für Aussagenvariablen ist umschreibbar:

$p(T) \wedge p(F)$	heißt	für alle Wahrheitswerte a gilt p(a),
$p(T) \vee p(F)$	heißt	es gibt einen Wahrheitswert a derart, dass p(a) gilt.

Mancher Sachverhalt lässt sich ohne Benutzung von Quantoren und ohne Funktionen, schlicht mit Aussagenvariablen, beschreiben. Die Formeln dieser Teilklasse heißen *aussagenlogische* Formeln. In der Aussagenlogik lässt sich entscheiden, ob eine Formel allgemeingültig ist, wie wir gleich sehen werden. Bewegt man sich in einer Teilklasse, in der nicht über Funktionsvariablen quantifiziert wird und auch sonst keine Funktionsvariablen vorkommen, so betreibt man *Prädikatenlogik 1. Stufe.* Dort ist die Allgemeingültigkeit nur noch semi-entscheidbar, d.h. es gibt ein Prüfverfahren, das für eine allgemeingültige Formel nach endlich vielen Schritten stoppt, für andere Formeln nicht. Quantifizierung über Funktionsvariablen fällt in den Bereich der *Prädikatenlogik höherer Stufe.* Dort ist die Allgemeingültigkeit nicht einmal mehr semi-entscheidbar.

Welche Bedeutung haben die Junktoren?

Bei genauerem Hinsehen gibt es mit den Aussagenverbindungen Probleme. Die Umgangssprache ist z.B. in der Verwendung des „oder" nicht eindeutig. Sagt man von einem Sortiment,

„Ein Stuhl hat drei oder vier Beine",

so soll ausgeschlossen sein, dass irgendein Stuhl etwa beide Eigenschaften hat. Das Angebot an einen Kunden,

„Sie können diesen Stuhl oder jenen Stuhl erwerben"

schließt wahrscheinlich die Möglichkeit nicht aus, beide Stühle zu erwerben. Bei dieser Ungenauigkeit kann es nicht bleiben. Durch engere Festlegung, z.B. auf den einschließenden Gebrauch des „oder", wird auch nichts an Aussagekraft eingebüßt, die ausschließende Bedeutung kann ja umschrieben werden:

„Ein Stuhl hat drei oder vier Beine und nicht drei und vier Beine".

In der mathematischen Logik werden die Aussagenverbindungen so eingeschränkt, dass sich für die Junktoren die folgenden Wertetabellen ergeben:

a	b	$a \wedge b$	$a \vee b$	$a \rightarrow b$
T	T	T	T	T
T	F	F	T	F
F	T	F	T	T
F	F	F	F	T

a	$\neg a$
T	F
F	T

Anhand dieser Tabellen lassen sich ***aussagenlogische Formeln auswerten***: Wenn eine zusammengesetzte Formel von „innen heraus" für alle Argumentkombinationen untersucht wird, so ergibt sich unter jedem Junktor eine Spalte mit den Wahrheitswerten für die Teilformel und am Ende (hervorgehoben) für die Formel selbst:

a	b	$(\neg a) \vee b$
T	T	F **T**
T	F	F **F**
F	T	T **T**
F	F	T **T**

Es ergibt sich in diesem Beispiel für $(\neg a) \vee b$ dieselbe Wertetabelle wie oben für $a \rightarrow b$. Formeln, die unter allen Interpretationen den selben Wert ergeben, heißen *semantisch äquivalent*. Als metalogisches Zeichen verwendet man $|{=}|$. Es gilt also

$$a \rightarrow b \;\; |{=}| \;\; (\neg a) \vee b.$$

Es gilt auch die wichtige Beziehung

$$a \rightarrow (b \rightarrow c) \;\; |{=}| \;\; (a \wedge b) \rightarrow c,$$

wie man leicht nachrechnet (zum Vergleich ist auch die nach links geklammerte Formel $(a \rightarrow b) \rightarrow c$ aufgeführt):

a	b	c	$(a \rightarrow b) \rightarrow c$		$a \rightarrow (b \rightarrow c)$		$(a \wedge b) \rightarrow c$	
T	T	T	T	**T**	**T**	T	T	**T**
T	T	F	T	**F**	**F**	F	T	**F**
T	F	T	F	**T**	**T**	T	F	**T**
T	F	F	F	**T**	**T**	T	F	**T**
F	T	T	T	**T**	**T**	T	F	**T**
F	T	F	T	**F**	**T**	T	F	**T**
F	F	T	T	**T**	**T**	T	F	**T**
F	F	F	T	**F**	**T**	T	F	**T**

Bei solchen Berechnungen verdoppelt sich die Zahl der Zeilen mit jeder weiteren Variablen.

Im Anhang (Gesetze der Booleschen Algebra) sind weitere Paare semantisch äquivalenter Terme aufgeführt. Aus den Wertetabellen ergibt sich unmittelbar

$$T \wedge a \;\models\!\!\!\!\mid\; a \quad \text{sowie} \quad F \vee a \;\models\!\!\!\!\mid\; a,$$

d.h. T ist (algebraisch gesprochen) neutrales Element der Konjunktion und F ist neutrales Element der Disjunktion. Außerdem ergibt sich

$$F \wedge a \;\models\!\!\!\!\mid\; F \quad \text{sowie} \quad T \vee a \;\models\!\!\!\!\mid\; T \quad \text{sowie} \quad \neg F \;\models\!\!\!\!\mid\; T\,.$$

All diese Eigenschaften haben eine praktische Bedeutung, man kann sie zur ***Simplifizierung von Formeln*** verwenden:

Satz (Äquivalente Ersetzung).

Jede logische Formel geht über in eine semantisch äquivalente Formel, wenn Teilformeln durch semantisch äquivalente Teilformeln ersetzt werden.

❑

Beispiel (Äquivalente Ersetzung).

Unterstreichungen geben an, welcher Teilterm beim Übergang nach rechts ersetzt wird:

$$\underline{F \rightarrow a} \;\models\!\!\!\!\mid\; \underline{\neg F} \vee a \;\models\!\!\!\!\mid\; \underline{T \vee a} \;\models\!\!\!\!\mid\; T\,.$$

❑

Welche Wertetabelle gehört zu einer allgemeingültigen aussagenlogischen Formel? – Wie aus der Definition folgt, muss eine allgemeingültige Formel für alle Wertekombinationen ihrer Variablen T ergeben.

Im Prinzip lässt sich von jeder aussagenlogischen Formel durch Auswertung feststellen, ob sie allgemeingültig ist oder nicht. Die Aussagenlogik ist also entscheidbar.

Die Eigenschaft, für alle Wertekombinationen T zu ergeben, erfüllen offenbar alle zur Formel T semantisch äquivalenten Formeln. Die drei Formeln in der obigen Reihe äquivalenter Terme sind besonders einfache Beispiele. Auch die folgenden Formeln erweisen sich durch Auswertung oder Simplifikation als allgemeingültig. Die Tradition hat sie mit Namen versehen.

$a \vee \neg a$	*Tautologie vom ausgeschlossenen Dritten,*
$\neg(a \wedge \neg a)$	*Tautologie vom ausgeschlossenen Widerspruch,*
$a \longrightarrow a$	*Tautologie von der Selbstsubjunktion,*
$F \longrightarrow b$	*Tautologie der Beliebigkeit,*
$(a \longrightarrow \neg a) \longrightarrow \neg a$	*Tautologie der widersprüchlichen Annahme.*

Satz (Ersetzung in Tautologien).

Für allgemeingültige Formeln gilt: Ersetzt man eine Aussagenvariable an allen Stellen durch eine beliebige prädikatenlogische Formel, so erhält man wieder eine allgemeingültige Formel.

❑

Die Logik ist an weiteren solchen Sätzen interessiert. Eine besondere Rolle spielen die eingangs erwähnten ***Beweisformen***, nach denen aus erwiesenen Tautologien auf andere geschlossen werden kann. Das wohl bekannteste Beispiel ist

Modus ponens: $P \,\&\, (P \longrightarrow Q) \Longrightarrow Q$.

Dieses Schema besagt:

> Wenn die Formeln P und $P \longrightarrow Q$ allgemeingültig sind, dann ist auch Q allgemeingültig.

Kurz:

> Aus P und $P \longrightarrow Q$ folgt Q .

Oder anders gewendet:

> Um Q zu beweisen, genügt es, für sich getrennt P und $P \longrightarrow Q$ zu beweisen.

Die Formeln P und $P \longrightarrow Q$ heißen die *Prämissen*, und Q heißt die *Konklusion* der Beweisform.

Beweisformen treten hier als Aussageformen neben die bereits behandelten Formeln. Sie repräsentieren argumentierende Aussagen. Solche können richtig oder falsch sein. Wieder treten Junktoren auf. Es liegt nahe, diese ebenso festzulegen wie bei den Formeln, wenn sie nur notationell unterscheidbar sind. Es ergibt sich eine Prädikatenlogik der Beweisformen.

Im Modus ponens sind P und Q Variablen für beliebige logische Formeln. Die beiden Symbole & und $\Longrightarrow$ bezeichnen Konjunktion und Implikation. Wegen der Transitivität der Implikation lassen sich zwei Beweisformen der Form $P \Longrightarrow R$ und $R \Longrightarrow Q$ zusammenziehen zu $P \Longrightarrow Q$. Das bedeutet: Einzelne Beweisschritte ergeben einen Gesamtbeweis. Wodurch ein Weg eröffnet ist, Beweisaufgaben in Teilaufgaben zu zerlegen.

Als korrekt wird man nur Beweisformen ansehen, die prädikatenlogisch betrachtet allgemeingültig sind. Diese heißen *Schlussregeln.* Es stellt sich die Frage, wie man zu Schlussregeln kommt.

Was legitimiert Regeln des logischen Schließens?

Für prädikatenlogische Formeln P, Q wird definiert: P heißt *semantisch schärfer* als Q, in Zeichen $P \models Q$, wenn jede Interpretation, die P erfüllt, auch Q erfüllt. Zum Beispiel ist F als nie erfüllte

Formel schärfer als jede Formel R, und R wiederum ist schärfer als die stets erfüllte Formel T.

Hierauf gründet ein Kriterium, dass eine Beweisform $P \Longrightarrow Q$ eine Regel ist:

Satz (Korrektheit).

Es sei $P \models Q$. Dann ist die Beweisform $P \Longrightarrow Q$ eine Schlussregel.

❑

Beweis: Wenn die Prämisse P allgemeingültig ist, wenn also $P \mid\!=\!\mid T$ gilt, dann nach Voraussetzung auch $Q \mid\!=\!\mid T$. Die Konklusion Q ist also dann allgemeingültig.

❑

Beispiel (Modus ponens).

Im Fall zweier aussagenlogischer Formeln P, Q gilt $P \models Q$, wenn jede Wertekombination, die P erfüllt, auch Q erfüllt. In den Wertetabellen steht dann dort, wo P den Wert T hat, auch bei Q der Wert T. Wie man der obigen Wertetabelle entnimmt, gilt z.B.

$$(a \rightarrow b) \rightarrow c \models a \rightarrow (b \rightarrow c).$$

Es gilt auch die später zitierte Beziehung

$$(a \vee b) \wedge (a \rightarrow c) \wedge (b \rightarrow c) \models c \qquad \textit{$\vee$-Elimination.}$$

(Vielleicht überrascht es, dass hier nicht $\mid\!=\!\mid$ steht. Unterschiedliche Werte ergeben sich bei der Zuordnung F / a, F / b, T / c .)

Nun zum Modus ponens:

Zunächst einmal ist

∧-intr: $\quad P \,\&\, R \Longrightarrow P \wedge R$

auch eine Schlussregel. Denn wenn P allgemeingültig ist und R allgemeingültig ist, dann auch $P \wedge R$. Indem für R die speziellere Formel $P \rightarrow Q$ gewählt wird, ergibt sich daraus die Schlussregel

(1) $\quad P \,\&\, (P \rightarrow Q) \Longrightarrow P \wedge (P \rightarrow Q).$

Sodann stehen die beiden folgenden Formeln in der Schärferbeziehung

(*) $\quad a \wedge (a \rightarrow b) \models b,$

wie die Wertetabelle zeigt:

a	b	a∧(a→b)	
T	T	**T**	T
T	F	**F**	F
F	T	**F**	T
F	F	**F**	T

In (*) dürfen die Aussagenvariable durch beliebige Formeln ersetzt werden. Nach dem genannten Prinzip ist daher auch

(2) $P \wedge (P \longrightarrow Q) \Longrightarrow Q$

eine Schlussregel. Durch Zusammenziehen von Regel (1) und Regel (2) ergibt sich schließlich als Regel der Modus ponens.

❑

Der Name $\wedge$-intr erklärt sich daraus, dass auf der rechten Seite der $\wedge$-Junktor eingeführt wird. Das Gegenstück solcher Introduktionsregeln sind so genannte Eliminationsregeln. Der Modus ponens wird nach dieser Systematik auch $\longrightarrow$-elim genannt.

Welche Bedeutung haben die Quantoren?

Gegenüber der umgangssprachlichen Benutzung besteht auch für die Quantoren ein Präzisierungsbedarf, ähnlich wie wir das bei den Junktoren gesehen hatten. Da sagt z.B. jemand:

Alle deine Freunde sind meine Freunde.
Michael Schumacher ist dein Freund.

Und meint das gar nicht so universell, wie es der Form nach aussieht. Auch wird niemand den richtigen Schluss:

Ein Haustier braucht Zuwendung.
Also braucht dein Haustier Zuwendung.

übertragen und folgern:

Ein Hund hat den Briefträger gebissen.
Also hat dein Hund den Briefträger gebissen.

Denn diesmal ist der unbestimmte Artikel „ein“ *nicht* im generalisierenden Sinn gemeint. Schauen wir uns also den mathematischen Gebrauch näher an! Im Folgenden bezeichne P(x) eine logische Formel, die (möglicherweise) die Variable x enthält. Dies soll dazu dienen, die Ersetzung der Variablen x durch einen Term t in der Form P(t) ausdrücken zu können.

Betrachten wir zunächst die ***Formeln***. Sobald Quantoren über nichtendliche Individuenbereiche auftreten, versagen endliche Wertetabellen. Wir müssen auf die Bedeutung der Quantoren direkt zurückgehen:

$\forall x.\, P(x)$ bedeutet:
für alle Elemente x gilt das Prädikat P(x).

Das wird allgemein so verstanden, dass es kein x gibt, für das P(x) nicht gilt, also als gleichbedeutend mit $\neg \exists x.\, \neg P(x)$. Beide Formeln sind semantisch äquivalent:

$\forall x.\, P(x) \;\models\!\!\mid\; \neg \exists x.\, \neg P(x)$.

Eine Reihe weiterer, nützlicher Beziehungen ist im Anhang zusammengestellt.

Nun zu ***Schlussregeln*** über Formeln mit Quantoren. Die vier folgenden Regeln ergeben sich unmittelbar aus der eben genannten Semantik der Quantoren:

∀-elim: $(\forall x.\, P(x)) \Longrightarrow P(t)$.

D.i.: Wenn $\forall x.\, P(x)$ allgemeingültig ist, dann ist auch P(x) für das spezielle Argument t allgemeingültig.

∃-intr: $P(t) \Longrightarrow \exists x.\, P(x)$.

D.i.: Wenn P(x) für das spezielle Argument t allgemeingültig ist, dann auch $\exists x.\, P(x)$.

In der Prädikatenlogik der Beweisformen gibt es erwartungsgemäß auch einen Allquantor. Er wird mit $\bigwedge$ bezeichnet. Er tritt z.B. auf, wenn für jedes x zu beweisen ist, dass aus der Formel P(x) auf Q geschlossen werden kann. Man schreibt dann: $\bigwedge x.\, P(x) \Longrightarrow Q$. Zwei grundlegende Regeln sind

∀-intr: $(\bigwedge x.\, P(x)) \Longrightarrow \forall x.\, P(x)$.

D.i.: Wenn P(x) für alle x allgemeingültig ist, dann auch die Formel $\forall x.\, P(x)$.

∃-elim: $(\exists x.\, P(x)) \Longrightarrow ((\bigwedge x.\, P(x) \Longrightarrow Q) \Longrightarrow Q)$.

D.i.: Wenn P(x) für mindestens ein x allgemeingültig ist und wenn für alle x aus der Allgemeingültigkeit von P(x) diejenige von Q folgt, dann ist Q allgemeingültig.

In zwei Regeln tritt ein spezielles Argument t auf. Dieses t ist eine freie Variable, die im Lauf eines Beweises erst geeignet bestimmt werden muss. Wird z.B. behauptet, dass die arithmetische Gleichung $a{\cdot}x+y=0$ mit der Konstanten a für alle x eine Lösung y besitzt, so ist dies ausgedrückt durch eine Formel von der Form

$\forall x.\, \exists y.\, Q(x,y)$ ausgeschrieben: $\forall x.\, \exists y.\, a{\cdot}x+y=0$,

wo also Q(x,y) die Formel $a{\cdot}x+y=0$ bezeichnet. Die Aussage, dass es für jedes x ein passendes y gibt, behauptet, dass es eine Funktion gibt, die jedem x die Lösung y zuordnet. Gefragt ist also eine Funktion, nennen wir sie f, für die

$\forall x.\, Q(x,f(x))$ ausgeschrieben: $\forall x.\, a{\cdot}x+f(x)=0$

gilt.

Geeignet ist in diesem Fall die Funktion f, definiert durch f(x)= a·x. Diese Überlegung lässt sich als Regel fassen:[1]

Skolem: $(\bigwedge x.\ Q(x,f(x))) \Longrightarrow (\bigwedge x.\ (\exists y.\ Q(x,y)))$.

Die Regel ist die Modifikation einer Variante von *∃-intr*, nämlich von

$$Q(x,t) \Longrightarrow \exists y.\ Q(x,y)\ .$$

Man sagt, für *Skolem* wurde diese Regel über den Parameter x *geliftet*. Die freie Variable t wird dabei durch einen Term f(x) mit einer neuen Variablen f ersetzt.

Wie ergibt sich aus allem ein Beweiskalkül?

Simplifikation und Regelanwenden sind die beiden Säulen der Verifikation, beim Beweisen von Hand wie mit dem Computer.

Die Symbole der Prädikatenlogik werden in den Beweisformen zweifach verwendet, einmal für Formeln, die innerhalb einer Beweisform vorkommen, zum anderen für die Beweisformen selbst. Beweisformen repräsentieren argumentierende Aussagen, die entweder richtig oder falsch sind. Daher tritt die Prädikatenlogik hier ein zweites Mal in Erscheinung. Zur Unterscheidung werden andere Zeichen, nämlich &, $\Longrightarrow$, $\bigwedge$ statt $\wedge$, $\longrightarrow$, $\forall$ verwendet. Die unterschiedliche Aufschreibung soll aber nicht verbergen, dass man sich beide Male in einer Welt von richtig und falsch bewegt. Es ist ein glücklicher Umstand, dass man auf beiden Ebenen Prädikatenlogik verwenden kann.

Mögliche Bestandteile von Beweisformen sind logische Formeln. Das macht die Interpretation von Beweisformen zweistufig. Bevor wir Beweise führen, ist dies genauer zu untersuchen. Syntax und Semantik der Beweisformen bilden den so genannten ***Beweisrahmen***.

Für einen Theorembeweiser und zum Beweisen überhaupt ist erforderlich:

eine Darstellung des sprachlichen Rahmens, in dem spezifiziert und verifiziert wird,

ein Kalkül, der Operationen auf Regeln bereitstellt,

eine Ausgangsbasis von Regeln (beispielsweise von der Art der oben angegebenen Eliminations- und Introduktionsregeln).

Wir sind am Ende eines Abschnittes angelangt, der das intuitive Grundverständnis vermittelt hat, ohne dass wir dadurch schon vorbereitet wären, systematisch zu beweisen. Die folgenden Abschnitte

---

[1] Die Regel ist nach dem norwegischen Logiker Thoralf Skolem benannt.

definieren einen Rahmen, einen Kalkül und eine Ausgangsbasis von Regeln. Wir orientieren uns an einem verfügbaren Theorembeweiser, so dass wir am Schluss über die mathematischen Voraussetzungen zu seiner Verwendung verfügen. Davor ist ein kleiner Abschnitt über „handwerkliche" Grundlagen von allgemeiner Bedeutung eingefügt. Es wird vielleicht überraschen, dass die dort angesprochenen Sachverhalte im Weiteren ausreichen und eine axiomatische Basis abgeben für den Beweisrahmen und für den Kalkül.

3.2 Variablen, Substitution und Gleichheit

Variablen, Substitution und Gleichheit sind in der klassischen Mathematik geläufig. Wir greifen diese Punkte auf, um uns der gemeinsamen Grundlage zu versichern, und benutzen die Gelegenheit, um eine vielleicht nicht so vertraute Notation einzuführen.

Rechenformeln, wie sie im Alltag verwendet werden, sind Terme mit Variablen. Für die Variablen können Werte (auch dies sind Terme) eingesetzt werden, und die Auswertung ergibt dann Resultate (wiederum Terme). Insofern berechnen wir Funktionen. Zur Definition von Funktionen sind in Programmiersprachen unterschiedliche Notationen in Gebrauch. Es geht vor allem darum, Größen in Termen als Variablen zu kennzeichnen. Alonzo Church hat dafür die λ-Notation eingeführt: Der Ausdruck λn.E bindet im Term E die Variable n, und (λn.E)(a) meint den Term, der aus E durch Einsetzen des Terms a für n entsteht.

Beispiel 1 (λ-Notation).

Ist z.B. sqrt das Funktionssymbol für die ganzzahlige Quadratwurzel, dann ist sqrt(1)+1 ein Term vom Typ Nat und λn.sqrt(n)+n eine Funktion vom Typ Nat→Nat. Der Term (λn.sqrt(n)+n)(1) steht für eine Anwendung dieser Funktion auf das Argument 1, d.h. eine Auswertung setzt 1 für n ein, was auf den Term sqrt(1)+1 führt (der sich zu 2 vereinfachen lässt).

❑

Offenbar ist der Variablenname austauschbar: Ein anderer Identifikator, der nicht schon im Term vorkommt, erfüllt denselben Zweck. Zum Beispiel beschreibt λx.sqrt(x)+x dieselbe Funktion wie λn.sqrt(n)+n. Die Ersetzung von n durch x nennt man *gebundene Umbenennung.*

Neben Rechenformeln, wie man sie Formelsammlungen entnimmt, benutzt man im Alltag Verfahrensvorschriften (Algorithmen). Bei diesen ist (wie bei den Formeln) ein möglichst großer Anwendungsumfang wünschenswert. Algorithmen lassen sich oft verallgemeinern, indem von einer beteiligten Funktion abstrahiert wird.

Beispiel 2 (Funktionen als Parameter).

Zahlenfolgen sind einmal aufsteigend, das andere Mal absteigend zu ordnen. Man formuliert also ein Verfahren allgemein für eine Ordnungsrelation r. Für r kann dann je nach Bedarf ≤ oder ≥ eingesetzt werden.

❑

Algorithmen (in formaler Textdarstellung) sind Terme. Will man Funktionen als Parameter (was in der Programmierung durchaus üblich ist), so muss man das Termkonzept entsprechend allgemein fassen: Man braucht Variablen für Funktionen. (Dies geht über die früher besprochenen algebraischen Spezifikationen 1. Stufe hinaus.)

Funktionsvariablen sind uns eigentlich vertraut: Die Komposition zweier Funktionen wird z.B. erklärt durch Nacheinanderanwenden der beiden Funktionen, und zwar für alle geeigneten Funktionen.

Beispiel 1 lässt sich fortführen, indem die auftretende Funktion zur Variablen erklärt wird:

Beispiel 3 (Funktionsvariablen).

Der Term λf.(λn.f(n)+n) bezeichnet eine Funktion, in die für die Variable f z.B. sqrt (die ganzzahlige Quadratwurzel) eingesetzt werden kann: λf.(λn.f(n)+n)(sqrt). Es ergibt sich λn.sqrt(n)+n. Dies ist erneut eine Funktion. Diese kann auf ganzzahlige Argumente angewendet werden.

❑

λ-Bindungen können geschachtelt auftreten. Ein Konflikt entsteht, wenn eine Variable in Teiltermen bereits gebunden ist. Man löst ihn durch die Festlegung des Bindungsbereichs. In λn.E umfasst der *Bindungsbereich* von n den gesamten Term E mit Ausnahme von Teiltermen, in denen n bereits gebunden ist. Gebunden werden die so genannten *freien* Vorkommnisse von n in E.

Zur Rolle variabler Größen gehört ihre Ersetzbarkeit. Die Notation (λn.E)(a) bringt zum Ausdruck, welche Stellen in E durch das Argument a ersetzt werden sollen, nämlich alle freien Vorkommnisse von n. Dies ist eine grundlegende Operation. Man bezeichnet sie durch $E_{[a/n]}$. Hervorzuheben ist, dass Teilausdrücke der Form λn.H, in denen n ja gebunden ist und eben nicht frei vorkommt, unverändert bleiben. Zur typmäßigen Korrektheit gehört, dass a vom selben Typ ist wie n.

Bei der Anwendung von mehrstelligen Funktionen kommt gleich eine ganze Liste solcher Ersetzungen zum Einsatz, und zwar in einem Zug. Diese Operation heißt *Substitution*. Man schreibt E_θ für die simultane Ersetzung anhand der endlichen Liste θ, bestehend aus Paaren a_i/x_i mit Termen a_i vom selben Typ wie x_i und mit paarweise verschiedenen Variablen x_i. Wiederum sind nur die freien Vorkommnisse der Variablen betroffen. Die Variablen dürfen nebenbei bemerkt in den Termen a_i selbst wieder vorkommen und gelangen dann in den Ergebnisterm der Substitution, ohne auch noch ersetzt zu werden.

Solche Überlegungen zur Substitution und zum Bindungsbereich von Variablen gelten für alle Formen, in denen gebundene Variable auftreten. Man denke an die Summation über eine Indexvariable, an die Integration über eine Integrationsvariable oder an die Quantifizierung über eine logische Variable.

Wir kommen zum letzten Punkt, der Gleichheit: Jede Größe ist sich selbst gleich, x=x (*Reflexivität*); eine Größe ist einer anderen gleich, wenn letztere ihr gleich ist, $x=y \longrightarrow y=x$ (*Symmetrie*); sind zwei Größen einer dritten gleich, so sind sie auch einander gleich, $x=y \wedge y=z \longrightarrow x=z$ (*Transitivität*). Diese Axiome machen eine Äquivalenzrelation aus. Sobald man Funktionen betrachtet, kommt noch zweierlei hinzu, nämlich dass Gleiches auf Gleiches abgebildet wird, $x=y \longrightarrow f(x)=f(y)$, und dass Gleichheit von Funktionen als punktweise Gleichheit (Gleichheit für jedes Argument) definiert ist, $(\forall x.f(x)=g(x)) \longrightarrow f=g$.

Wie weitreichend diese elementaren Eigenschaften sind, erweist sich im Folgenden: Auf der Grundlage dieses kleinen Abschnitts lässt sich ein formaler Rahmen des Beweisens errichten.

Der λ-Kalkül findet unmittelbare Umsetzung in der Funktionalen Programmierung.[2]

3.3 Ein formaler Rahmen des Beweisens

Wie können logische Ausdrucksmittel in Notation und Bedeutung festgelegt und auf dem Computer realisiert werden? Wir folgen dem Ansatz des „natürlichen Schließens“, und zwar in der Form, die Lawrence Paulson 1989 dem Isabelle-System zu Grunde gelegt hat.

---

[2] L. C. Paulson: ML for the Working Programmer. Cambridge University Press, 1991f.

Was kennzeichnet Beweisaufgaben?

Dem formalen Beweis einer Behauptung liegt zu Grunde:

ein Gegenstandsbereich, in dem gewisse Gesetze gelten – Behauptung und Gesetze sind logische Formeln,

ein Beweiskalkül – die Regeln des logischen Schließens sind Beweisformen.

Wir benötigen einen sprachlichen Rahmen für diese beiden logischen Bereiche.

Unser ***Ausgangspunkt*** ist jetzt schlicht die Annahme, dass die Gegenstandsbereiche typisiert sind. Was ist damit gemeint?

Typen sind Symbole für nichtleere Mengen. Standardbeispiele sind Nat für die Menge der natürlichen Zahlen und (Nat→Nat) für die Menge der einstelligen Funktionen von Nat nach Nat.

Definition (Typsymbole).

Die Gesamtheit S der *Typen höherer Ordnung* besteht aus zwei Familien von Grundtypen, nämlich

O , der Familie der beiden so genannten *logischen Typen* Bool und Prop,

I , einer Familie der so genannten *Individuentypen*,

und aus *Funktionstypen*

$(s_1 \to s_2)$, gebildet aus beliebigen Typsymbolen $s_1, s_2 \in S$.

Die Individuentypen werden vom jeweiligen Anwendungsgebiet bestimmt.

Die Typen Bool und Prop werden syntaktisch unterschieden. Sie werden beide durch die Menge der Wahrheitswerte interpretiert. Der Grund der Doppelung liegt in der Absicht, logische Formeln und Beweisformen auseinander zu halten.

❑

An dieser Stelle wird ein geeignetes ***Beschreibungsmittel*** benötigt. Wir verwenden zur weiteren Spezifikation λ-Terme, denn sie sind konzeptuell einfach und bereits implementiert (in funktionalen Programmiersprachen). Wie sehen sie aus?

Jeder formale Text enthält Variablen und Konstanten. Der folgenden Definition wird zugrunde gelegt

X ,	eine abzählbare Menge von typisierten Variablen, und	
C ,	eine Menge von typisierten Konstanten, darunter	
$\equiv_s$	vom Typ $s \to (s \to \text{Prop})$	*Metagleichheit*,
isTrue	vom Typ Bool→Prop	*Einbettung*.

Zu jedem Typ s gibt es also die „Metagleichheit". Wenn sich der Typ s auch aus dem Zusammenhang entnehmen lässt, wird der Index s gelegentlich unterdrückt.

Wir schreiben

E : s   für die Feststellung: E ist ein Term vom Typ s.

Wenn es erforderlich ist, den Typ s einer Variablen z anzugeben, geschieht dies durch Indizierung: z_s .

Den ***λ-Kalkül*** benutzen wir in der folgenden Notation:

Definition (Syntax der Terme).

Die Gesamtheit der Terme des getypten λ-Kalküls ist wie folgt definiert:

Jede Variable und jede Konstante ist ein Term.

f(a)   ist ein Term vom Typ t, genannt *Applikation*, vorausgesetzt f : s→t und a : s.

(λx.E)   ist ein Term vom Typ s→t, genannt *Abstraktion*, vorausgesetzt x ist eine Variable vom Typ s, und es gilt E : t.

❑

Funktionssymbole, die mit einem Sonderzeichen beginnen, sollen infix geschrieben werden, also a ≡ b. Sollen sie gelegentlich doch präfix benutzt werden, so ist das Wortsymbol op voranzustellen; Bsp.: op≡(a)(b). Für sich genommen ist op≡ eine Konstante aus C, also auch ein Term.

Nach Definition trägt jeder Term einen Typ. Die Typen der Variablen und der Metagleichheit lassen sich oft aus dem Zusammenhang entnehmen:

Beispiel (Typinferenz).

Sei E ein Term vom Typ Prop. Welchen Typ hat dann der Term

$\lambda p. (p \equiv (\lambda z_s.E))$?

Dieser Term ist von der Form

λp. E′,

wobei E′ vom Typ Prop ist, denn das Gleichheitszeichen liefert einen Term vom Typ Prop.

Für den Teilterm $\lambda z_s.E$ ergibt sich nach Voraussetzung der Typ s→Prop. Also muss es sich um die Metagleichheit auf s→Prop handeln. Weil p auf der linken Seite dieser Gleichung steht, ist p ebenfalls von diesem Typ. Also ist λp. E′, und damit unser Term, vom Typ

(s→Prop) → Prop.

Der Typ der Variablen z kann nicht aus dem Zusammenhang erschlossen werden und ist deshalb explizit angegeben.

❑

Einige ***Schreibvereinfachungen***. Die runden Klammern werden verwendet, um den Aufbau eines Typs aus anderen eindeutig zu kennzeichnen. Bei längeren Typen können verwirrende Klammergebirge entstehen. Die Lesbarkeit lässt sich oft durch Konventionen zur Klammerneinsparung erhöhen. So lassen wir die äußeren Klammern eines zusammengesetzten Typsymbols normalerweise weg und schreiben ferner

$s_1 \to s_2 \to s_3$ oder $[s_1, s_2] \to s_3$ für $s_1 \to (s_2 \to s_3)$

Beispiel:

$\equiv_s : [s,s] \to Prop$

Entsprechende Abkürzungen gelten für längere Ketten, bei denen der Nutzen gesteigert zu Tage tritt.

Auch in Termen lassen wir das äußere Klammerpaar weg, wenn ein Term nicht Teil eines anderen Terms ist. In diesem Fall kann auch das Klammerpaar in λx.(...) eingespart werden, ohne dass der Aufbau mehrdeutig würde. Als Schreibabkürzung verwenden wir

f(a,b) für f(a)(b)

sowie

λx y.t für λx.(λy.t)

Entsprechendes gilt auch für längere Ketten.

Nach all diesen notationellen Vorbemerkungen zur eigentlichen Frage:

Wie lassen sich Beweisformen bilden?

Zur Bildung von Termen vom Typ Prop stehen am Anfang als Konstanten nur die Metagleichheit und die Einbettung zur Verfügung. Welche Terme lassen sich allein mit der Metagleichheit bilden? In Tabelle 3.3–1 sind einige solche Terme zusammengestellt. Sie besitzen eine prägnante Bedeutung. Zur Deutung wird allein von dem üblichen Verständnis der Gleichheit, der Abstraktion und der Applikation Gebrauch gemacht.

3.3–1
Wichtige Terme vom Typ Prop

<table>
<tr><th>Name</th><th>Bezeichnung</th><th>Term</th><th>Erläuterung</th></tr>
<tr><td>Äquivalenz auf Prop</td><td></td><td>$op_{\equiv_{Prop}}$</td><td>Dies ist ein Term.</td></tr>
<tr><td>True</td><td>T</td><td>$(op_{\equiv_{Prop}}) \equiv (op_{\equiv_{Prop}})$</td><td>Jeder Term ist zu sich selbst äquivalent.</td></tr>
<tr><td>Konstant-T-Funktion</td><td></td><td>$\lambda v_{Prop}.T$</td><td rowspan="3">Die konstante und die identische Funktion unterscheiden sich in einem Term als Argument, der nicht zu T äquivalent ist. Daher sind sie als Funktionen nicht äquivalent.</td></tr>
<tr><td>Identität auf Prop</td><td></td><td>$\lambda v_{Prop}.v$</td></tr>
<tr><td>False</td><td>F</td><td>$(\lambda v.v) \equiv (\lambda v_{Prop}.T)$</td></tr>
<tr><td>Konjunktion</td><td>u & v</td><td>$(\lambda p.p(T,T)) \equiv (\lambda q.q(u,v))$</td><td></td></tr>
<tr><td colspan="4">Erläuterung: Zwei Funktionen stimmen überein, wenn sie für alle Argumente r übereinstimmen, wenn also
$(\lambda p.p(T,T))(r) \equiv (\lambda q.q(u,v))(r)$, d.h.
$r(T,T) \equiv r(u,v)$
Für alle Funktionen r stimmt dies aber nur, wenn $u \equiv T$ und $v \equiv T$ gilt. Man erhält für & die Wertetafel der Konjunktion.</td></tr>
<tr><td>Folgerung</td><td>$u \Longrightarrow v$</td><td>$u \equiv (u \& v)$</td><td>Man rechnet nach:
$F \Longrightarrow v$ ergibt T,
$T \Longrightarrow T$ ergibt T,
$T \Longrightarrow F$ ergibt F.</td></tr>
<tr><td></td><td>all</td><td>$\lambda p.(p \equiv (\lambda x_s.T))$</td><td>Der Typ des Terms ist
$(s \rightarrow Prop) \rightarrow Prop$,
vgl. Beispiel (Typinferenz).</td></tr>
<tr><td colspan="4">Erläuterung: Sei P ein Term vom Typ Prop und x eine Variable vom Typ s. Wir sagen: „Für alle x gilt P“, wenn P als Funktion in x für alle Argumente T liefert, d.h.
wenn $\lambda x.P$ konstant T liefert, d.h.
wenn $\lambda x.P \equiv \lambda z.T$ gilt, d.i.
wenn $all(\lambda x.P)$ gilt.</td></tr>
<tr><td>Generalisierung</td><td colspan="2">$\bigwedge x.P$ übersetze in $all(\lambda x.P)$</td><td>Lies: „Für alle x gilt P“.</td></tr>
</table>

Tabelle 3.3–1 enthält Definitionen für True und False, für die Konjunktion, die Folgerung und die Generalisierung, Beschreibungsmittel, mit denen logisches Folgern auskommen kann.

Wir unterlegen den Definitionen in Tabelle 3.3–1 zweiwertige Logik durch die ***Festlegung***: Der Typ Prop steht für eine Menge aus zwei Elementen (Wahrheitswerten). Das erfordert mindestens zwei nichtäquivalente Terme vom Typ Prop und schließt aus, dass es zu zwei nichtäquivalenten Termen einen dritten Term gibt, der weder zum einen noch zum anderen äquivalent wäre.

Auf welchen Annahmen beruht die Deutung der Terme?

Die folgende Tabelle enthält alle Eigenschaften der Metagleichheit, der Abstraktion und der Applikation, die in den Erläuterungen benutzt wurden – informell sind sie uns aus dem vorigen Abschnitt bekannt.

3.3–2 Axiome der einfachen Typtheorie

Leibnizsches Identitätsprinzip	$(x \equiv y) \Rightarrow (p(x) \equiv p(y))$	Gleiches wird auf Gleiches abgebildet.
Extensionalität	$(f \equiv g) \equiv \bigwedge x.(f(x) \equiv g(x))$	Gleichheit von Funktionen ist punktweise Gleichheit.
α-Konversion gebundene Umbenennung	$(\lambda x.E) \equiv \lambda y.(E_{[y/x]})$	Voraussetzung: Die Variable y kommt im Term E nicht frei vor.
β-Konversion Einsetzung	$(\lambda x.E)(a) \equiv E_{[a/x]}$ Vor Ausführung der Substitution werden in E die gebundenen Variablen so umbenannt, dass Gleichbezeichnung mit Variablen von a vermieden wird.	

Tabelle 3.3–1 zeigt, dass sich im λ-Kalkül die Terme T und F, die Junktoren & und $\Longrightarrow$ sowie der Allquantor $\bigwedge$ mit ihrer üblichen logischen Bedeutung spezifizieren lassen.

Verwendet wird weiter unten u.a. die aus dem vorletzten Abschnitt vertraute Äquivalenz

$$(F \Longrightarrow (G \Longrightarrow H)) \equiv ((F \& G) \Longrightarrow H).$$

Die gestaffelte Folgerung links (in dieser Klammerung) kann also gelesen werden: „Aus F und G folgt H". Ferner sind (wegen der Kommutativität von &) F und G in der gestaffelten Folgerung vertauschbar.

Hier entwickelt sich die gesuchte Sprache der Beweisformen. Man beschränkt sich allerdings auf das Notwendigste:

Definition (Beweisform).

Beweisformen sind Terme vom Typ Prop, die (explizit) keine Lambdaabstraktion enthalten und gebildet sind mit dem Junktor $\Longrightarrow$ und dem Quantor $\bigwedge$.

❑

Wie kommen jetzt logische Formeln ins Spiel?

Der Weg, der zu den Beweisformen führte, lässt sich auch für die Formeln beschreiten: Ausgehend von der Gleichheit auf allen von Prop verschiedenen Typen s, nämlich einer Konstanten $=_s$ vom Typ [s,s]→Bool, lassen sich die Konstanten true und false sowie Konjunktion, Implikation und Allquantifizierung einführen und als Termabkürzungen zusätzlich Negation, Disjunktion und Existenzquantifizierung.

Definition (Logische Formel).

Logische Formeln sind Terme vom Typ Bool, die explizit keine Lambdaabstraktion enthalten und gebildet sind mit den Konstanten true und false, mit den Junktoren $\wedge$, $\vee$, $\longrightarrow$, $\neg$ und den Quantoren $\forall, \exists$.

❑

In voller Allgemeinheit ist dies Logik höherer Stufe. Sie fällt aber zurück auf Logik 1. Stufe, wenn keine Funktionsvariablen verwendet werden, und sogar auf Aussagenlogik, wenn nur Aussagenvariablen und -konstanten vorkommen.

Wie entsteht ein formaler Rahmen des Beweisens?

Die Einbettung der logischen Formeln in die Beweisformen geschieht mit Hilfe der bisher noch nicht benutzten Konstanten isTrue aus dem Vorrat C an Konstanten: Zu jedem Term P vom Typ Bool liefert isTrue(P) einen Term vom Typ Prop, unter der

Festlegung: Die Funktion isTrue vollzieht eine konsistente Einbettung der Formellogik in die Beweislogik.

Definition (Schlussregel).

Eine allgemeingültige Beweisform heißt *Schlussregel*.

❑

Die Konsistenz der Einbettung bedeutet insbesondere Folgendes: Ist isTrue(P) als Beweisform eine Regel, dann ist P als logische Formel eine Tautologie. Semantisch äquivalent zur Beweisform isTrue(P) ist im Übrigen der Term $T \Longrightarrow$ isTrue(P).

Als ***Schreibabkürzung*** wird im Folgenden die Einbettung durch isTrue überall dort weggelassen, wo sie aus dem Zusammenhang ergänzt werden kann. Möglich ist das z.B. in den Beweisformen

$P \Longrightarrow (P \vee Q)$,
$Q \Longrightarrow (P \vee Q)$.

Denn hier sind P und Q offenbar Variablen vom Typ Bool. Die Folgerung $\Longrightarrow$ verlangt als Argumente Terme vom Typ Prop. Es sind also links und rechts in beiden Zeilen Einbettungen durch isTrue rekonstruierbar.

In der Beweismethodik, auf die wir hinaus wollen, erlangen die folgenden ***Schlussregeln*** eine besondere Bedeutung:

Aus jeder beliebigen, möglicherweise falschen Behauptung P lässt sich (aufgrund der Reflexivität des Junktors $\Longrightarrow$) die *triviale Schlussregel* bilden, nämlich

$$P \Longrightarrow P .$$

Auch aus einer Definition wie h(x) ≡ x∗x+1 ergibt sich eine Schlussregel, nämlich

$$F(x*x+1) \Longrightarrow F(h(x)),$$

die (rückwärts gelesen) h(x) *expandiert*, wie man sagt.

Insgesamt verfügen wir jetzt über einen sprachlichen Rahmen des Beweisens. Es fehlen noch Möglichkeiten, Regeln miteinander zu verknüpfen.

3.4 Ein einfacher Deduktionskalkül

Wir werden zeigen, wie der Beweis eines Theorems als „Rechenaufgabe" für Beweisformen behandelt werden kann.

Wie lässt sich mit Beweisformen „rechnen"?

Um ein- oder zweistellige Operationen zu definieren, verwenden wir *Übergangsschemata*, die eine Beweisform G oder zwei Beweisformen G_1, G_2 zu einer weiteren Beweisform H in Beziehung setzen, und zwar in der Form

$$\frac{G}{H} \qquad\qquad \frac{G_1 \quad G_2}{H}$$

Die beteiligten Beweisformen sind stets von spezieller Bauart. Solche Schemata sind zu lesen:

> Ist G eine Regel bzw. sind G_1 und G_2 Regeln, dann ist auch H eine Regel.

Wenn eine solche Beziehung konstatiert wird, ist gewiss, dass sie *korrekt* ist.

Beispiel (Übergangsschema).

Aus den beiden Regeln der Mengenlehre, die über dem Querstrich stehen, lässt sich durch Zusammenziehen eine Regel über den Term $z \in A$ gewinnen, was auf die Regel unter dem Strich führt:

$$\frac{z \in C \cap B \Longrightarrow z \in C \qquad z \in C \Longrightarrow (C \subseteq A \Longrightarrow z \in A)}{z \in C \cap B \Longrightarrow (C \subseteq A \Longrightarrow z \in A)}$$

Das Zusammenziehen läuft hier so glatt, weil über dem Querstrich die Konklusion der ersten Regel mit der Prämisse der zweiten Regel identisch ist. Ein Anpassungsschritt wäre erforderlich, wenn in der zweiten Regel die beiden Prämissen in umgekehrter Reihenfolge stünden:

$$C \subseteq A \Longrightarrow (z \in C \Longrightarrow z \in A)\,.$$

Auch die Bezeichnungen der Variablen hätten nicht übereinstimmen müssen. Dann wäre eine Umbenennung erforderlich, bevor die beiden Regeln zusammenpassen.

❑

Der notationelle Vorzug der Übergangsschemata liegt darin, die Aufeinanderfolge von Operationen als eine Abfolge von Zeilen darstellen zu können. Diese Darstellung wird gern verwendet für Verknüpfungen von Termen (unsere Terme sind Regeln). Ein System von Übergangsschemata heißt *Deduktionssystem.*

Wir werden also ein kleines Deduktionssystem angeben, um dann mit Regeln zu rechnen, d.h. bestehende Regeln zu neuen zu verknüpfen. Dazu ist dann nur noch ein Ausgangsbestand an Regeln erforderlich.

Legt man außer einem Deduktionssystem auch noch Ausgangsterme (Axiome) fest, so spricht man von einem *Deduktionskalkül.*

Der Kalkül in Tabelle 3.4–1 ermöglicht es, von einer beliebigen logischen Formel P auszugehen, damit $P \Longrightarrow P$ zu bilden (Das ist eine Regel!) und dann Operationen aus dem Kalkül darauf anzuwenden, um dadurch neue Regeln zu gewinnen. Die Regeln $P \Longrightarrow P$ sind aber nicht die einzigen Regeln, von denen ausgegangen werden darf. Im obigen Beispiel werden Regeln der Mengenlehre verwendet. Uns interessieren Regeln der Prädikatenlogik. Wir werden die Regeln aus Tabelle 3.4–2 hinzunehmen. Erst dadurch sind die logischen Formeln ins Spiel gebracht.

Unser Deduktionssystem enthält das „Liften über eine Prämisse"; dazu ist Folgendes anzumerken: Es gibt in der Mathematik verschiedene Ansätze, Annahmen in die Argumentation einzubringen. Wir benutzen die Methode des natürlichen Schließens, die auf Gerhard Gentzen zurückgeht.

Ausgangsterme mit logischer Formel P	$P \Longrightarrow P$	Reflexivität der Folgerung
Expandieren einer Definition	$\dfrac{A \equiv B}{F(B) \Longrightarrow F(A)}$	Extensionalität von $\equiv_s$ und Reflexivität der Folgerung
Verknüpfen	$\dfrac{G \Longrightarrow J \quad J \Longrightarrow H}{G \Longrightarrow H}$	Transitivität der Folgerung
Instantiieren von freien Variablen	$\dfrac{J}{J_\theta}$	Allgemeingültigkeit der Regel
Eine Herleitung:	$\dfrac{\dfrac{G \Longrightarrow J_1}{(G \Longrightarrow J_1)_\theta} \quad \dfrac{J_2 \Longrightarrow H}{(J_2 \Longrightarrow H)_\theta}}{(G \Longrightarrow H)_\theta}$	Geeignetes Instantiieren ermöglicht anschließendes Verknüpfen. Zusammengefasst erhält man den folgenden Übergang:
Resolution	$\dfrac{G \Longrightarrow J_1 \quad J_2 \Longrightarrow H}{(G \Longrightarrow H)_\theta}$	Voraussetzung: θ unifiziert J_1 und J_2, d.h. $J_{1\theta} \equiv J_{2\theta}$
Modus ponens	$\dfrac{G \quad G \Longrightarrow H}{H}$	
Beweisen ist im Allgemeinen Deduktion unter Annahmen. Die folgende Zeile gibt an, wie eine logische Formel P als Annahme in eine Regel eingebracht wird. Weiter unten folgt ein Beispiel.		
Liften über Prämisse	$\dfrac{J_1 \Longrightarrow (\ldots(\quad J_n \Longrightarrow \quad G)..)}{(P \Longrightarrow J_1) \Longrightarrow (\ldots((P \Longrightarrow J_n) \Longrightarrow (P \Longrightarrow G)..)}$	Benutzung einer Regel unter der Annahme P
Prämissenvertauschung	$\dfrac{J_1 \Longrightarrow (\ldots (J_n \Longrightarrow G)..)}{J_n \Longrightarrow (\ldots (J_1 \Longrightarrow G)..)}$	Kommutativität der Konjunktion
Liften über Parameter	$\dfrac{J_1 \Longrightarrow (\ldots(\quad J_n \Longrightarrow \quad G\ )..)}{(\bigwedge x.\ J_1^x) \Longrightarrow (\ldots((\bigwedge x.\ J_n^x) \Longrightarrow (\bigwedge x.\ G^x))..)}$ $J_1^x, \ldots J_n^x, G^x$ entstehen aus $J_1, \ldots J_n$, G, indem jede freie Variable y durch eine Funktionsapplikation y(x) ersetzt wird. Zur Begründung vgl. die Schlussregel *Skolem* im vorletzten Abschnitt!	

In den Übergangsschemata von Tabelle 3.4–1 stehen F(...) und die Großbuchstaben G, H, J für Beweisformen; A und B sind beliebige Terme vom selben Typ s.

Wie angekündigt, kommen zusätzlich Ausgangsregeln hinzu, die etwas über logische Formeln aussagen. Sie heben ab auf die Symbole (Quantoren und Junktoren) der Formeln. Die Methode des natürlichen Schließens, der wir hier folgen, gründet sich auf zwei Prinzipien:

> In jeder Grundregel kommt nur ein Symbol aus der Formelsprache vor.
>
> Dieses Symbol steht entweder rechts (*Introduktionsregel*) oder links (*Eliminationsregel*).

Grundregeln für die Quantoren waren schon im vorletzten Kapitel eingeführt worden. Die aussagenlogischen Grundregeln sind in Tabelle 3.4–2 zusammengestellt. Diese Tabelle enthält in der letzten Zeile noch eine zusätzliche Schlussregel. Beim Verzicht auf diese Regel spricht man von *intuitionistischer* Logik, sonst von *klassischer*.

3.4–2 Aussagenlogische Grundregeln des natürlichen Schließens

→-intr:	$(R \Longrightarrow S) \Longrightarrow (R \longrightarrow S)$	Aus „R impliziert S“ folgt $R \longrightarrow S$.
→-elim:	$(R \longrightarrow S) \Longrightarrow (R \Longrightarrow S)$	Aus $R \longrightarrow S$ und R folgt S.
∧-intr:	$P \Longrightarrow (Q \Longrightarrow (P \wedge Q))$	Aus P und Q folgt $P \wedge Q$.
∧-elim1:	$(P \wedge Q) \Longrightarrow P$	
∧-elim2:	$(P \wedge Q) \Longrightarrow Q$	
∨-intr1:	$P \Longrightarrow (P \vee Q)$	
∨-intr2:	$Q \Longrightarrow (P \vee Q)$	
∨-elim:	$(P \vee Q) \Longrightarrow ((P \Longrightarrow C) \Longrightarrow ((Q \Longrightarrow C) \Longrightarrow C))$	Vgl. ∨-Elimination in 3.2!
¬-intr:	$(P \Longrightarrow \text{false}) \Longrightarrow \neg P$	
¬-elim:	$\neg P \Longrightarrow (P \Longrightarrow Q)$	Aus ¬P und P ist alles herleitbar.
false-elim:	$\text{false} \Longrightarrow Q$	Aus false ist alles herleitbar.
true-intr:	true	isTrue(true) ist allgemeingültig.
cases:	$(P \Longrightarrow Q) \Longrightarrow ((\neg P \Longrightarrow Q) \Longrightarrow Q)$	Klassische Fallunterscheidung

In Tabelle 3.4–2 sind Begründungen angegeben. Sie sollen andeuten, dass jede dieser dreizehn Beweisformen allgemeingültig, also eine Regel ist. Wir haben uns ja der *Korrektheit* (engl.: soundness) zu vergewissern.

Mit Tabelle 3.4–2 ist ein Grundbestand an Regeln angegeben. Mit dem Regelkalkül lassen sich daraus weitere Regeln gewinnen.

Regeln des simplen Typs isTrue(P) spielen dabei eine besondere Rolle, besagen sie doch, dass das jeweilige P eine Tautologie ist. Um eine vorgegebene Formel P als Tautologie nachzuweisen, werden wir von dem Startterm $P \Longrightarrow P$ ausgehen und isTrue(P) herausrechnen. Ist dies gelungen, so heißt P ein *Theorem* der Prädikatenlogik.

Beispiel (Herleitung eines Theorems).
Behauptung: Der aussagenlogische Term B, gegeben durch

$$P \longrightarrow (Q \longrightarrow (P \wedge Q)),$$

ist ein Theorem.

Beweis: Der standardmäßige Start ist $B \Longrightarrow B$. Wir modifizieren das linke B, indem wir zweimal die Regel $\longrightarrow$-intr anwenden, und beseitigen so die beiden $\longrightarrow$-Symbole zugunsten von Folgerungssymbolen $\Longrightarrow$.

Welche Operation des Regelkalküls ausgeführt wird, ist in jedem Schritt angegeben. Die erforderlichen Substitutionen sind jeweils durch Unterstreichung gekennzeichnet.

→-intr	→-intr		Ausgangsterm
$(R \Rightarrow S) \Rightarrow (\underline{R} \rightarrow \underline{S})$	$(R \Rightarrow S) \Rightarrow (\underline{R} \rightarrow \underline{S})$	$(\underline{P} \rightarrow (\underline{Q \rightarrow (P \wedge Q)})) \Rightarrow (P \rightarrow (Q \rightarrow (P \wedge Q)))$	
Liften			Resolution
$(P \Rightarrow (R \Rightarrow S)) \Rightarrow (P \Rightarrow (\underline{R} \rightarrow \underline{S}))$		$(P \Rightarrow (\underline{Q} \rightarrow \underline{(P \wedge Q)})) \Rightarrow (P \rightarrow (Q \rightarrow (P \wedge Q)))$	
			Resolution
		$(P \Rightarrow (Q \Rightarrow (P \wedge Q))) \Rightarrow (P \rightarrow (Q \rightarrow (P \wedge Q)))$	

Man sieht, es ergibt sich eine Regel, deren Prämisse selbst eine Regel ist, nämlich ∧-intr. Daher ist Modus ponens anwendbar:

∧-intr		
$(P \Rightarrow (Q \Rightarrow (P \wedge Q)))$	$(P \Rightarrow (Q \Rightarrow (P \wedge Q))) \Rightarrow (P \rightarrow (Q \rightarrow (P \wedge Q)))$	
		Modus ponens
	$P \rightarrow (Q \rightarrow (P \wedge Q))$	

Am Ende dieser Herleitung steht eine (implizit durch isTrue eingebettete) Formel. Auf Grund des Kalküls ist dies eine Regel. Die Formel selbst ist also eine Tautologie. Damit ist ein (aussagenlogisches) Theorem bewiesen.

❑

Aus der Schrittfolge ergibt sich ein Baum, der so genannte *Herleitungsbaum*: An seinen Blättern stehen Ausgangsterme (Axiome). Rechts oben steht ein Ausgangsterm aus dem Regelkalkül. Sonst sind es Regeln der Aussagenlogik. Unten an der Wurzel des Baums steht dem Kalkül zufolge wieder eine Regel. Ist diese Wurzel wie im letzten Beispiel eine Formel, so verifiziert der Herleitungsbaum sie als Tautologie. Der Baum gilt als *formaler Beweis*.

Sind die Grundregeln axiomatisch unabhängig?

Was die Regeln des natürlichen Schließens angeht, ist es völlig ausreichend, von der Implikation und dem Allquantor auszugehen (*Minimallogik*), wenn man die anderen Junktoren entsprechend definiert: Bekanntlich lassen sich alle ein- und zweistelligen logischen Operationen mit Hilfe von false und $\longrightarrow$ definieren (dazu haben wir eine Übungsaufgabe), false wiederum lässt sich über den Allquantor definieren, nämlich durch

$$\text{false} \equiv \forall v_{\text{Bool}}.v.$$

Mit Hilfe dieser Definitionen und der Regeln $\longrightarrow$-intr, $\longrightarrow$-elim, $\forall$-intr, $\forall$-elim lassen sich die übrigen Introduktions- und Eliminationsregeln herleiten.

Beispiel (Expandieren einer Definition).

Die Negation lässt sich definieren durch

$$\neg P \equiv (P \longrightarrow \text{false}).$$

Wir verwenden die Möglichkeit des Kalküls, gemäß dieser Definition zu expandieren. Unter Verwendung von $\longrightarrow$-intr lässt sich dann $\neg$-intr herleiten:

$$\dfrac{\dfrac{}{(R \Rightarrow S) \Rightarrow (R \to S)}\;\to\text{-intr} \qquad \dfrac{\dfrac{\dfrac{}{\neg P \equiv (P \to \text{false})}\;\neg\text{-def}}{F(P \to \text{false}) \Rightarrow F(\neg P)}\;\text{Expandieren} \qquad \dfrac{}{\neg P \Rightarrow \neg P}\;\text{Ausgangsterm}}{(P \to \text{false}) \Rightarrow \neg P}\;\text{Resolution mit Identität für F}}{(P \Rightarrow \text{false}) \Rightarrow \neg P}\;\text{Modus ponens}$$

❑

Ähnlich lassen sich alle Regeln in Tabelle 3.4–2 gewinnen, mit Ausnahme der letzten, der klassischen Fallunterscheidung.

Soweit stammen die Axiome also aus der Logik und sind unabhängig von irgendwelchen konkreten Gegenstandsbereichen.

Wie werden Anwendungsgebiete einbezogen?

In der Spezifikation einer Anwendung sind Definitionen in Form von Gleichungen niedergelegt. Gleichungen können zum Expandieren dienen. Sie fließen so in die Herleitung ein. Beweisziele sind dann anwendungsbezogene Eigenschaften.

Die herleitbaren Tautologien sind die so genannten *Sätze* (*Theoreme*) der betrachteten Theorie (der Logik selbst oder der formal spezifizierten Anwendung). Der Umfang der Theoreme einer Theorie ist natürlich abhängig von den spezifizierten Ausgangseigenschaften einerseits, andererseits aber auch von der Mächtigkeit der benutzten Logik. Wenn sämtliche Tautologien herleitbar sind, heißt die Regelmenge *vollständig*.

Die besprochene ***Beweistechnik*** ruht auf zwei Fundamenten:

einem generellen Regelkalkül und
den Grundregeln der gewählten Logik.

Verifikationsaufgaben, die bei der Modellierung in der Informatik auftreten, laufen darauf hinaus, Theoreme einer Theorie zu beweisen. Sie können mit dieser Technik angegangen werden.

Als Werkzeug eignet sich der interaktive Theorembeweiser Isabelle. Schaut man sich den internen Aufbau von Isabelle an, so entspricht er unserem Regelkalkül. Das System ist offen inspizierbar, da es in einer funktionalen Programmiersprache (ML) geschrieben ist. [3] Das System ist eingerichtet für verschiedene Logiken, für Logik erster und Logik höherer Stufe[4], u.a. auch für die Mengenlehre, und ist weiter modifizierbar.

In praktischen Beweisen spielt die vollständige Induktion eine besondere Rolle: Die natürlichen Zahlen, Sequenzen, Bäume und alle anderen hinreichend vollständigen Spezifikationen besitzen Induktionsregeln. Induktionsregeln fügen sich problemlos in den bisherigen Rahmen ein, wie sich im nächsten Abschnitt zeigen wird.

---

[3] http://isabelle.in.tum.de

[4] T. Nipkow, L. C. Paulson, M. Wenzel: Isabelle/HOL. A Proof Assistant for Higher-Order Logic. Heidelberg: Springer 2002

3.5
Induktive Definitionen und Beweise

Will man Eigenschaften einer algebraischen Spezifikation beweisen, kommt einem der systematische Aufbau der Sorten zustatten: Sämtliche Terme einer Sorte lassen sich durch die fortgesetzte Applikation gewisser Funktionen (Konstruktoren) aus einem Grundbestand von Ausgangstermen gewinnen. Bei den natürlichen Zahlen gibt es als einzigen Konstruktor die Funktion succ, die zu jeder Zahl den Nachfolger bestimmt, und einen einzigen Ausgangsterm 0. Durch fortgesetzten Übergang zum Nachfolger, ausgehend von Null, ergibt sich jede natürliche Zahl. Bei den ganzen Zahlen kommt die Vorgängerfunktion pred hinzu, die die negativen Zahlen erzeugt. Bei den Binärbäumen ist das wieder eine einzige Funktion, nämlich cons, die aus zwei Binärbäumen und einer Wurzelmarkierung einen neuen Baum liefert; als Ausgangsterm gibt es den leeren Baum etree. Bei den Sequenzen zählen zu den Ausgangstermen die leere Sequenz eseq und alle einelementigen Sequenzen <a>. Der vorgesehene Konstruktor ^ fügt zwei Sequenzen zusammen. Will man für alle Objekte einer dieser Sorten etwas beweisen, müsste sich die Systematik des Termaufbaus ausnützen lassen.

Eine Behauptung über alle natürlichen Zahlen bzw. über alle Binärbäume ist in diesem Zusammenhang eine Aussage über alle Terme der entsprechenden Sorte.

Was charakterisiert den Termaufbau einer Sorte?

Die folgende Definition bringt die Besonderheiten der angeführten Beispiele unter ein einheitliches Konzept. Wir beziehen uns im Folgenden auf eine vorgelegte algebraische Spezifikation.

Definition (Ausgangsterm, Konstruktor).

Sei S eine vorgegebene Sorte.

Ausgangsterme sind ausgewählte Konstanten der Sorte S und Applikationen von Funktionen, deren Ergebnissorte S ist und deren Argumentsorten von S verschieden sind.

Konstruktoren sind ausgewählte ein- oder mehrstellige Funktionen. Jede dieser Funktionen besitzt eine Funktionalität der Form $M_1, \ldots M_n \rightarrow S$, bei der mindestens für eine Sorte M_i=S gilt, genauer:

(*) Für die Indizes $j = i_1, \ldots i_k$ mit $1 \leq k \leq n$ gelte M_j=S, für die anderen Indizes gelte $M_j \neq$S.

Von dieser jedem Konstruktor eigenen Aufteilung der Indizes wird im Folgenden immer wieder Gebrauch gemacht.

❑

Terme einer Sorte lassen sich also durch fortgesetzte Applikation von Konstruktoren aus einem Grundbestand von Ausgangstermen gewinnen. Will man die Unbestimmtheit und das zeitliche Moment vermeiden, die in der Sprechweise der „fortgesetzten Applikation" enthalten sind, so kann die Beschreibung des Termaufbaus unter Verwendung des Mengenbegriffs wie folgt geschehen, und zwar ohne die natürlichen Zahlen schon vorauszusetzen.

Definition (Induktive Menge).

Sei C eine nichtleere Menge von Ausgangstermen der Sorte S und F eine Menge von Konstruktoren der Sorte S.

Eine Menge W von Termen der Sorte S heißt *induktiv* über C und F, wenn die Ausgangsterme zu W gehören, d.h. wenn

$C \subseteq W$,

und wenn jede Applikation eines Konstruktors auf Terme aus W ebenfalls zu W gehört, d.h. wenn für die Konstruktoren aus F gilt:

Mit $t_j \in W$ für $j = i_1, \ldots i_k$ und t_j ansonsten beliebig ist
$f(t_1, \ldots t_n) \in W$.

❑

Betrachten wir die Spezifikation NAT der natürlichen Zahlen! Die Menge *aller* Terme der Sorte Nat ist nach dieser Definition induktiv über C={0} und F={succ}. Denn 0 ist ein Term der Sorte Nat, und für alle Terme t der Sorte Nat ist auch succ(t) ein Term der Sorte Nat. Die Menge der Terme der Sorte Nat ist induktiv, unbeschadet der Tatsache, dass sie viel mehr Terme enthält als die ausschließlich mit 0 und succ gebildeten. Die Menge enthält u.a. auch Terme der Form t_1+t_2 und t_1*t_2.

Die Menge der Terme 0, succ(0), succ(succ(0)) u.s.w. ist die „kleinste" induktive Menge, d.h. sie ist in jeder induktiven Menge der Sorte Nat enthalten. Allgemein:

Definition (Induktiver Abschluss).

Sei wieder C eine nichtleere Menge von Ausgangstermen der Sorte S und F eine Menge von Konstruktoren der Sorte S.

Der Durchschnitt aller induktiven Mengen über C und F heißt *induktiver Abschluss* und wird mit [C,F] bezeichnet.

❑

Für S=Nat ist [C,F] = [0,succ]. (Bei expliziter Angabe von C und F werden gelegentlich die Mengenklammern weggelassen.) Jeder Term, der das Additions- oder Multiplikationssymbol enthält, und jeder andere Term der Sorte Nat ist aufgrund der Axiome der natürlichen Zahlen einem Term aus [0,succ] äquivalent. Die Terme aus [0,succ], nämlich 0, succ(0), succ(succ(0)) usw., dienen daher als Repräsentanten der natürlichen Zahlen.

Allgemein sind zwei Terme äquivalent, wenn sie durch die Axiome der Spezifikation einander gleichgesetzt werden. Wir hätten gern, dass jede Klasse äquivalenter Terme einen Repräsentanten im induktiven Abschluss hat.

Definition (Induktiv definierte Sorte).

Sei wieder C eine nichtleere Menge von Ausgangstermen der Sorte S und F eine Menge von Konstruktoren der Sorte S.

Die Sorte S heißt *induktiv definiert* über C und F, wenn jeder Term der Sorte S einem Term aus [C,F] äquivalent ist.

❑

Alle eingangs erwähnten Sorten wurden im Kapitel „Grundlegende Spezifikationen" induktiv definiert.

Wie beweist man über dem Termaufbau einer Sorte?

Aus der Durchschnittseigenschaft des induktiven Abschlusses ergibt sich unmittelbar die „Induktionseigenschaft": Da [C,F] die kleinste induktive Menge über C und F ist, muss jede in [C,F] enthaltene Menge, die induktiv über C und F ist, mit [C,F] übereinstimmen:

Satz (Induktionssatz).

Es sei $W \subseteq [C,F]$ und es gelte

$C \subseteq W$ und

mit $t_j \in W$ für $j = i_1, \ldots i_k$ und t_j ansonsten beliebig ist
$f(t_1, \ldots t_n) \in W$ für $f \in F$.

Dann gilt $W = [C,F]$.

❑

Beispiel (Natürliche Zahlen).

Wir definieren eine Teilmenge der natürlichen Zahlen, und zwar durch ihre charakteristische Eigenschaft P. Dann zeigen wir, dass diese Menge induktiv ist. Sie enthält nach dem Induktionssatz also alle natürlichen Zahlen, d.h. ihre charakteristische Eigenschaft gilt für alle natürlichen Zahlen. Uns interessiert die Eigenschaft, dass zwei verschiedene Definitionen der Fakultät *dieselbe Funktion definieren.*

Über NAT definieren wir einerseits fac: Nat→Nat, andererseits fact: Nat,Nat→Nat durch die folgenden Gleichungen:

fac0: fac(0) = 1,
facs: fac(succ(n)) = succ(n)∗fac(n),

fact0: fact(0,z) = z,
facts: fact(succ(n),z) = fact(n,succ(n)∗z).

Die beiden Funktionen unterscheiden sich markant im Auswertungsverhalten. Die Multiplikation erfolgt nämlich bei fac *nach* der rekursiven Berechnung und bei fact *davor*. Wir behaupten, fac(n) lässt sich auch durch fact(n,1) berechnen. Dies ist die Eigenschaft

B(n): fac(n) = fact(n,1).

Wir verschärfen B(n) noch um die Eigenschaft

H(n): a∗fact(n,z) = fact(n,a∗z),

weil das Beweisziel damit leichter erreichbar ist. Mit

P(n): B(n) ∧ H(n)

definieren wir also als Teilmenge von [0,succ]

W = {n∈[0,succ] | P(n)}

und zeigen, dass W induktiv ist:

1) Leicht nachzurechnen ist mittels *fac0* und *fact0*:

B(0): fac(0) = 1 = fact(0,1),
H(0): a∗fact(0,z) = a∗z = fact(0,a∗z).

2) Wir nehmen an, es gilt P(n), d.h. es gelten für beliebiges, aber festes n∈[0,succ]

Hypothese1: B(n) und
Hypothese2: H(n).

Wir beweisen B(succ(n)):	Wir beweisen H(succ(n)):
fac(succ(n))	a∗fact(succ(n),z)
= *{facs}*	= *{facts}*
succ(n)∗fac(n)	a∗fact(n, succ(n)∗z)
= *{Hypothese1}*	= *{Hypothese2}*
succ(n)∗fact(n,1)	fact(n, a∗(succ(n)∗z))
= *{Hypothese2 mit a=succ(n)}*	= *{Eigenschaften Multiplikation}*
fact(n,succ(n)∗1)	fact(n, succ(n)∗(a∗z))
= *{facts}*	= *{facts}*
fact(succ(n),1)	fact(succ(n),a∗z)

Die Menge W ist also induktiv. W war definiert als eine Teilmenge der kleinsten induktiven Menge, nämlich [0,succ]. Also muss W mit [0,succ] übereinstimmen. Für alle n∈[0,succ] gilt also die charakteristische Eigenschaft von W. Daher gilt auch

B(n): fac(n) = fact(n,1)

für alle n∈[0,succ]. Weil Nat induktiv definiert ist über 0 und succ, gilt die Eigenschaft sogar für alle Terme n der Sorte Nat (für alle natürlichen Zahlen n).

Programmiertechnisch gilt fact als eine „Implementierung" von fac. Die Korrektheit der Implementierung wurde soeben verifiziert.

❑

Wie das Beispiel zeigt, liefert der Induktionssatz eine Beweismethode: Um eine Eigenschaft P(n) für alle n der Sorte Nat zu beweisen, genügt es zu zeigen:

1) P(0),
2) Aus P(n) folgt P(succ(n)).

Punkt 1 heißt *Basis*, Punkt 2 heißt *Schritt* und P(n) heißt *Hypothese* des Schritts.

Dieses Prinzip lässt sich wie folgt fassen:

Satz (Induktionsregel).

Die Sorte S sei induktiv definiert über C und F. Um eine Eigenschaft P(x) für alle x der Sorte S zu beweisen, genügt es zu zeigen:

1) (*Basis*) Für jeden Ausgangsterm c∈C gilt P(c).

2) (*Schritt*) Für jeden Konstruktor f∈F gilt:
Aus den k *Hypothesen* $P(t_j)$ $(j = i_1, \dots i_k)$ folgt
$P(f(t_1, \dots t_n))$. Zur Bedeutung von k siehe (*) oben.

❑

Die Beweismethode heißt *vollständige Induktion.* Das Attribut „vollständig" bezieht sich darauf, dass Basis und Schritt die betrachtete Sorte ausschöpfen. Man spricht auch von *struktureller Induktion.*

Beispiel (Binärbäume).

Behauptung: *Jeder Binärbaum der Tiefe n hat höchstens $2(2^n\text{-}1)$ Zweige.*

Die Tiefe ist gegeben durch eine Funktion tiefe: Tree α → Nat, definiert wie folgt:

tiefe(etree) = 0,
tiefe(cons(t1,a,t2) = maximum(tiefe(t1),tiefe(t2)) + 1.

Die Anzahl der Zweige ist gegeben durch eine Funktion zzahl: Tree α → Nat, definiert durch die beiden Gleichungen

zzahl(etree) = 0,
zzahl(cons(t1,a,t2)) = zzahl(t1)+zzahl(t2)+2.

Zu beweisen ist für alle t∈[etree,cons] die Eigenschaft
P(t): n=tiefe(t) ⟶ (zzahl(t) ≤ $2(2^n\text{-}1)$).

Beweis durch vollständige Induktion nach t:

1) (*Basis*)

Für etree rechnet man nach:

n=tiefe(etree)=0, zzahl(etree) = 0 $\leq 2(2^n-1)$.

Damit gilt P(etree).

2) (*Schritt*)

Die beiden *Hypothesen* P(t1), P(t2) lauten

n1=tiefe(t1) ⟶ zzahl(t1) $\leq 2(2^{n1}-1)$,
n2=tiefe(t2) ⟶ zzahl(t2) $\leq 2(2^{n2}-1)$.

Sei n1=tiefe(t1) und n2=tiefe(t2).
Für t = cons(t1,a,t2) berechnet sich

n = tiefe(t) = maximum(n1,n2) + 1.

Wegen n1≤ n-1 und n2≤n-1 folgt aus den Hypothesen:

zzahl(t1) $\leq 2(2^{n-1}-1)$ und zzahl(t2) $\leq 2(2^{n-1}-1)$.

Nach Definition ist

$$\begin{aligned} \text{zzahl(t)} &= \text{zzahl(t1)+zzahl(t2)+2} \\ &\leq 2(2^{n-1}-1) + 2(2^{n-1}-1) + 2 \\ &\leq 2(2^n-1). \end{aligned}$$

Das ergibt P(cons(t1,a,t2)),
und zwar für beliebiges a der Sorte α.

❑

Diese Beweismethode setzt induktiv definierte Sorten voraus.

Wie weit reicht die Beweismethode der vollständigen Induktion?

Im Abschnitt über grundlegende Spezifikationen wurde jede neue Sorte induktiv definiert, und zwar (in der Terminologie dort) durch **generated_by**. Drei Besonderheiten fallen bei einer Durchsicht auf: Die Sorte Bool der Wahrheitswerte besitzt neben den beiden Ausgangstermen true und false keine Konstruktoren. Das Prinzip der vollständigen Induktion besagt in diesem Fall: Um P(x) für alle x der Sorte Bool zu beweisen, genügt es, P(true) und P(false) zu beweisen – in Übereinstimmung mit allen Erwartungen. Die Sorte Int kommt mit zwei Konstruktoren succ und pred. Für beide ist der Induktionsschritt auszuführen. Die Spezifikation der zweiseitigen Warteschlangen Deque α bietet alternativ gleich zwei induktive Definitionen an, mittels Anfügen links oder Anfügen rechts, [edeq,append] und [edeq,stock]. Die Terme dieser beiden Mengen lassen sich aufgrund der Gesetze ineinander überführen.

In den beiden obigen Beispielen bemerkt man, dass die zu beweisende Eigenschaft jeweils über der zugrunde liegenden Termmenge [C,F] definiert sein muss. Hierarchische Abstützung auf Hilfsdefinitionen über dieser Termmenge ist erlaubt. Zu beachten ist jedoch die *Wohldefiniertheit*: Manche Spezifikationen identifizieren gewisse Terme. Dies tritt z.B. bei den endlichen Mengen Fset α dadurch auf, dass zwei aufeinander folgende Elementhinzufügungen durch den Konstruktor add vertauschbar sind. Für äquivalente Argumente muss eine Funktion gleich definiert sein.

Vollständige Induktion ist ein Beweismittel für induktiv definierte Sorten. In interaktiven Theorembeweisern reicht die Angabe aus, nach welchem Parameter man eine logische Formel beweisen will. Das System findet aufgrund der Sorte die passende Regel und fordert dann unter Angabe der Basis und des Schritts dazu auf, fortzufahren – im Allgemeinen durch Simplifikation und weitere vollständige Induktion. Die Generierung der speziellen Induktionsregel geht mechanisch. Zu den Spezifikationen NAT und TREE gehören die Induktionsregeln

$$P(0) \Longrightarrow ((\bigwedge n.\ P(n) \Longrightarrow P(succ(n))) \Longrightarrow \forall n.P(n))$$

bzw.

$$P(etree) \Longrightarrow((\bigwedge t_1,a,t_2.\ P(t_1) \Longrightarrow(P(t_2) \Longrightarrow P(cons(t_1,a,t_2))) \Longrightarrow \forall t.P(t)).$$

Wir haben Spezifikationen betrachtet, die sich auf andere Spezifikationen abstützen und eine einzige neue Sorte einführen. Für Spezifikationen, die mehrere Sorten gleichzeitig einführen, lassen sich die Definitionen der induktiven Menge und des induktiven Abschlusses auf nahe liegende Weise erweitern. In der Programmierung sind verschränkte Sortendefinitionen geläufig, was wir an einer Übungsaufgabe erläutern. Ein Beispiel tritt auch im Abschnitt über die Backus-Naur-Form auf.

Wie weit reichen induktive Definitionen?

Uns sind bereits Begriffe begegnet, die induktiv eingeführt wurden, z.B. *Typsymbole*. Wir hatten sie definiert als eine Menge W von Wörtern, welche die Menge

C = {Bool, Nat, Int}

enthält – wenn wir uns im Moment auf diese drei Ausgangstypen beschränken – und hatten die Abgeschlossenheit gefordert hinsichtlich Wortbildungen von der Form

Funktionstypen: $(s_1 \rightarrow s_2)$,

mit s_1, s_2, s $\in$W. Typsymbole lassen sich unschwer in aller Form algebraisch spezifizieren. Das Gleiche gilt für Wortmengen, die sie umfassen, z.B. für *Programmiersprachen* (vgl. Kap. 4), und wird auch praktiziert, u.a. zu dem Zweck, mit der Methode der vollständigen Induktion zu verifizieren.

Die meisten Objekte der Informatik werden induktiv definiert.

3.6 Übungen

Zu Formeln und Regeln

Wir führen folgende Konventionen zur Einsparung von Klammern ein:

> $\neg$ bindet stärker als $\wedge$, das wiederum bindet stärker als $\vee$, das wiederum bindet stärker als $\longrightarrow$.

Damit schreiben wir z.B.

$\neg a \vee \neg b \wedge c$ statt $(\neg a) \vee ((\neg b) \wedge c)$ und
$a \wedge b \longrightarrow c$ statt $(a \wedge b) \longrightarrow c$.

Für eine übersichtliche Darstellung legen wir außerdem fest, dass $\longrightarrow$ *nach rechts geklammert* ist, d.h. wir schreiben z.B.

$a \longrightarrow b \longrightarrow c$ statt $a \longrightarrow (b \longrightarrow c)$ und
$a \longrightarrow b \longrightarrow c \longrightarrow d$ statt $a \longrightarrow (b \longrightarrow (c \longrightarrow d))$.

Zur Erinnerung: Der Term $(a \longrightarrow b) \longrightarrow c$ ist nicht zu verwechseln mit $a \longrightarrow b \longrightarrow c$.

Ferner: Der Term $a_1 \longrightarrow a_2 \longrightarrow \ldots \longrightarrow a_n \longrightarrow a$ lässt sich folgendermaßen lesen:

> Aus $a_1, a_2, \ldots, a_n$ folgt a.

Entgegengesetzt zur Implikation legen wir fest, dass $\wedge$ und $\vee$ *nach links geklammert* sind. Das entspricht auch der üblichen sequentiellen Auswertungsreihenfolge in einer Programmiersprache. Wir schreiben also einfach

$a \wedge b \wedge c \wedge d$ bzw. $a \vee b \vee c \vee d$,

wenn gemeint ist

$((a \wedge b) \wedge c) \wedge d$ bzw. $((a \vee b) \vee c) \vee d$.

1 Semantische Äquivalenz

Beweisen Sie durch Vergleich der Wertetabellen die folgenden semantischen Äquivalenzen:

a) *De Morgan:* $\neg(x \wedge y) \;\models\!\mid\; \neg x \vee \neg y$,
b) *De Morgan:* $\neg(x \vee y) \;\models\!\mid\; \neg x \wedge \neg y$,
c) *Distributivität:* $x \wedge (y \vee z) \;\models\!\mid\; (x \wedge y) \vee (x \wedge z)$,
d) *Distributivität:* $x \vee (y \wedge z) \;\models\!\mid\; (x \vee y) \wedge (x \vee z)$.

Beweisen Sie durch Angabe einer Wertetabelle: Die folgenden aussagenlogischen Formeln sind Tautologien!

2 Aussagenlogische Tautologien

a) *K:* `x ⟶ y ⟶ x,`
b) *S:* `(x ⟶ y ⟶ z) ⟶ (x ⟶ y) ⟶ x ⟶ z,`
c) *Ausgeschlossenes Drittes:* `x ∨ ¬x,`
d) *Widersprüchliche Annahme:* `(x ⟶ ¬x) ⟶ ¬x.`

3 Vollständige Operatorenmengen

a) Wieviele zweistellige Boolesche Funktionen gibt es? Stellen Sie alle zweistelligen Booleschen Funktionen in einer Tabelle dar!

b) Eine Menge von Booleschen Operatoren heißt *vollständig*, wenn man mit ihr alle ein- und zweistelligen Booleschen Funktionen ausdrücken kann. Zeigen Sie: Die Menge `{¬,∧,∨}` ist eine vollständige Operatorenmenge.

c) Zeigen Sie: Auch die Menge `{¬,∧}` ist eine vollständige Operatorenmenge.

d) Zeigen Sie, dass die Menge `{F, ⟶}` ebenfalls eine vollständige Operatorenmenge ist, indem Sie `¬` und `∧` durch `F` und `⟶` ausdrücken!

e) Die Fallunterscheidung `if_then_else_` mit Booleschem Resultat sei definiert durch die beiden Gleichungen

```
(if T then a else b) = a,
(if F then a else b) = b
```

mit beliebigen Booleschen Termen `a` und `b`.

Zeigen Sie: Die Menge `{if_then_else_, T, F}` ist ebenfalls eine vollständige Operatorenmenge!

4 Simplifikation als Beweismethode

Eine wichtige Methode zum Beweis von Äquivalenzen ist die Simplifikation, die auf dem Prinzip der äquivalenten Ersetzung beruht. Um eine Äquivalenz s |=| t zu beweisen, werden beide Seiten mithilfe einer Menge schon bekannter Äquivalenzen vereinfacht. Falls man beide Seiten zu einem gemeinsamen Term vereinfachen kann, hat man die Äquivalenz gezeigt.

Beweisen Sie

`a ⟶ (b ⟶ (c ⟶ d)) |=| a ∧ b ∧ c ⟶ d`

unter Verwendung der folgenden Äquivalenzen

Definition von ⟶:	`a ⟶ b`	|=|	`¬a ∨ b,`
DeMorgan:	`¬(a ∧ b)`	|=|	`¬a ∨ ¬b,`
Assoziativität:	`(a ∨ b) ∨ c`	|=|	`a ∨ (b ∨ c).`

Geben Sie für jeden Schritt an, welche Äquivalenz verwendet wurde!

Zu Variablen, Substitution und Gleichheit

Eine gängige Schreibweise für Boolesche Terme verwendet den Produktpunkt für ∧ (der dann meist weggelassen wird), das Pluszeichen für ∨, den nachgestellten Apostroph für ¬ sowie 1 für true und 0 für false. Beispiel: `xy'+0` steht für `x∧¬y∨false`. Diese Notation soll in der folgenden Aufgabe verwendet werden.

Die folgende Normalform macht Model-Checking effizient und ist wichtig beim Entwurf und bei der Verifikation großer Schaltnetze.[5]

1 Aussagenlogische Normalform

Wir betrachten Boolesche Terme, die durch Negation, Konjunktion und Disjunktion aus Variablen gebildet sind und Funktionen

```
f: Bool → .... → Bool,
```

die durch solche Terme definiert sind, wie z.B. die (zweistellige) Funktion

```
f: Bool → Bool → Bool,
f(x)(y) = xy + x.
```

In der Praxis haben solche Funktionen (die Schaltnetze darstellen) oft Hunderte von Variablen. Die Aufgabe, zu entscheiden, ob zwei Funktionen äquivalent sind, lässt sich dann nicht mehr durch Abprüfen aller Kombinationen von Eingabewerten bewältigen. Bei der Schaltungsentwicklung wird die folgende effiziente Normalform verwendet. Sie ist eindeutig, d.h. zwei äquivalente Funktionen sind in Normalformdarstellung identisch.

Die Boolesche Fallunterscheidung aus der vorigen Aufgabe lässt sich als eine dreistellige Boolesche Funktion auffassen und kann auf die folgende Weise definiert werden:

```
if(c,a,b) = c a + c' b.
```

Das Resultat der Verknüpfung ist in Abhängigkeit vom ersten Argument `c` entweder das zweite Argument `a` oder das dritte Argument `b`.

Unter Verwendung der Fallunterscheidung lässt sich eine Funktion `f(x)` umschreiben als

```
(*) f(x) = if(x,f(1),f(0)).
```

---

[5] Ein System zur Manipulation von BDDs (und mehr) ist erhältlich bei Fabio Somenzi, http://vlsi.colorado.edu/~fabio. Literatur ist zu finden bei Christoph Meinel, http://www.uni-trier.de/~meinel.

Die hier auftretenden (n-1)-stelligen Funktionen `f(1)` und `f(0)` werden als *Kofaktoren* bezeichnet.

Werden nun die beiden Kofaktoren ebenso nach ihrer ersten Variablen y entwickelt, so ergibt sich

```
f(x)(y)
= if(x, if(y,f(1)(1),f(1)(0)),
        if(y,f(0)(1),f(0)(0))).
```

Dies lässt sich fortsetzen bis zur letzten Variablen. Man erhält einen binären Entscheidungsbaum (*BDT, binary decision tree*).

Im Verlauf der Expansion können Terme auftreten, die identisch sind. Um die Darstellung kompakter zu machen, führt man Abkürzungen für die auftretenden Kofaktoren ein und identifiziert identische Kofaktoren. Wenn

(**) `f(v) = if(v,t,t)`

gilt, wenn also `f(v)` unabhängig von der Variablen `v` ist, so lässt man an dieser Stelle die Fallunterscheidung nach `v` weg. Es ergibt sich ein so genanntes reduziertes binäres Entscheidungsdiagramm (*BDD, binary decision diagram*). Seine Darstellung ist eindeutig bestimmt.

Ein BDD ist also eine geschachtelte Fallunterscheidung, auf deren Bedingungspositionen nur Variablen stehen. Auf terminalen then- und else-Positionen stehen nur `0` oder `1` (als primitive BDDs) oder Abkürzungen für weitere BDDs.

a) Entwickeln Sie die BDDs für die folgenden Funktionen und beachten Sie die Abhängigkeit von der Variablenreihenfolge!

```
f(x)(y)(u)(v)=  \
                 } vxy + x'u + y'u.
g(v)(x)(y)(u)=  /
```

b) Zu jeder zweistelligen Booleschen Funktion lässt sich eine Darstellung durch die Negation, die beiden konstanten Funktionen 0 und 1 und die `if`-Verknüpfung angeben, z.B. ist `a·b=if(a,b,F)` und `nand(a,b)=(a·b)'=if(a,b',1)`. Vervollständigen Sie diese Liste für alle zweistelligen Booleschen Funktionen. Hinweis: Hat man für eine Funktion eine Termdarstellung (wie bei beiden Beispielen), so erhält man die `if`-Darstellung mithilfe der Formel (*).

c) Wir definieren eine Funktion `ITE` auf BDDs durch

```
ITE(F,G,H) = if(F,G,H).
```

Es gilt

```
ITE(F,G,H)
= if(F,G,H)
= if(if(x,F(1),F(0)),
     if(x,G(1),G(0)),
     if(x,H(1),H(0)))
= if(x, ITE(F(1),G(1),H(1)),
        ITE(F(0),G(0),H(0)).
```

Die terminierenden Fälle dieser Rekursion sind

```
  ITE(1,F,G) = ITE(0,G,F) = ITE(F,1,0)
= ITE(G,F,F) = F.
```

Wir haben damit ein Verfahren, das zu `if(F,G,H)` das BDD berechnet.

Aufgabe: Um anschließend den `ITE`-Algorithmus anzuwenden, berechnen Sie zunächst die BDDs von

```
F(x)(y)(z) = x + x'yz,
G(x)(y)(z) = xyz + xy'z' + x'yz' + x'y'z,
H(x)(y)(z) = yz' + y'.
```

d) Berechnen Sie `ITE(F,G,H)` für die Funktionen aus der vorigen Teilaufgabe! Achten Sie dabei auf die Wiederverwendbarkeit von eingeführten Namen! Sie bekommen einen Eindruck von der Kompaktheit dieser Darstellung.

Zum Deduktionskalkül

1 Beweis einer aussagenlogischen Tautologie

Zum Beweis einer Behauptung P im Deduktionskalkül startet man mit dem Ausgangsterm $P \Longrightarrow P$. Die rechte Seite wird dabei als Beweisziel und die linke Seite als (offene) Beweisverpflichtung angesehen. Im Laufe des Beweises wird durch Anwenden von Regeln des Kalküls die linke Seite verändert, dadurch können (möglicherweise auch mehrere) neue Beweisverpflichtungen entstehen oder mit Hilfe von *Modus ponens* Beweisverpflichtungen gelöst (entfernt) werden. Das Beweisziel bleibt während des Beweises unverändert. Es ist bewiesen, wenn es keine offenen Beweisverpflichtungen mehr gibt.

Um eine Regel des Kalküls anwenden zu können, muss man sie zuerst über eventuell existierende Prämissen (oder allquantifizierte Variablen) in den Beweisverpflichtungen liften, damit man eine Resolution mit dem aktuellen Beweiszustand (der Implikation mit Beweisverpflichtungen als linker Seite und Beweisziel als rechter Seite) durchführen kann.

Beweisen Sie mit Hilfe des Deduktionskalküls die Allgemeingültigkeit der Formel

$$A \longrightarrow B \longrightarrow A.$$

Bleiben am Ende eines Beweises noch offene Beweisverpflichtungen übrig, so hat man immerhin eine Regel bewiesen: Um eine Regel $Q \Longrightarrow P$ zu beweisen, kann man also mit dem Ausgangsterm $P \Longrightarrow P$ starten und die Beweisverpflichtungen so lange verändern, bis man $Q \Longrightarrow P$ als Beweiszustand erhält. *2 Beweis einer aussagenlogischen Regel*

Leiten Sie die Regel

classical: $(\neg A \Longrightarrow A) \Longrightarrow A$.

mithilfe der klassischen Fallunterscheidungsregel (vgl. Tabelle 3.4–2) her! Starten Sie also mit dem Ausgangsterm $A \Longrightarrow A$.

Leiten Sie die Regel *3 Beweis einer weiteren Regel*

$$\neg\neg A \Longrightarrow A$$

mithilfe der Regel *classical* aus Tabelle 3.4–2 her!

Zu induktiven Definitionen und Beweisen

Mit dem Induktionsschema für die Sorte Nat kommt ein passendes Definitionsschema: Man kann eine Funktion f über den natürlichen Zahlen definieren, indem man je eine definierende Gleichung angibt für f(0) und f(succ(n)). *1 Beweis durch vollständige Induktion*

a) Definieren Sie nach diesem Definitionsschema eine Funktion sum vom Typ Nat→Nat, die die Summe 1 + 3 + 5 + ... + (2n-1) der n ersten ungeraden Zahlen berechnet.

b) Zeigen Sie mit vollständiger Induktion: Für alle n der Sorte Nat ist $sum(n)=n^2$.

Bemerkung: Wir haben hier also einen Algorithmus zur Berechnung des Quadrates einer natürlichen Zahl n, der n-1 Additionen benötigt.

Die übliche induktive Definition für die Sorte Nat verwendet den Ausgangsterm 0 und den Konstruktor succ. In dieser Aufgabe wird gezeigt, dass es auch noch andere mögliche Definitionen gibt. *2 Alternatives Erzeugendensystem*

Gegeben seien die folgenden einstelligen Funktionen vom Typ Nat→Nat:

$C_0(n) = 4n$,
$C_1(n) = 4n + 1$,
$C_2(n) = 4n + 2$,
$C_3(n) = 4n + 3$.

a) Zeigen Sie: Die Menge aller Terme der Sorte Nat ist induktiv über dem Ausgangsterm 0 und den Konstruktoren C_0, C_1, C_2, C_3.

b) Zählen Sie einige Terme aus dem induktiven Abschluss $[0,C_0,C_1,C_2,C_3]$ auf.

c) Zeigen Sie: Die Sorte Nat ist induktiv definiert über dem Ausgangsterm 0 und den Konstruktoren C_0, C_1, C_2, C_3.

d) Aus dieser induktiven Definition ergibt sich ein neues Induktionsschema für die Sorte Nat. Geben Sie das Induktionsschema an!

Mit dem Induktionsschema kommt auch ein passendes Definitionsschema: Man kann eine Funktion `f` über den natürlichen Zahlen definieren, indem man für folgende Fälle Gleichungen angibt:

$f(0) = ...,$
$f(C_0(n)) = ... f(n)...,$
$f(C_1(n)) = ... f(n)...,$
$f(C_2(n)) = ... f(n)...,$
$f(C_3(n)) = ... f(n)...,$

wobei in den rekursiven Aufrufen nur f(n) vorkommen darf. Wegen der Nichteindeutigkeit der Darstellung einer natürlichen Zahl als Term in $[0, C_0, C_1, C_2, C_3]$ unterliegt eine solche Definition aber einer Einschränkung: Sie muß *wohldefiniert* sein, d.h. falls $x = y$ dann ist $f(x) = f(y)$.

In diesem Sinn passt die folgende Definition der natürlichen Quadratwurzel zu der neuen induktiven Definition von Nat. Unter Verwendung der Abkürzung r=sqrt(n) sei für i=0,1,2,3

sqrt (0) = 0,
$\text{sqrt}(C_i(n)) =$ **if** $C_i(n) < (2\,r+1)^2$ **then** $2\,r$ **else** $2\,r + 1$ **fi** .

e) Weisen Sie die Wohldefiniertheit dieser Funktion nach!

f) Zeigen Sie mit dem neuen Induktionsschema: Diese Funktion erfüllt die Spezifikation für die ganzzahlige Quadratwurzel, d.h.

$\text{sqrt}(n)^2 \leq n < (\text{sqrt}(n)+1)^2.$

g) Diese Funktion liefert einen effizienten Algorithmus zur Berechnung der ganzzahligen Quadratwurzel: Berechnen Sie

$\text{sqrt}(23) = \text{sqrt}(C_3(C_2(C_1(0)))).$

Neben dem bekannten Schema der vollständigen Induktion für die natürlichen Zahlen

3 Die fundierte Induktion

$$P(0) \Longrightarrow ((\bigwedge k.\ P(k) \Longrightarrow P(succ(k)) \Longrightarrow P(n))$$

gilt auch das folgende Beweisschema:

$$(\bigwedge k.\ (\bigwedge m.\ m < k \Longrightarrow P(m)) \Longrightarrow P(k)) \Longrightarrow P(n).$$

Dieses Schema wird auch als *fundierte Induktion* (*well-founded induction*) bezeichnet, weil ihm die *Fundiertheit* der natürlichen Zahlen zu Grunde liegt. Eine Menge M mit einer Ordnungsrelation < heißt *fundiert*, wenn es keine unendlichen absteigenden Folgen in M gibt.

Beweisen Sie die Regel der fundierten Induktion über Nat; verwenden Sie dabei vollständige Induktion!

4 Beweis durch fundierte Induktion

Aus der Definition der Quadratwurzel in Aufgabe 2 erhält man einen rekursiven Algorithmus zur Berechnung der ganzzahligen Quadratwurzel, indem man x/4 für n einsetzt. Dabei bezeichnet x/4 die ganzzahlige Division durch 4. Ist nämlich i≤3 der Rest der ganzzahligen Division x/4, ist also x=(x/4)+i, so gilt C_i(x/4)=x und man erhält aus den definierenden Gleichungen von sqrt:

sqrt(x) = **if** x=0 **then** 0 **else**
let r = sqrt(x/4) **in**
if x < $(2\,r+1)^2$ **then** 2 r **else** 2 r + 1 **fi fi**

Die gewöhnliche Induktionsregel ist nicht geeignet, die Korrektheit von sqrt zu zeigen, denn sqrt ist nicht rekursiv über die Konstruktoren 0 und succ definiert.

Zeigen Sie also mit fundierter Induktion: Diese Funktion erfüllt die Spezifikation für ganzzahlige Quadratwurzel, d.h.

$$sqrt(x)^2 \le x < (sqrt(x)+1)^2.$$

5 Vollständige Induktion für STACK

Die Sorte Stack α ist induktiv definiert über

estack: Stack α,
append: α, Stack α → Stack α.

a) Geben Sie das Induktionsschema für die Sorte Stack α an.

b) Definieren Sie eine Funktion cons: Stack α, Stack α → Stack α, die zwei Stacks aneinander anfügt, durch Angabe je einer Gleichung für cons(estack, t) und cons(append(a,s), t).

c) Definieren Sie eine Funktion rev: Stack α → Stack α, die die Reihenfolge der Elemente auf einem Stack umdreht, durch Angabe von Gleichungen für rev(estack) und rev(append(a,s)).

6 Induktionsbeweise in STACK

Wir wollen nun mit vollständiger Induktion einige charakteristische Eigenschaften der Funktionen aus Aufgabe 5 nachweisen. Am Ende wollen wir zeigen, dass das Revertieren eines Stacks *involutorisch* ist, d.h. dass man nach zweimaligem Revertieren wieder den ursprünglichen Stack erhält.

a) Beweisen Sie mit vollständiger Induktion über Stack α: estack ist *neutral* bezüglich Aneinanderfügen von Stacks, d.h.

cons(s, estack) = s.

b) Beweisen Sie mit vollständiger Induktion über Stack α: Das Aneinanderfügen zweier Stacks ist *assoziativ*, d.h.

cons(s,cons(t, u)) = cons(cons(s, t),u).

c) Beweisen Sie mit vollständiger Induktion über Stack α: Das Revertieren eines Stacks, der aus zwei aneinandergefügten Stacks besteht, liefert das gleiche Resultat wie das vertauschte Aneinanderfügen der einzeln revertierten Stacks, d.h.

rev(cons(s,t)) = cons(rev(t), rev(s)).

d) Beweisen Sie nun mit vollständiger Induktion über Stack α: Das Revertieren eines Stacks ist involutorisch, d.h.

rev(rev(s)) = s.

3.7 Wie es weitergeht

Zur Relevanz

Dieses Kapitel sollte die logische Intuition für die Modellierung schärfen und den ***Kalkül des natürlichen Schließens*** einführen. Verifikation läuft mit diesem Kalkül wie folgt ab:

Man begibt sich auf die Ebene der Regeln und verwendet die dort verfügbaren Operationen. Der Beweis einer Formel B ist dann eine endliche Folge von Umformungen, die mit dem Term B $\Longrightarrow$B beginnt, der trivialerweise eine Regel ist, und das links stehende B auf T reduziert, also mit der Regel T $\Longrightarrow$B endet, oder, was dasselbe ist, mit isTrue(B). So wurde z.B. gezeigt, dass die logische Formel P$\rightarrow$(Q$\rightarrow$(P$\wedge$Q)) eine Tautologie ist.

Das Folgerungssymbol $\Longrightarrow$ ist kennzeichnend für die Schlussregeln. Innerhalb von Schlussregeln stehen im Allgemeinen logische Formeln. In ihnen tritt typischerweise das Folgerungssymbol $\longrightarrow$ auf. Zweifach tritt also Prädikatenlogik in Erscheinung.

Den zu Grunde liegenden Beweiskalkül und die Logik überhaupt haben wir unter Verwendung des so genannten getypten einfachen Lambdakalküls eingeführt. Das scheint konzeptuell einfacher, als dass die Semantik durch eine informelle Logik festgelegt wird. Insbesondere gelingt es hier, allquantifizierte Formeln ∀x.P auf Funktionsaufrufe zurückzuführen, nämlich auf all(λx.P). So belegt diese Logikeinführung erneut die zentrale, über die Programmierung weit hinausgehende Rolle des Typkonzepts in der Informatik.

Eine Reihe von Tücken beim Beweisen, wie die Einbeziehung von Prämissen und die Behandlung von Parametern, lässt sich auf diesem Weg bewältigen, was sich auch in der Implementierbarkeit erweist. Es ging uns neben der Beweistechnik als solcher auch um einen Einblick in die Arbeitsweise eines interaktiven Theorembeweisers.

Wer die Definition des Isabelle-Systems durchgeht, die in der funktionalen Sprache ML geschrieben ist, wird den Aufbau durchschauen und darüber hinaus einen exemplarischen Einblick in die Modellierung eines komplexen Informatiksystems gewinnen.

Es ging uns in diesem Kapitel um das Grundwissen, ohne das die Benutzung des Theorembeweisers recht fragwürdig bliebe. Die Bedeutung eines Verifikationskalküls ist im Hinblick auf die Beweisverpflichtungen der Informatik sicher unstrittig. Der Wert formallogischer Kenntnisse leuchtet spätestens dann ein, wenn man aus ökonomischer, sozialer oder politischer Betroffenheit zu fragen beginnt, ob die Artefakte der Informatik den erforderlichen Sicherheitsanforderungen genügen.

Zur Einordnung

Die Entwicklung der Logik hat in den letzten Jahren zu substantiellen Erweiterungen geführt, die über den „klassischen" Ansatz hinausführen:

Die klassische Logik beschreibt nur Situationen. Um darüber hinaus Abläufe zu erfassen, werden zwei Ansätze verfolgt. Zum einen modelliert man Abläufe als (endliche und unendliche) Sequenzen (Ströme) und betrachtet stromverarbeitende Funktionen.[6] Zum anderen führt man zeitorientierte Quantoren ein (temporale Logik).[7]

Fragen, für die die Mathematik zuständig ist, sind insbesondere Vollständigkeits- und Unvollständigkeitsaussagen. Die Vielfalt der Interpretationen von Spezifikationen wird in der mathematischen Modelltheorie behandelt.

---

[6] M. Broy, K. Stølen: Specification and Development of Interactive Systems. FOCUS on Streams, Interfaces, and Refinement. Berlin: Springer 2000

[7] Z. Manna, A. Pnueli: The Temporal Logic of Reactive and Concurrent Systems: Specification. New York: Springer 1991

Z. Manna, A. Pnueli: Temporal Verification of Reactive Systems: Safety. New York: Springer 1995

Die Entwicklungsziele für Theorembeweiser liegen „an der Oberfläche“ und betreffen den Dialog mit dem Computer in natürlicher Notation oder gehen „in der Tiefe“ und streben nach Strategien zur Bewältigung komplexer Aufgaben, wie sie bei kryptografischen Protokollen oder bei der Verifikation von Programmiersprachen auftreten.[8]

[8] Vgl. das Anm. 4 zu Abschnitt 3.4 genannte Buch von Nipkow et al.. Wer die logische Seite der Modellierung vertiefen will, findet über dieses Buch den Zugang zu Isabelle/HOL.

4 Struktur formaler Sprachen

Zur Thematik

So sehr Konversation im zwischenmenschlichen Bereich von Ambivalenz lebt, so tödlich ist diese für Maschinen. Deshalb werden Sprachen in der Informatik rigide beschnitten, wenn sie zur Modellierung verwendet werden sollen. In Textform erarbeitete Modelle sollen ja im Allgemeinen weiter verarbeitet, z.B. verfeinert oder verifiziert werden, Hardwareentwürfe sollen implementiert, Software soll übersetzt oder interpretiert werden. Dazu müssen die Texte zerteilbar und genau so gegliedert sein, wie es die Verarbeitungsschnittstelle erwartet. Mit geeigneten Strukturen beschäftigt sich das Gebiet der formalen Sprachen.

Die Rolle von Syntax und Semantik tritt eindrucksvoll in Erscheinung bei der Interpretation und Übersetzung von Programmen.

4.1 Interpretation und Übersetzung von Programmen

Unter den ***Programmiersprachen*** finden sich höhere, problemorientierte Sprachen ebenso wie strukturarme Maschinensprachen. Höhere Programmiersprachen sind weitgehend unabhängig von der Auslegung der Rechenanlagen. Sie sind im Vergleich zu Maschinensprachen bedeutend besser für die übersichtliche Formulierung komplexer Algorithmen und die strukturierte Darstellung von Informationen geeignet. Programme in maschinenorientierten Sprachen sind auf die Maschinenstruktur abgestimmt. Sie bestehen aus Kommandos, die direkt von der Maschine ausgeführt werden können. Programme in problemorientierten Programmiersprachen hingegen müssen in der Regel zur Ausführung auf einer Rechenanlage entweder in eine entsprechende Maschinensprache übersetzt werden, oder es muss ein Maschinenprogramm geschaffen werden, das Programme in der höheren Sprache als Eingabe nimmt, die entsprechenden Aktionen zur Ausführung anstößt und auf diese Weise das Programm interpretiert.

Wie werden Programme zur Eingabe von Programmen?

Wir gehen im Folgenden davon aus, dass Programme einer gegebenen Programmiersprache, die wir Quellsprache nennen, verarbeitet werden sollen. Ein ***Übersetzer*** (engl. compiler) ist ein Programm, das aus Programmen der Quellsprache Programme in der Zielsprache erzeugt. Die Zielsprache ist häufig eine maschinennahe Sprache. Dabei fordern wir, dass die Übersetzung die Bedeutung des Programms erhält und das erzeugte Programm die gleiche Wirkung wie das gegebene Quellprogramm hat. Man hat es bei der Übersetzung genau genommen sogar mit drei Programmiersprachen zu tun. In der Quellsprache ist das Programm geschrieben, das dem Übersetzer als Eingabe dient. Der Übersetzer erzeugt ein Programm in der Zielsprache. Er ist selbst ein Programm und in einer Programmiersprache, der so genannten Basissprache, verfasst.

Statt ein Programm zu übersetzen, kann man es auch auf einer Rechenanlage interpretieren. Dazu wird ein Programm verwendet, das Programme der Quellsprache als Eingabe nimmt und diese auf einer Rechenanlage ausführt. Ein Programm, das solch eine Ausführung vornimmt, heißt ***Interpretierer*** (engl. interpreter). Wieder nennen wir die Sprache, in der die Eingabeprogramme geschrieben sind, Quellsprache. Ein Interpretierer führt das Eingabeprogramm aus. Er erzeugt somit im Gegensatz zum Übersetzer kein Programm als Resultat, sondern stößt die Aktionen an, die durch das Eingabeprogramm vorgegeben sind. Ein Interpretierer ist selbst in einer Programmiersprache geschrieben, die wieder Basissprache heißt. Die Basissprache kann eine Maschinensprache sein. Dann ist der Interpretierer unmittelbar auf einer entsprechenden Anlage ausführbar und erweitert die Rechenanlage zu einem Rechensystem, das Programme der Quellsprache ausführen kann. Ein Interpretierer kann aber wiederum selbst übersetzt oder interpretiert werden. Dies schafft enormen Spielraum für die maschinelle Behandlung von Programmen.

Übersetzer und Interpretierer sind in der Regel komplizierte Programme, die Programme der Quellsprache in der Form von Texten als Eingabe nehmen, deren innere Struktur analysieren und dabei die syntaktische Korrektheit überprüfen (syntaktische Behandlung) und die Programme in eine andere Sprache (Zielsprache) übersetzen oder die Programme durch entsprechende Aktionen ausführen. Wir verwenden zur Beschreibung von Übersetzern und Interpretierern ein Phasenmodell, das den Verarbeitungsvorgang eines Übersetzers oder Interpretierers in einzelne Phasen aufteilt.

Wie erfolgt die syntaktische Behandlung?

Das folgende Phasenmodell für die syntaktische Behandlung skizziert die einzelnen Verarbeitungsschritte, symbolisiert durch Pfeile, und die jeweiligen Ein- und Ausgaben.

Syntaktische Behandlung

Quellprogramm

↓ *Lexikalische Analyse durch „Scanner"*

Symbol- und Konstantentabelle, Indexliste

↓ *Syntaxanalyse durch „Parser"*

Syntaxbaum

↓ *Attributierung und Prüfung der Kontextbedingungen*

Syntaxbaum mit Attributen

In der lexikalischen Analyse gruppiert man gewisse Teilfolgen von Zeichen zu Wörtern. Dies entspricht der üblichen Vorgehensweise bei natürlichsprachlichen Texten. Damit wird ein Text, gegeben als eine Folge von Zeichen, zu einer Folge von Wörtern. Beim Lesen ist das Auge geschult, Zeichen zu Wörtern zu gruppieren, Beispiel:

fac: Nat -> Nat,
fac(n) = if n=0 then 1 else n*fac(n-1) fi.

Eine Programmiersprache enthält typischerweise folgende Klassen leicht zu gruppierender Wörter:

- *Schlüsselwörter*: In den meisten Programmiersprachen gibt es eine übersichtliche Anzahl von reservierten Wörtern (im Beispiel oben: if, then, else, fi). Auch bestimmte Sonderzeichen wie Komma und Semikolon oder Zeichenkombinationen wie -> und := fallen in diese Klasse.
- *Identifikatoren* und *Standarddarstellungen*: Identifikatoren sind in der Regel von einfacher syntaktischer Bauart, ebenso die Darstellungen von Zahlen und anderen Standardobjekten.

Daneben existieren

- *Trennzeichen*: Bestimmte Zeichen werden verwendet, um Schlüsselwörter, Identifikatoren und gewisse Wortfolgen zu begrenzen und voneinander zu trennen.

Zusätzlich gibt es gewisse syntaktische Regeln, um Kommentareinschübe vom Programmtext abzuheben.

In der anschließenden syntaktischen Analyse wird ein Quellprogramm auf grammatikalische Korrektheit überprüft und aus ihm eine baumartige Interndarstellung erzeugt. Dieser Baum wird auf die Einhaltung einer Reihe zusätzlicher Regeln, genannt Kontextbedingungen, die für das Quellprogramm gefordert werden, abgeprüft und dazu mit Attributen versehen. Attribute sind Werte, die den Knoten im Syntaxbaum zugeordnet werden. In der Literatur werden die Kontextbedingungen auch als statische Semantik bezeichnet.

Klassische Beispiele für allgemeine Kontextbedingungen sind folgende Programmeigenschaften:

- Auftretende Identifikatoren sind vereinbart.
- Auftretende Identifikatoren werden vereinbarungsgemäß gebraucht.
- Stelligkeiten von Funktionsaufrufen stimmen überein.
- In Definitionen treten keine Namenskonflikte auf.
- Die Typen der Ausdrücke sind konform.

Besonders die letzte Kontextbedingung stellt in Sprachen mit Typenkonzept ein wichtiges Instrument dar. Die Überprüfung der Typkorrektheit kann elegant durch Attribute erfolgen. Viele einfache Programmierfehler können so mechanisch gefunden werden.

Wie erfolgt die semantische Behandlung?

Durch einen Übersetzer wird in der semantischen Behandlung aus dem attributierten Baum, unter Umständen in einer Reihe von Zwischenschritten und wiederum unter Verwendung von Attributierungstechniken, ein Zielprogramm erzeugt. Die Struktur dieses Teils eines Übersetzers wird durch das folgende Phasenmodell wiedergegeben.

Semantische Behandlung (Übersetzer)

Syntaxbaum mit Attributen

↓ *Zwischencodeerzeugung*

Codeinterndarstellung

↓ *Codeoptimierung*

Optimierter Code in Interndarstellung

↓ *Codeerzeugung*

Zielprogramm

Die Codeoptimierung dient dazu, umständliche Formulierungen durch einfachere, mit geringerem Aufwand ausführbare zu ersetzen, die aber wirkungsgleich sind. Die Optimierungsphase kann weggelassen werden. Es ist auch eine der Übersetzung nachgestellte Optimierung des Zielprogramms denkbar.

Die Struktur des Teils eines Interpretierers für die semantische Behandlung von Quellprogrammen stellt sich wie folgt dar.

Semantische Behandlung (Interpretierer)

Syntaxbaum mit Attributen

↓ *Erzeugung ausführender Aktionen*

Aufrufsequenzen von Operationen

Übersetzer und Interpretierer können auch völlig anders als oben beschrieben strukturiert werden, indem die einzelnen Phasen der syntaktischen Behandlung beziehungsweise der Übersetzung und Interpretation verschmolzen werden. Dies ist insbesondere dann nötig, wenn die syntaktische oder semantische Analyse oder beides begonnen werden soll, obwohl erst Teile des Quellprogramms vorliegen (Stichwort „inkrementelle Übersetzung"). Dann entstehen die entsprechenden Programmzwischenformen nie explizit. Trotzdem sind sie als gedankliche Hilfen nützlich. Interpretation und Übersetzung können auch kombiniert werden, indem beispielsweise in eine Zwischensprache übersetzt und diese dann interpretiert wird.

Wie lassen sich Formalsprachen klassifizieren?

Bei der Übersetzung und der Interpretation werden Programme zu Eingabedaten. Dies erfordert, wie eingangs gesagt wurde, dass Syntax und Semantik der verwendeten Sprachen genau fixiert sind.

Entsprechendes gilt über die Programmierung hinaus für alle Modellierungssprachen: Aus Spezifikationen werden bei der weiteren Bearbeitung Eingabedaten. Verarbeitbarkeit erfordert Sprachbeschneidung. Es fragt sich daher, welcher Sprachkomfort bei vertretbarem Verarbeitungsaufwand möglich ist. Aus diesem Blickwinkel stellen wir jetzt die Frage nach der syntaktischen Struktur von Sprachen und bekommen die klassischen Antworten aus dem Gebiet der formalen Sprachen. Zu jeder Formalsprache wird ein Zerteilungsalgorithmus bereitgestellt, was ja die Grundlage jeder weiteren Verarbeitung ist. Werden diese Algorithmen als fiktive (mathematische) Maschinen gedeutet und nach ihrem Typ klassifiziert, so kommt man zu einer Klasseneinteilung der zugehörigen Sprachen.

4.2
Endliche Automaten

Texte bestehen aus Zeichenfolgen. Wir vereinbaren folgende Notationen:

Ist T ein Zeichenvorrat, so schreiben wir $<x_1...x_n>$ für die Zeichenfolge der n Zeichen $x_1, ... x_n \in T$. Zeichen für die Konkatenation, das Zusammenfügen zweier Zeichenfolgen, ist $\circ$. Die Menge aller endlichen Zeichenfolgen über T wird mit T^* bezeichnet. T^* enthält auch die leere Zeichenfolge, die durch ε bezeichnet wird.

T^* lässt sich auch induktiv definieren: Ist

$$T^0 = \{\varepsilon\}$$

und ist für $1 \leq n$

$$T^n = \{< x > \circ u \, . \, x \in T, u \in T^{n-1} \},$$

dann ist

$$T^* = \bigcup_{0 \leq n} T^n.$$

(T^n ist die Menge aller Zeichenfolgen der Länge n über T.)

Jede Teilmenge von T^* nennen wir eine *formale Sprache* über T. Ist ein Zeichenvorrat T gegeben, so gibt es viele Methoden, eine Teilmenge von T^* als Sprache auszuzeichnen. Für natürliche Sprachen existieren Wörterbücher, die definieren, welche Zeichenfolgen Wörter der Sprache bilden. Die Grammatik mit ihren Regeln gibt zusätzlich an, in welcher Weise die Wörter zu Sätzen zusammengefügt werden dürfen. Interessant sind abstrakte Maschinen, die Teilmengen von T^* spezifizieren. Eine sehr einfache Möglichkeit zur Kennzeichnung gewisser formaler Sprachen sind endliche Automaten.

Festzuhalten ist, dass die Gesamtheit T^* aller Wörter über einem Zeichenvorrat T jeweils als Obermenge vorgegeben ist.

Ein ***endlicher Automat*** besitzt verschiedene Zustände und zeigt auch an, in welchem Zustand er sich gerade befindet. Es gibt einen Anfangszustand und einen oder mehrere Endzustände. Für jeden Zustand gibt es eventuell Folgezustände. Der Übergang kann spontan erfolgen oder aber unter Verwendung eines Zeichens aus T. Welches Zeichen dafür in Frage kommt, ist festgeschrieben. Nach mehreren Übergängen ergibt sich aus diesen Zeichen ein Wort. Welche Wörter dafür geeignet sind, den Automaten vom Anfangszustand in einen Endzustand zu überführen, das ist es, was uns an dem jeweiligen Automaten interessiert.

Definition (Endlicher Automat).

Ein *endlicher Automat* $A = (S, T, s_0, S_z, \delta)$ ist gegeben durch die folgenden Bestandteile, durch

- eine endliche Menge S von *Zuständen*,
- eine endliche Menge T von *Eingangszeichen*,
- einen *Anfangszustand* $s_0 \in S$,
- eine Menge $S_z \subseteq S$ von *Endzuständen*,
- eine *Übergangsfunktion* δ: $S \times (T \cup \{\varepsilon\}) \rightarrow \wp(S)$.

❑

Wie üblich bezeichnet $\wp(S)$ die Menge der Teilmengen von S. Die (mengenwertige) Übergangsfunktion δ charakterisiert eine dreistellige Relation auf $S \times (T \cup \{\varepsilon\}) \times S$, die so genannte *Übergangsrelation*, die definiert ist durch

$$s_1 \xrightarrow{x} s_2 \text{ gilt genau dann, wenn } s_2 \in \delta(s_1, x).$$

Ein Übergang der Form

$$s_1 \xrightarrow{\varepsilon} s_2$$

heißt *ε-Übergang* oder auch *spontaner Übergang*.

Sind die Werte der Übergangsfunktion höchstens einelementig und gilt die Aussage

$$\delta(s, \varepsilon) \subseteq \{s\}$$

für alle $s \in S$, so heißt der Automat *deterministisch*, sonst *nichtdeterministisch*. Nichtdeterminismus zu erfassen, ist die Absicht bei der Einführung von δ als mengenwertige Funktion.

Ist $\delta(s, x)$ für alle $s \in S$ und $x \in T$ mindestens einelementig, so heißt der Automat *total*, sonst *partiell*.

Wie lässt sich ein endlicher Automat veranschaulichen?

Ein endlicher Automat kann sehr einfach durch einen Graphen dargestellt werden, dessen Knoten die Automatenzustände bilden und dessen Kanten die Zustandsübergänge wiedergeben: Vom Zustand s_1 führt eine Kante zum Zustand s_2, falls gilt

$$\exists\, x \in T \cup \{\varepsilon\} .\ s_2 \in \delta(s_1, x) .$$

Eine solche Kante wird mit der Menge

$$\{x \in T \cup \{\varepsilon\} .\ s_2 \in \delta(s_1, x)\}$$

markiert. Diese Graphen heißen *Transitionsgraphen* oder auch Zustandsübergangsgraphen.

Beispiel (Endlicher Automat und Transitionsgraph).
Wir führen einen deterministischen endlichen Automaten ein durch die Angabe seiner Bestandteile:

Zustandsmenge	$S = \{s_0, s_1, s_f\}$,
Eingangszeichen	$T = \{a, b\}$,
Anfangszustand	s_0,
Endzustände	$S_z = \{s_1\}$.

Die Übergangsfunktion δ sei definiert durch die folgende Tabelle.

δ	a	b
s_0	$\{s_1\}$	$\{s_f\}$
s_1	$\{s_f\}$	$\{s_0\}$
s_f	$\{s_f\}$	$\{s_f\}$

Dieser Automat ist in Abb. 4.2–1 grafisch dargestellt. (Bei den Kantenmarkierungen lässt man üblicherweise die Mengenklammern weg.)

4.2–1 Transitionsgraph eines endlichen Automaten

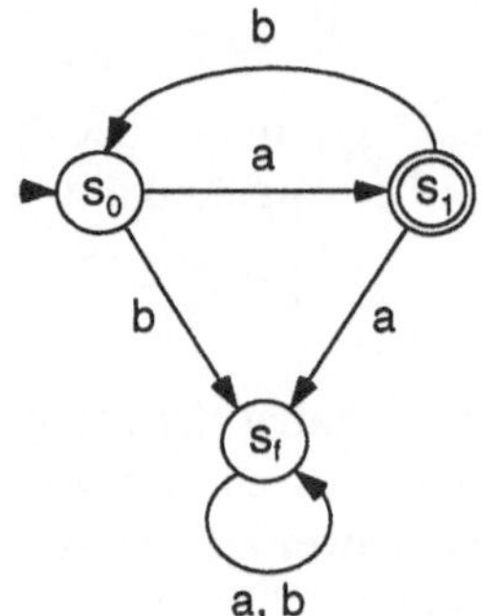

❑

Aus einem Transitionsgraphen lassen sich die Bestandteile des Automaten ablesen. Wir kennzeichnen den Anfangszustand mit einer Pfeilspitze und Endzustände durch doppelte Kreise.

Gilt für einen Zustand $s_f \in S$:

$$\forall\ y \in T \cup \{\varepsilon\}\ .\ \delta(s_f, y) \subseteq \{s_f\},$$

so heißt s_f *Fangzustand*. Aus ihm führt jedenfalls kein Pfad heraus.

Der Automat in Abb. 4.2–1 ist deterministisch. Insbesondere gibt es keinen Zustand, bei dem an zwei ausgehenden Kanten dasselbe Zeichen vorkäme – positiv gewendet: Die Menge δ(s,x) ist einelementig oder leer für alle $s \in S$ und $x \in T$; hier sind sie sogar sämtlich einelementig. Dies zeigt: Der Automat in Abb. 4.2–1 ist total.

Welche Sprache definiert ein endlicher Automat?

Mit der Konstruktion eines Automaten wird die Idee verfolgt, eine Sprache zu definieren. Diese soll aus den Wörtern bestehen, die man erhält, wenn man im Übergangsgraphen einen beliebigen Pfad vom Anfangszustand zu einem Endzustand durchläuft und dabei die Zeichen längs des Pfades aneinanderreiht. Um einem endlichen Automaten $A = (S, T, s_0, S_z, \delta)$ eine Sprache zuzuordnen, erweitern wir daher die Übergangsrelation $\rightarrow$ zu einer Relation $\rightarrow^*$, die Pfade beschreibt: Es gelte

$$s_1 \overset{\varepsilon}{\rightarrow}^* s_2, \text{ wenn } s_1 = s_2 \vee s_1 \overset{\varepsilon}{\rightarrow} s_2 \vee \exists s_0.\ s_1 \overset{\varepsilon}{\rightarrow}^* s_0 \wedge s_0 \overset{\varepsilon}{\rightarrow}^* s_2,$$

$$s_1 \overset{\langle x\rangle}{\rightarrow}^* s_2, \text{ wenn } \exists s_0, s_3.\ s_1 \overset{\varepsilon}{\rightarrow}^* s_0 \wedge s_0 \overset{\langle x\rangle}{\rightarrow} s_3 \wedge s_3 \overset{\varepsilon}{\rightarrow}^* s_2,$$

$$s_1 \overset{u \circ v}{\rightarrow}^* s_2, \text{ wenn } \exists s_0.\ s_1 \overset{u}{\rightarrow}^* s_0 \wedge s_0 \overset{v}{\rightarrow}^* s_2.$$

Diese Definition beschreibt das Aneinanderreihen von Zeichen längs eines Pfades und berücksichtigt die möglichen spontanen Übergänge.

Häufig schreiben wir

$$\delta^*(s_1, w)$$

für die Menge

$$\{s \in S .\ s_1 \overset{w}{\rightarrow}^* s\}.$$

Die Wörter längs Pfaden vom Anfangszustand in einen beliebigen Endzustand bilden die intendierte Sprache:

Definition (Die durch einen Automaten definierte Sprache).

Jedem Automaten A wird durch die folgende Festlegung eine *Sprache* L(A) zugeordnet.

$$L(A) = \{w \in T^* .\ \exists\, z \in S_z .\ s_0 \overset{w}{\rightarrow}^* z\}.$$

❑

Die in Abb. 4.2–1 definierte Sprache besteht aus allen Wörtern aus $\{a, b\}^*$, die mit einem Zeichen a beginnen und mit beliebig vielen Wörtern <ba> fortfahren.

Die ε-Übergänge für einen Zustand s heißen *trivial*, wenn gilt

$$\delta(s, \varepsilon) \subseteq \{s\}.$$

Sind für alle Zustände eines Automaten A die ε-Übergänge trivial, so heißt der Automat *ε-frei*. Diese ε-Übergänge tragen nichts zu

L(A) bei. Häufig lassen wir in Übergangsdiagrammen triviale ε-Übergänge weg.

Man kann zu jedem endlichen Automaten einen ε-freien endlichen Automaten angeben, der dieselbe Sprache besitzt. Man kann auch zu jedem nichtdeterministischen endlichen Automaten einen deterministischen endlichen Automaten angeben, der dieselbe Sprache besitzt.[1] Durch spontane oder nichtdeterministische Übergänge wird die Klasse der durch endliche Automaten definierten Sprachen demnach nicht erweitert. Es macht endliche Automaten jedoch leichter handhabbar, wie wir sehen werden.

Endliche Automaten eignen sich zur ***lexikalischen Analyse*** von Programmen.

Beispiel (Lexikalische Analyse).

Die Sprache des Automaten aus Abb. 4.2–2 besteht aus der leeren Zeichenreihe und Folgen von Identifikatoren und ganzen Zahlen, zwischen denen jeweils ein Komma steht. Zugrunde liegt eine Menge Bu von Buchstaben und die Menge Zi der Dezimalziffern. Identifikatoren sind in diesem Beispiel Zeichenfolgen von Buchstaben und Ziffern, die mit einem Buchstaben beginnen.

4.2–2 Folgen aus Identifikatoren und Zahlen

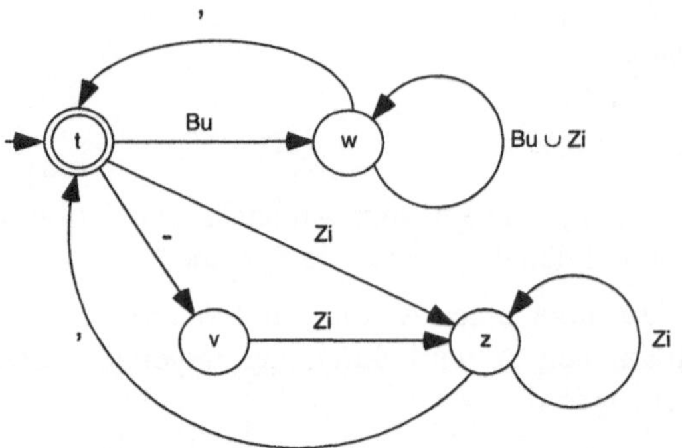

Wir können mit dem Automaten ein dynamisches Verhalten verbinden: Denken wir uns zwei Speicherplätze sp_w und sp_z, in denen die Einzelzeichen eines Identifikators bzw. einer Zahl akkumuliert werden können. Betritt dann ein Pfad den Zustand w bzw. z unter

[1] Siehe z.B. M. Broy: Informatik. Eine grundlegende Einführung. Bd. 2, 2. Aufl., Berlin: Springer Verlag 1998

einem Zeichen x, so kann x an das bereits akkumulierte Wort rechts angefügt werden. Am Anfang steht auf den Speicherplätzen das leere Wort. Wenn ein Pfad anschließend den Zustand t betritt, so kann ein dritter Speicherplatz sp_t verwendet werden, um dort den akkumulierten Identifikator aus sp_w bzw. die Zahl aus sp_z abzulegen und dabei sp_w bzw. sp_z wieder frei zu machen. Auf die Weise entsteht in sp_t eine Folge von Identifikatoren und Zahlen. Die Folge der Zeichen längs des Pfades wird dadurch gruppiert zu einer Folge von Wörtern. Beispiel: Aus

<n1,-125,n2,17,m,> wird <<n1> <-125> <n2> <17> <m>> .

Diese Sichtweise führt zu so genannten *Zustandsübergangssystemen.* (In der Systemmodellierung mit AutoFOCUS werden sie verwendet.)

❑

4.3 Reguläre Ausdrücke

Zu endlichen Automaten gibt es eine äquivalente formelmäßige Beschreibungstechnik: reguläre Ausdrücke. Die Menge der Dezimalziffern ist z.B. definiert durch den Ausdruck

0 | 1 | 2 | 3 | 4 | 5 | 6 | 7 | 8 | 9.

Der Strich steht dabei für „oder“. Die übliche Dezimaldarstellung der ganzen Zahlen ohne führende Nullen bildet eine nicht endliche Sprache. Die zugehörigen Wörter lassen sich charakterisieren durch den Ausdruck

0 | [{-}[1 | 2 | 3 | 4 | 5 | 6 | 7 | 8 | 9] { 0 | 1 | 2 | 3 | 4 | 5 | 6 | 7 | 8 | 9}*].

Hier kennzeichnen die geschweiften Klammern optionale Teile, der Stern steht hinter Teilen, die beliebig oft, auch null Mal, hintereinander vorkommen können. Die Zeile ist so zu lesen: Eine ganze Zahl in Dezimalschreibweise wird dargestellt durch das Zeichen 0 allein oder durch eine Zeichenreihe, die eventuell mit dem Minuszeichen beginnt und dann mit einer von 0 verschiedenen Ziffer fortgesetzt wird, worauf eine beliebige (endliche) Folge von Ziffern folgt. Die eckigen Klammern umfassen Teilausdrücke.

Diese Technik zur Beschreibung von Wortmengen (Sprachen) soll jetzt wegen ihrer besonderen Bedeutung näher betrachtet werden.

Definition (Regulärer Ausdruck).

Sei T eine Menge von Zeichen, genannt *Terminalzeichen*. Wir führen *reguläre Ausdrücke* über T ein und legen fest, welche Bedeutung sie haben, d.h wir ordnen jedem regulären Ausdruck eine Teilmenge von T^* zu.

- *Terminale Zeichen*: Sei x ein Zeichen aus der Menge T der Terminalzeichen, dann ist

  x

  ein regulärer Ausdruck mit Sprache {<x>}.

- *Vereinigung*: Seien R und Q reguläre Ausdrücke mit Sprachen X und Y; dann bezeichnet

  R | Q

  (gesprochen „R oder Q") einen regulären Ausdruck mit Sprache $X \cup Y$.

- *Konkatenation*: Seien R und Q reguläre Ausdrücke mit Sprachen X und Y; dann bezeichnet

  RQ

  (gesprochen „R gefolgt von Q") einen regulären Ausdruck mit der Sprache $\{e \circ f \,.\, e \in X \wedge f \in Y\}$.

- *Option*, *Iteration*, *Klammerung*, *leere Sprache*: Sei R ein regulärer Ausdruck mit Sprache X; dann bezeichnet

  (a) {R}

  einen regulären Ausdruck mit Sprache $X \cup \{\varepsilon\}$,

  (b) $\{R\}^*$

  einen regulären Ausdruck mit Sprache
  $\{ e_1 \circ ... \circ e_n \,.\, 0 \le n \wedge e_1, ... e_n \in X \}$,

  (c) $\{R\}^+$

  einen regulären Ausdruck mit Sprache
  $\{ e_1 \circ ... e_n \,.\, 1 \le n \wedge e_1, ... e_n \in X \}$,

  (d) [R]

  einen regulären Ausdruck mit Sprache X,

  (e) { }

  einen regulären Ausdruck mit Sprache $\emptyset$.

- Wir betrachten nur geklammerte Vereinigungen [R|Q] und geklammerte Konkatenationen [RQ], der eindeutigen Zerteilbarkeit eines zusammengesetzten Ausdrucks wegen. Ähnlich wie bei arithmetischen Ausdrücken kann man Konventionen zur Klammereinsparung verabreden. Wir kommen am Ende dieses Abschnittes darauf zurück.

❑

Hiermit ist induktiv eine Sprache zur Beschreibung von Sprachen definiert.

Wie weit reicht diese Beschreibungstechnik?

Endliche Automaten und reguläre Ausdrücke sind als Beschreibungstechniken äquivalent im Sinne der beiden folgenden Sätze.

Satz (Regulärer Ausdruck zum endlichen Automaten).

Zu jedem (ε-freien, deterministischen) endlichen Automaten A lässt sich ein regulärer Ausdruck angeben, der dieselbe Sprache beschreibt.

❑

Beweisidee: Gegeben sei ein ε-freier, deterministischer Automat mit der Zustandsmenge $S = \{s_1, ... s_n\}$. Wir definieren eine Familie von formalen Sprachen

$$L(i, j, k) \subseteq T^*$$

für $i, j \in \{1, ... n\}$, $k \in \{0, ... n\}$, und zwar durch

$$L(i, j, k) = \{w \in T^* . s_i \xrightarrow{w}_k s_j\},$$

wobei wir in der Übergangsrelation $\rightarrow_k$ Pfade betrachten, in denen nur die Zwischenzustände $s_1, ... s_k$ auftreten. Für k=n haben wir die Gesamtheit der Pfade. Induktiv nach k definieren wir:

(0) $L(i, j, 0) = \{\langle x \rangle . \delta(s_i, x)=\{s_j\}\}$,

(1) $L(i, j, k+1) = L(i, j, k) \cup$
$\{u \circ v \circ w . u \in L(i, k+1, k) \wedge v \in L(k+1, k+1, k)^* \wedge w \in L(k+1, j, k)\}$.

Hier schreiben wir $L(k+1, k+1, k)^*$ für die Menge aller Wörter, die wir durch Konkatenation von Wörtern aus L(k+1, k+1, k) erhalten.

Die Korrektheit der Gleichung (0) ist offensichtlich: Wenn keine Zwischenzustände zugelassen sind, erhalten wir nur einfache Übergänge. Die Gleichung (1) basiert auf dem Umstand, dass jeder Übergang vom Zustand s_i zu s_j, der nur Zwischenzustände $s_1, ... s_{k+1}$ verwendet, entweder den Zwischenzustand s_{k+1} nicht berührt oder zusammengesetzt ist aus einem Übergang von s_i zu s_{k+1}, einer endlichen Folge von Übergängen von s_{k+1} zu s_{k+1} und einem Übergang von s_{k+1} zu s_j.

Zu diesen Sprachen L(i, j, k) lassen sich äquivalente reguläre Ausdrücke E(i, j, k) angeben:

(0′) $E(i, j, 0) = x_1 \mid \dots \mid x_q$,

wobei $\{x_1, \dots x_q\}$ die Menge aller Zeichen x sei, für die $\delta(s_i, x)=\{s_j\}$ gilt,

(1′) $E(i, j, k+1) = E(i, j, k) \mid$
$E(i, k+1, k)E(k+1, k+1, k)^* E(k+1, j, k)$.

Sei nun s_1 der Anfangszustand und seien $j_1, \dots j_h$ die Indizes der Endzustände des Automaten. Falls $s_1 \notin S_z$, ist die durch den Automaten beschriebene Sprache L(A) identisch mit der Sprache des regulären Ausdrucks

$E(1, j_1, n) \mid \dots E(1, j_h, n)$.

(Es bezeichnet n die Anzahl der Zustände.) Falls $s_1 \in S_z$, kommt noch das leere Wort dazu: Die durch den Automaten beschriebene Sprache L(A) ist dann identisch mit der Sprache des regulären Ausdrucks

$E(1, j_1, n) \mid \dots E(1, j_h, n) \mid \varepsilon$. ❑

4.3–1 Automat für einen regulären Ausdruck

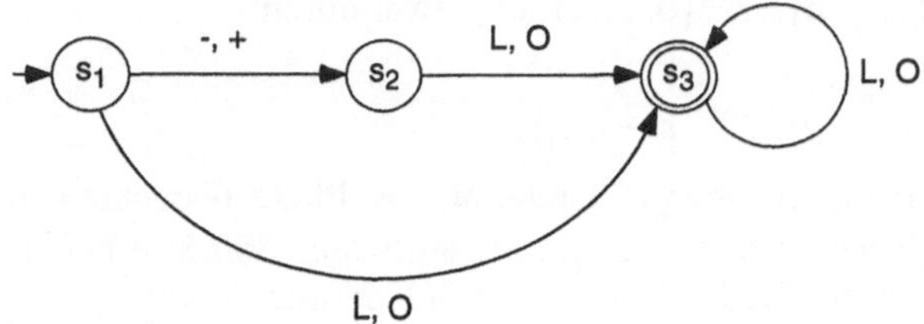

Beispiel (Konstruktion eines regulären Ausdrucks).

Gegeben sei der Automat in Abb. 4.3–1. Wir erhalten folgendes System von Definitionen:

E(1, 1, 0) = Ø E(2, 1, 0) = Ø E(3, 1, 0) = Ø
E(1, 2, 0) = – | + E(2, 2, 0) = Ø E(3, 2, 0) = Ø
E(1, 3, 0) = L | O E(2, 3, 0) = L | O E(3, 3, 0) = L | O

E(1, 1, 1) = Ø E(2, 1, 1) = Ø E(3, 1, 1) = Ø
E(1, 2, 1) = – | + E(2, 2, 1) = Ø E(3, 2, 1) = Ø
E(1, 3, 1) = L | O E(2, 3, 1) = L | O E(3, 3, 1) = L | O

E(1, 1, 2) = Ø E(2, 1, 2) = Ø E(3, 1, 2) = Ø
E(1, 2, 2) = – | + E(2, 2, 2) = Ø E(3, 2, 2) = Ø
E(1, 3, 2) = [L|O] | [[– |+][L|O]]
E(2, 3, 2) = L|O E(3, 3, 2) = L|O

E(1, 3, 3) =
[L|O] | [[– | +] [L|O]] | [[L| O] | [[– | +] [L|O]]] [L| O]* [L|O]

Der reguläre Ausdruck E(1, 3, 3) beschreibt dieselbe Sprache wie der Automat aus Abb. 2.4–1.

❑

Zu jedem (ε-freien, deterministischen) endlichen Automaten A lässt sich also ein regulärer Ausdruck konstruieren, der dieselbe Sprache beschreibt. Umgekehrt lässt sich auch zu jedem regulären Ausdruck ein endlicher Automat mit derselben Sprache konstruieren, wie der folgende Satz zeigt.

Satz (Endlicher Automat zum regulären Ausdruck).

Zu jedem regulären Ausdruck lässt sich ein (nichtdeterministischer) endlicher Automat angeben, der dieselbe Sprache beschreibt.

❑

Beweis: Gegeben sei ein regulärer Ausdruck über dem Zeichenvorrat T. Wir realisieren den regulären Ausdruck durch endliche Automaten mit einem Anfangszustand, genau einem Endzustand und ohne Kanten, die in den Anfangszustand oder aus dem Endzustand führen. Wir geben induktiv für jede Form, die ein regulärer Ausdruck haben kann, einen endlichen Automaten an. Zur Vereinfachung der Darstellung benennen wir die Zustände nicht.

(0) Für den regulären Ausdruck x mit x∈T verwenden wir den Automaten

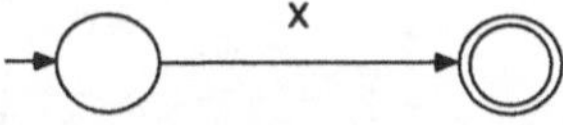

Für den regulären Ausdruck ε verwenden wir den Automaten

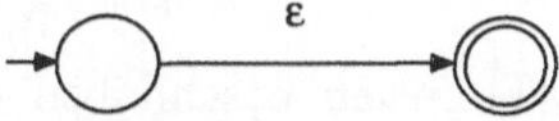

Für den regulären Ausdruck {} verwenden wir den Automaten

(1) Seien X und Y reguläre Ausdrücke mit den Automaten

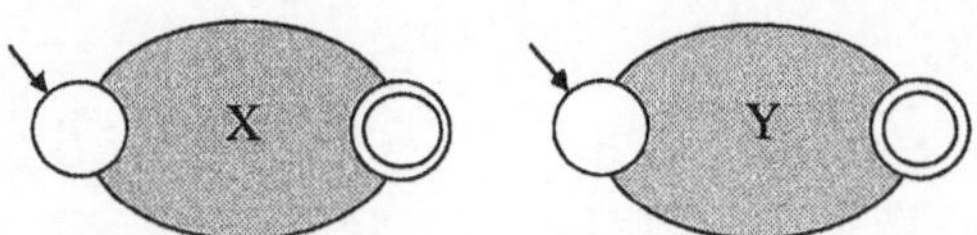

Für den regulären Ausdruck [X|Y] verwenden wir den Automaten

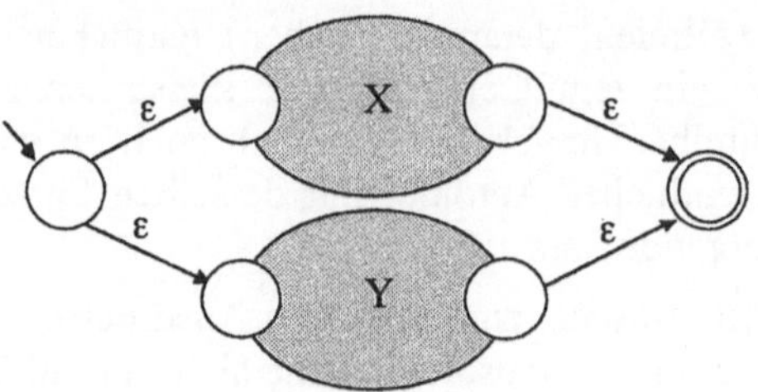

Für den regulären Ausdruck [XY] verwenden wir den Automaten

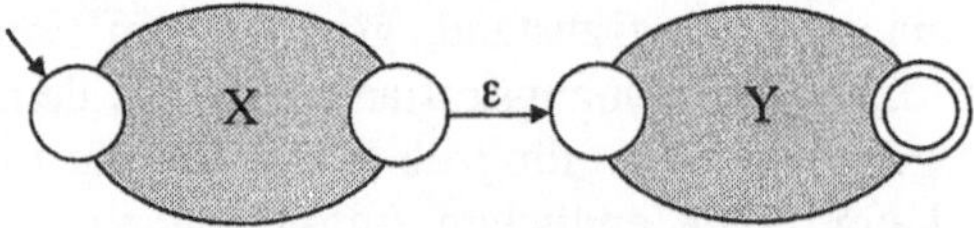

Für den regulären Ausdruck X^* verwenden wir den Automaten

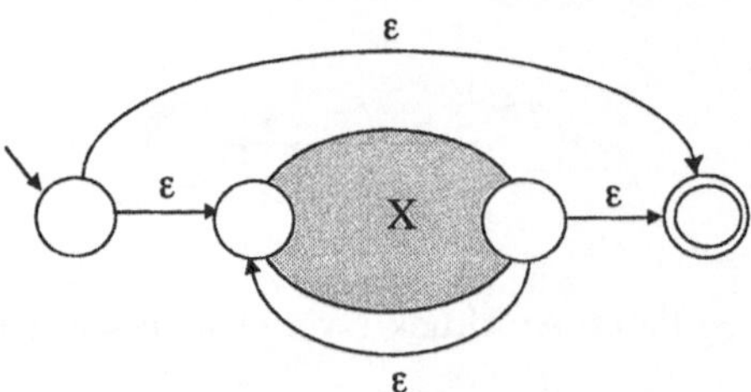

Die angegebenen Automaten beschreiben offensichtlich jeweils dieselbe formale Sprache wie die zugehörigen regulären Ausdrücke. Ein exakter mathematischer Beweis lässt sich durch Induktion über die Struktur des regulären Ausdrucks führen.

❑

Beispiel (Regulärer Ausdruck zu einem Automaten).
Gegeben sei der reguläre Ausdruck

$[[a \mid b] +]^* [a \mid b]$.

Wir erhalten den Automaten, der in Abb. 4.3–2 angegeben ist.

❑

Zwei endliche Automaten (oder zwei reguläre Ausdrücke) heißen *äquivalent*, wenn sie dieselbe Sprache besitzen. Die beiden Sätze besagen (wenn wir einbeziehen, dass zu jedem endlichen Automaten ein äquivalenter ε-freier endlicher Automat angegeben und zu jedem nichtdeterministischen endlichen Automaten ein äquivalenter deterministischer endlicher Automat angegeben werden kann), dass endliche Automaten und reguläre Ausdrücke dieselbe Klasse von formalen Sprachen besitzen.

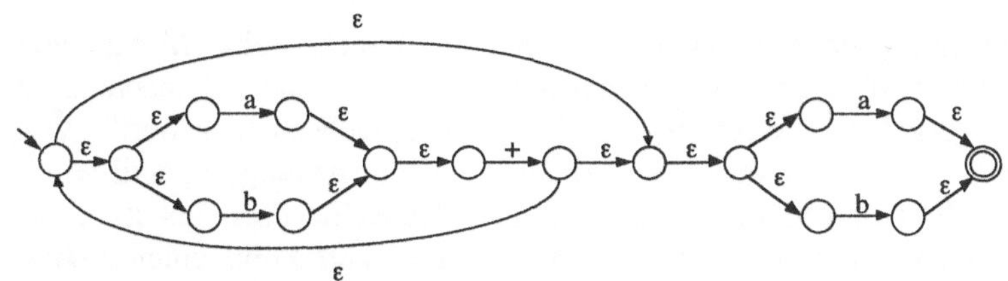

4.3–3
Automat zu
[[a|b]+]* [a|b]

Die textuelle Darstellung durch reguläre Ausdrücke hat den Vorteil, dass sie ***algebraische Umformungen*** ermöglicht.

Beispiel (Äquivalenz regulärer Ausdrücke).

Die folgenden regulären Ausdrücke sind äquivalent:

[ab]*a
a[ba]*

Der Nachweis der Äquivalenz kann durch Induktion über die Länge der betrachteten Wörter erfolgen.

❑

Sind X und Y äquivalent, so schreiben wir X=Y. Beispielsweise gelten für reguläre Ausdrücke X, Y, Z folgende Gesetze:

[[X|Y] | Z] = [X | [Y|Z]],
[[XY]Z] = [X[YZ]],
X|Y = Y|X,
[X|Y]Z = XZ | YZ,
Z[X|Y] = ZX | ZY,
{}* = ε,
Xε = X,
X{} = {},
X* = XX* | ε,
X* = [X|ε]*.

Diese Gesetze lassen sich aus den Definitionen beweisen. Mithilfe der Gesetze können reguläre Ausdrücke simplifiziert werden.

Die Assoziativität der Vereinigung erlaubt es, in aufeinander folgenden Vereinigungen Klammern wegzulassen. Das Gleiche gilt für aufeinander folgende Konkatenationen. Weitere Klammereinsparungen ergeben sich durch die Verabredung, dass die Konkatenation stärker bindet als die Vereinigung, ähnlich der Konvention bei den arithmetischen Operationen $*$ und $+$.

4.4 Chomsky-Grammatiken

Ein endlicher Automat beschreibt eine Sprache (eine Menge von Wörtern) über einem Zeichenvorrat T. Wie lässt sich ausmachen, ob ein vorgelegtes Wort $<x_1...x_n> \in T^*$ zum Sprachschatz gehört? Wie lässt sich entscheiden, ob es einen Pfad vom Anfangszustand zu einem Endzustand gibt, dessen Kanten der Reihe nach mit x_1, ... x_n markiert sind? Es gibt ein naheliegendes Verfahren, einen *Erkennungsalgorithmus*, der das Problem für beliebig vorgegebene Automaten löst:

Betrachten wir einen ε-freien, deterministischen endlichen Automaten $A = (S, T, s_0, S_z, \delta)$ und ein Wort $<x_1x_2x_3...> \in T^*$. Wenn es einen Zustand s' mit

$$s_0 \xrightarrow{x_1} s'$$

gibt, so gehen wir über zum Wort $<s'x_2x_3 ...> \in (T^* \cup S)$ und merken uns auf diese Weise den erreichten Zustand s'. Gibt es dann einen Übergang

$$s' \xrightarrow{x_2} s'',$$

so gehen wir über zum Wort $<s''x_3...>$. Endet dieses Verfahren mit einem Wort $<s>$ mit $s \in S_z$, so gehört das Ausgangswort zur Sprache des Automaten, andernfalls nicht. Im positiven Fall sagen wir, der Automat *akzeptiert* das vorgelegte Wort.

Man kann einen endlichen Automaten also auf diese Weise als ***Textersetzungssystem*** interpretieren. Die einzelnen Übergänge im Automaten werden als Textersetzungsregeln gedeutet.

Definition (Ersetzungsregel und Anwendung).

Sei V eine Menge von Zeichen. Eine *Ersetzungsregel* über V^* ist ein Paar

$$(w, w') \in V^* \times V^*.$$

Wir schreiben für Ersetzungsregeln

$$w \rightarrow w'.$$

Ist $w \rightarrow w'$ eine Ersetzungsregel und sind u, v Wörter über V, so nennen wir das Paar

$$(u \circ w \circ v, u \circ w' \circ v) \in V^* \times V^*$$

eine *Anwendung* der Regel.

Wir verwenden für diese Relation dasselbe Symbol und schreiben dann

$$u \circ w \circ v \rightarrow u \circ w' \circ v \,.$$

❑

Die durch das Konzept der Anwendung induzierte Relation über V^* heißt *algebraische Hülle* oder auch *Halbgruppenhülle*. Alle Wortpaare, welche über eine endliche Folge von Regelanwendungen in Relation stehen, bilden die so genannte *transitive Hülle*. Wenn auch die Paare aus zwei identischen Wörtern hinzugenommen werden, ergibt sich die *reflexive* transitive Hülle, die wir mit $\rightarrow^*$ bezeichnen.

Mithilfe von Ersetzungsregeln ergibt sich ein weiteres Beschreibungsmittel für formale Sprachen. Wir kommen zur ***formalen Grammatik***.

Definition (Grammatik, Chomsky[2]-Grammatik).
Eine *Grammatik* G ist ein Tripel $(V, \rightarrow, Z)$, wobei

- V ein endlicher Zeichenvorrat,
- $\rightarrow$ eine Relation über V^*, gegeben durch eine endliche Menge von Ersetzungsregeln und
- Z ein Zeichen aus V ist, das so genannte *Axiom*.

Eine Grammatik heißt *Chomsky-Grammatik*, wenn die Zeichenmenge V in zwei disjunkte Mengen T und N aufgeteilt ist:

$$V = T \cup N.$$

Die Zeichen in T heißen *terminal*, die Zeichen in N heißen *nichtterminal*.

❑

Ein endlicher Automat beschreibt Wörter aus terminalen Zeichen. Wir sahen bei der Deutung eines Automaten als Textersetzungsalgorithmus, dass die Zwischentexte nicht nur Zeichen aus T enthielten, sondern auch Zustandsbezeichnungen. Dies sind nichtterminale Zeichen im Sinne einer Chomsky-Grammatik.

Unser Interesse an Grammatiken gilt der Worterkennung. Durch aufeinander folgende Regelanwendungen entsteht aus einem Wort eine Folge von Wörtern, ein so genannter *Reduktionspfad*. Ziel ist

---

[2] Noam Chomsky 1955

es bei der Worterkennung, ein vorgelegtes Wort auf das Axiom zu reduzieren.

Definition (Akzeptiertes Wort).

Ein Wort $w \in T^*$ gilt als von einer Chomsky-Grammatik (T, N, $\rightarrow$, Z) *akzeptiert*, wenn es einen Reduktionspfad gibt, der aufs Axiom führt, wenn also gilt

$w \rightarrow^* \langle Z \rangle$. ❑

Wie weit reicht diese Beschreibungstechnik?

Für die Sprache eines endlichen Automaten genügt eine außerordentlich einfache Grammatik zur Worterkennung, eine einseitig lineare Grammatik im folgenden Sinn.

Definition (Einseitig lineare Grammatik).

Sei $t \in T^+$ und s, $s' \in N$. Man nennt eine Regel der Form

$t \rightarrow \langle s \rangle$ *terminal*; eine Regel der Form

$\langle s \rangle \circ t \rightarrow \langle s' \rangle$ *linkslinear*; eine Regel der Form

$t \circ \langle s \rangle \rightarrow \langle s' \rangle$ *rechtslinear*.

Eine Grammatik aus lauter terminalen und linkslinearen Regeln heißt *linkslinear*. Besteht sie aus lauter terminalen und rechtslinearen Regeln, heißt sie *rechtslinear*.

❑

Wir formulieren jetzt in einem Satz die eingangs angeführte Interpretation von endlichen Automaten als Erkennungsalgorithmen.

Satz (Grammatik zum endlichen Automaten).

Zu jedem (ε-freien, deterministischen) endlichen Automaten lässt sich eine linkslineare und eine rechtslineare Grammatik angeben, die genau diejenigen Wörter akzeptiert, die zur Sprache des Automaten gehören.

❑

Beweisidee: Gegeben sei der Automat

$$A = (S, T, s_0, S_z, \delta) .$$

Wir geben eine linkslineare Grammatik an (der rechtslineare Fall lässt sich analog behandeln). Ohne Beschränkung der Allgemeinheit gehe keine Kante nach s_0. Jeder Kante im Automaten A ordnen wir eine Übergangsregel zu; die Zustände werden zu nichtterminalen Zeichen. Für jeden Übergang

$$\delta(s_0, x) = \{s_i\}$$

vom Anfangszustand führen wir eine Regel

$$\langle x \rangle \rightarrow \langle s_i \rangle$$

ein.

Für jeden Übergang

$$\delta(s_i, x) = \{s_j\}$$

führen wir eine Regel

$$<s_i\ x> \rightarrow <s_j>$$

ein. Zusätzlich führen wir das Axiom Z ein und für jeden akzeptierenden Zustand

$$s_i \in S_z$$

eine Regel

$$<s_i> \rightarrow <Z>.$$

Die Grammatik akzeptiert genau diejenigen Wörter, die zur Sprache des Automaten gehören.

❑

Beispiel (Linkslineare Grammatik zu einem endlichen Automaten).

Gegeben sei der Automat aus Abb. 4.4–1 (wie 4.3–1):

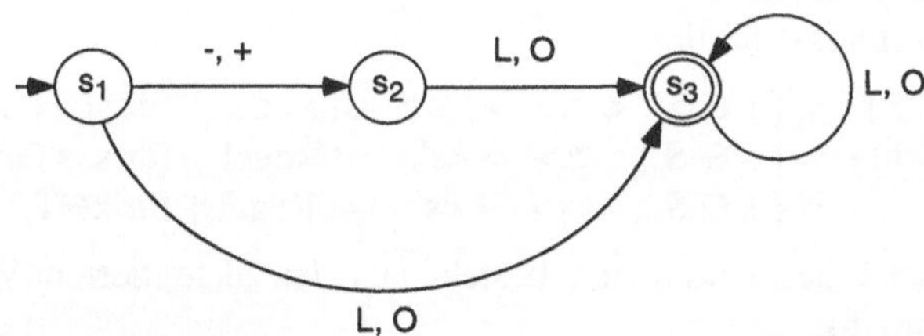

4.4–1 Automat für eine Grammatik

Wir erhalten nach der oben beschriebenen Beweisidee die folgende Grammatik (T, N, →, Z).

$T = \{+, -, L, O\}$,

$N = \{s_1, s_2, s_3, Z\}$,

Ersetzungsregeln:

$<+> \rightarrow <s_2>$, $<-> \rightarrow <s_2>$,
$<L> \rightarrow <s_3>$, $<O> \rightarrow <s_3>$,
$<s_2L> \rightarrow <s_3>$, $<s_2O> \rightarrow <s_3>$,
$<s_3L> \rightarrow <s_3>$, $<s_3O> \rightarrow <s_3>$,
$<s_3> \rightarrow <Z>$.

Ein Reduktionspfad:

$<- LOO>$
$<s_2LOO>$
$<s_3OO>$
$<s_3O>$
$<s_3>$
$<Z>$

Wie der Reduktionspfad zeigt, akzeptiert die Grammatik das Wort <- LOO> .

❑

Satz (Automat zur einseitig linearen Grammatik).

Zu jeder links- oder rechtslinearen Grammatik existiert ein endlicher Automat, dessen Sprache aus den akzeptierten Wörtern der Grammatik besteht.

❑

Beweisidee: Gegeben sei eine links- oder rechtslineare Grammatik

$G = (T, N, \rightarrow, Z)$.

Wieder beschränken wir uns auf den linkslinearen Fall, wobei wir ohne Beschränkung der Allgemeinheit annehmen, dass jede nichtterminierende Regel von der Form

$$<s\ x> \rightarrow <s'>$$

ist, mit $s, s' \in N$ und $x \in T$. Wir spezifizieren den Automaten wie folgt.

Zustände	$S = N \cup \{s_0\}$,
Eingangszeichen	T,
Anfangszustand	s_0,
Endzustände	$\{Z\}$,
Übergangsfunktion	

$\delta(s, x) = \{ s' \in S\ .\ <s\ x> \rightarrow <s'>$ ist Regel $\}$ für $s \in N, x \in T$,

$\delta(s, \varepsilon) = \{ s' \in S\ .\ <s> \rightarrow <s'>$ ist Regel $\}$ für $s, s' \in N$,

$\delta(s_0, x) = \{ s' \in S\ .\ <x> \rightarrow <s'>$ ist Regel $\}$ für $x \in T$.

Die Sprache des Automaten besteht aus den akzeptierten Wörtern der Grammatik.

❑

Beispiel (Endlicher Automat zu einer linkslinearen Grammatik).

Gegeben sei die Grammatik G =

$(\{a, +\},$
$\{s_1, s_2, Z\},$
$\{ <a> \rightarrow <s_1>, <s_1+> \rightarrow <s_2>, <s_2a> \rightarrow <s_1>, <s_1> \rightarrow <Z> \},$
$Z)$

Wir erhalten nach obiger Beweisidee den Automaten in Abb. 4.4–2.

❑

4.4–2 Automat zu einer Grammatik

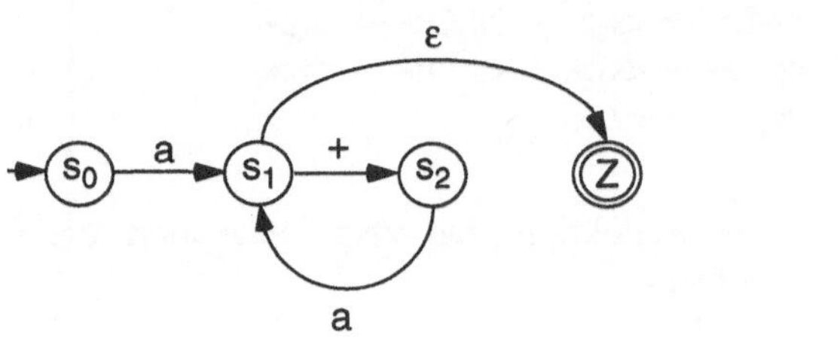

Endliche Automaten, reguläre Ausdrücke und einseitig lineare Grammatiken beschreiben also dieselbe Klasse von Sprachen. Die zugehörigen Sprachen heißen *regulär*. Bereits sehr einfache Sprachen können nichtregulär sein:

Satz (Sprachen mit Klammerstruktur).

Die Grammatik

G = ({a, b}, {Z}, { <ab> → <Z>, <aZb> → <Z> }, Z)

akzeptiert genau die Wörter der Form

$<a^n b^n>$ für $1 \leq n$.

Es existiert kein endlicher Automat, der diese Wörter als Sprache besitzt.

❑

Beweis: Angenommen es gäbe einen solchen Automaten A. Für beliebige positive ganze Zahlen n, m gilt dann: Es existieren Zustände s_n und s_m mit

$$s_0 \overset{<a^n>}{\longrightarrow^*} s_n \;\wedge\; s_n \overset{<b^n>}{\longrightarrow^*} s_z,$$

$$s_0 \overset{<a^m>}{\longrightarrow^*} s_m \;\wedge\; s_m \overset{<b^m>}{\longrightarrow^*} s_z.$$

Da auch die Wörter $<a^n b^m>$ und $<a^m b^n>$ akzeptiert würden, falls $s_n = s_m$ wäre, folgt $s_n \neq s_m$ für $n \neq m$. Daraus folgt unmittelbar, dass die Anzahl der Zustände unendlich ist. Dies ergibt einen Widerspruch zu der Annahme, dass der Automat A endlich ist.

❑

Der Satz zeigt, dass Sprachen, die Klammerstrukturen mit beliebiger Schachtelung enthalten, nicht regulär sind. Reguläre Sprachen sind also für wichtige Anwendungen wie Programmiersprachen mit beliebig geschachtelter Klammerstruktur als Beschreibungsmittel nicht ausreichend.

Wie kommen wir über reguläre Sprachen hinaus?

Die im letzten Satz angeführte Grammatik G ist nicht einseitig linear, jede Regel ist aber verkürzend und „verbraucht" bei jeder Regelanwendung ein Zeichenpaar a, b, d.h. es gibt nur endliche Reduktionspfade. An solchen Grammatiken ist man interessiert, weil die Worterkennung stets terminiert.

Definition (ε-reduktionsfrei, wortlängenmonoton).

Eine Chomsky-Grammatik (T, N, →, Z) heißt *ε-reduktionsfrei*, wenn es keine Regel der Form

$\varepsilon \rightarrow w'$

gibt. Die Grammatik heißt *wortlängenmonoton*, wenn für jede Regel $w \rightarrow w'$

$$w \in (T \cup N)^*,\ w' \in (T \cup N)^+ \text{ und } |w| \geq |w'|$$

gilt, und *strikt wortlängenmonoton*, wenn sogar $|w| > |w'|$ gilt.

❑

Nach dieser Definition ist jede wortlängenmonotone Grammatik ε-reduktionsfrei.

Ferner ist für jedes Wort w einer wortlängenmonotonen Grammatik die Menge der Wörter, die aus w durch Reduktionen hervorgehen, endlich. Dennoch können unendliche Reduktionspfade existieren. Auch dann stellt die Wortlängenmonotonie sicher, dass ein – wenn auch unter Umständen sehr ineffizienter – Algorithmus existiert, der entscheidet, ob ein Wort zum Sprachschatz gehört. Für jede strikt wortlängenmonotone Grammatik gilt speziell: Alle Reduktionspfade sind endlich.

Neben den einseitig linearen Grammatiken werden die beiden folgenden ***Klassen von wortlängenmonotonen Grammatiken*** betrachtet:

Definition (Kontextsensitiv, kontextfrei, Chomsky-Hierarchie).

Eine Chomsky-Grammatik (T, N, →, Z) heißt *kontextsensitiv* oder auch (ε-reduktionsfreie) *Chomsky-1-Grammatik*, wenn jede Regel die Form

$$u \circ w \circ v \rightarrow u \circ \langle x \rangle \circ v \quad \text{mit } u, v \in (T \cup N)^*,\ w \in (T \cup N)^+ \text{ und } x \in N$$

besitzt.

Eine Grammatik heißt *kontextfrei* oder (ε-reduktionsfreie) *Chomsky-2-Grammatik*, wenn darüber hinaus für jede Regel $u=\varepsilon$ und $v=\varepsilon$ ist, wenn also jede Regel die Form

$$w \rightarrow \langle x \rangle \quad \text{mit } w \in (T \cup N)^+ \text{ und } x \in N$$

besitzt.

Der Spezialfall einer einseitig linearen Grammatik heißt auch *Chomsky-3-Grammatik.*

In dieser Rangordnung heißt eine beliebige Chomsky-Grammatik auch *Chomsky-0-Grammatik.*

❑

Kontextsensitive Grammatiken sind sehr allgemein, wie der folgende Satz zeigt.

Satz (Wortlängenmonotone Chomsky-0-Grammatik).

Jede wortlängenmonotone Chomsky-0-Grammatik ist äquivalent zu einer Chomsky-1-Grammatik.

❑

Beweis: Wir ersetzen die Regel

$$<a_1\, a_2 \ldots a_i> \rightarrow <b_1 b_2 \ldots b_k> (\text{wobei } 2 \le k \le i)$$

durch das System von Regeln

$$\begin{array}{lll} <a_1 \ldots a_i> & \rightarrow & <a_1 \ldots a_{k-1}\, x_k>, \\ <a_1 \ldots a_{k-1} x_k> & \rightarrow & <a_1 \ldots a_{k-2}\, x_{k-1}\, x_k>, \\ & \vdots & \\ <a_1\, x_2 \ldots x_k> & \rightarrow & <x_1 \ldots x_k>, \\ <x_1 \ldots x_k> & \rightarrow & <x_1 \ldots x_{k-1}\, b_k>, \\ & \vdots & \\ <x_1\, b_2 \ldots b_k> & \rightarrow & <b_1 \ldots b_k>, \end{array}$$

wobei $x_1, \ldots x_k$ neue Nichtterminalzeichen seien. Die modifizierte Grammatik zieht Reduktionspfade in die Länge, akzeptiert aber dieselben Wörter wie die Ausgangsgrammatik. Die neue Grammatik ist kontextsensitiv.

❑

Für Chomsky-0-Grammatiken kann in der Regel kein Algorithmus angegeben werden, der immer terminiert und für jedes Wort feststellt, ob es im Sprachschatz liegt oder nicht. Es kann aber stets ein Algorithmus angegeben werden, der für jedes Wort im Sprachschatz terminiert und Erfolg anzeigt. Für Wörter, die nicht im Sprachschatz sind, wird der Misserfolg nur angezeigt, falls der Algorithmus terminiert. Allerdings ist die Terminierung nicht garantiert.[3]

Bei der Definition von Spezifikations- und Programmiersprachen durch Grammatiken wird man sich entsprechend einschränken. Der nächste Abschnitt enthält neben Beispielen praktische Formen zur Sprachdefinition.

4.5 Backus-Naur-Form

Wenn sich ein vorgelegtes Teilwort auf ein Nichtterminal reduzieren lässt, gehört es einer Teilwort-Sprache an. Wir werden sehen, wie dieser Gedanke die Sprachdefinition strukturiert. Diesen Teilwörtern entsprechend wählt man die Bezeichnungen der Nichtterminale.

Die Lesbarkeit erhöht es, Nichtterminale kursiv zu setzen und in den Regeln alle <...>-Klammern wegzulassen, wo sie eindeutig ersetzbar sind. Dies ist eine der üblichen Notationen.

---

[3] Siehe z.B. M. Broy: Informatik. Eine grundlegende Einführung. Bd. 2, 2. Aufl. Berlin: Springer Verlag 1998

Beispiel (Kontextsensitive Grammatik).

Arithmetische Formeln zu spezifizieren, wird kompliziert, will man die üblichen Vorrangregeln berücksichtigen. Hinsichtlich der Auswertung sind ja (a+b*c) und ((a+b)*c) durchaus verschieden. Wir gehen aus von einer Grammatik, die ganze Zahlen *Zahl* in Dezimaldarstellung und Identifikatoren *Ident* erkennt (vgl. oben Abb. 4.2–2), und erweitern die Bestandteile dieser Grammatik um

T′ = { (,), +, * },
N′ = { *Produkt*, *Term*, *Ausdruck* },
Z′ = *Produkt*

und die zehn Regeln

(*Term* +	→ (*Ausdruck* +,		*Ausdruck* + *Term* +	→ *Ausdruck* +,
(*Term*)	→ (*Ausdruck*),		*Ausdruck* + *Term*)	→ *Ausdruck*),
+ *Produkt*	→ + *Term* ,		*Term* * *Produkt*	→ *Term*,
(*Produkt*	→ (*Term* ,		*Zahl*	→ *Produkt*,
(*Ausdruck*)	→ *Produkt*,		*Ident*	→ *Produkt*.

Es folgen Ableitungspfade zu den beiden Wörtern

(a + b * c) und ((a + b) * c).

Die Nichtterminale kürzen wir ab durch ihre Anfangsbuchstaben. Nachdem die Identifikatoren erkannt und jeweils zu P reduziert sind ergibt sich

(*P* + *P* * *P*)	bzw.	((*P* + *P*) * *P*)
(*P* + *T* * *P*)		((*P* + *T*) * *P*)
(*P* + *T*)		((*T* + *T*) * *P*)
(*T* + *T*)		((*A* + *T*) * *P*)
(*A* + *T*)		((*A*) * *P*)
(*A*)		(*P* * *P*)
P		(*T* * *P*)
		(*T*)
		(*A*)
		P

Den Regeln ist zu entnehmen: Ein *Produkt* ist ein *Ident* oder eine *Zahl* oder ein geklammerter *Ausdruck*. Der linke Reduktionspfad zeigt exemplarisch, dass die übliche Vorrangregel eingehalten wird, * bindet stärker als +. Insgesamt sind die Regeln so entworfen, dass Reduktionspfade der herkömmlichen Auswertung arithmetischer Formeln entsprechen.

❑

Aus diesem Beispiel wird ersichtlich, dass kontextsensitive Grammatiken uns schnell überfordern. Man beschränkt sich im Allgemeinen auf ***kontextfreie Grammatiken***.

Beispiel (Kontextfreie Grammatik).

Wir wollen Listen von Typvariablen spezifizieren. In den algebraischen Spezifikationen haben wir griechische Buchstaben für Typvariablen benutzt. In Programmiersprachen wie ML verwendet man gewöhnliche Identifikatoren, denen ein oder zwei Apostrophe und zur Steigerung der Lesbarkeit eventuell noch ein Unterstrich vorangestellt sind. (Zwei Apostrophe zeigen an, dass ein Typ mit definierter Gleichheit erwartet wird.) Es sei

T = { 0, 1, 2, ... 9, A, B, ... Z, a, b, ... z, ´ , _ , , },
N = { *Digit*, *Letter*, *Ident*, *IdentRest*, *TypeVar*, *TypeVarSeq*, *TypeVarList* },
Z = *TypeVarList*.

Es gelten die folgenden Reduktionsregeln.

(0) Ziffern (Digits) und Buchstaben (Letters)sind:

0 → *Digit*,	A → *Letter*,
:	:
9 → *Digit*,	z → *Letter*.

(1) Ein „alphanumerischer“ Identifikator besteht aus einem Buchstaben, eventuell gefolgt von einem Identifikatorrest. Ein Identifikatorrest besteht aus einem Buchstaben oder einer Ziffer oder einem Apostroph oder einem Unterstrich, eventuell gefolgt von einem weiteren Identifikatorrest:

Letter	→ *Ident*,	*Letter IdentRest*	→ *Ident*,
Letter	→ *IdentRest*,	*Letter IdentRest*	→ *IdentRest*,
Digit	→ *IdentRest*,	*Digit IdentRest*	→ *IdentRest*,
´	→ *IdentRest*,	´*IdentRest*	→ *IdentRest*,
_	→ *IdentRest*,	_ *IdentRest*	→ *IdentRest*.

Beispiele für Identifikatoren in diesem Sinn sind

sin, x´, Int, Alpha_Wolf

(2) Typvariablen beginnen mit einem oder zwei Apostrophen, eventuell gefolgt von einem Unterstrich; anschließend folgt ein Identifikator:

´*Ident* → *TypeVar*
´_ *Ident* → *TypeVar*
´´ *Ident* → *TypeVar*
´´_ *Ident*→ *TypeVar*

(3) Sequenzen von Typvariablen bestehen aus einer Typvariablen, eventuell gefolgt von einem Komma und einer weiteren Sequenz von Typvariablen:

TypeVar → *TypeVarSeq*   *TypeVar* , *TypeVarSeq* → *TypeVarSeq*

(4) Listen von Typvariablen bestehen aus einer einzigen Typvariablen oder aus einer geklammerten Sequenz von Typvariablen:

TypeVar → *TypeVarList*, (*TypeVarSeq*) → *TypeVarList*.

❑

In diesem Beispiel umschreiben die Kommentare, wofür die Nichtterminale stehen. *Digit* steht für Ziffern, *Letter* für Buchstaben, *Ident* für Identifikatoren etc.. Es gilt allgemein für kontextfreie Sprachen, dass Nichtterminale für Teilwort-Sprachen stehen. Jedes Nichtterminal steht für die Menge derjenigen Wörter aus Terminalzeichen, die sich auf dieses Nichtterminal reduzieren lassen. Diese Wortmengen lassen sich wie im folgenden Beispiel auch mithilfe regulärer Ausdrücke beschreiben.

Beispiel (Nichtterminale als Wortmengen).

In Formeln können durch Einklammern wahre Klammergebirge entstehen. Eine Klammerschachtelung ist korrekt, wenn jeder öffnenden Klammer eine schließende Klammer folgt und solche Klammerpaare nicht überlappen. Betrachten wir als einfachstes Beispiel die Menge T={(,)}. Die folgenden Reduktionsregeln erkennen korrekte Klammerschachtelungen.

Schachtelung Klammerpaar → *Schachtelung*,
Klammerpaar → *Schachtelung*,
(*Schachtelung*) → *Klammerpaar*,
( ) → *Klammerpaar*.

Lesen wir die Regeln von unten nach oben: Auf das Nichtterminal *Klammerpaar* lässt sich das Wort ( ) reduzieren und jedes Wort (w), sofern sich w auf *Schachtelung* reduzieren lässt. Diese Menge reduzierbarer Wörter aus T^* ist mit *Klammerpaar* verbunden, was sich auch ausdrücken lässt durch die Gleichung

Klammerpaar ::= ( ) | (*Schachtelung*).

Auf *Schachtelung* lässt sich jedes Klammerpaar reduzieren und jedes Wort der Form e∘f, wenn sich e auf *Schachtelung* und f auf *Klammerpaar* reduzieren lässt:

Schachtelung ::= *Klammerpaar* | *Schachtelung Klammerpaar*.

❑

Das Beispiel zeigt, wie sich eine kontextfreie Sprache als ***rekursives Gleichungssystem von regulären Ausdrücken*** beschreiben lässt: Ist eine kontextfreie Grammatik (T, N, →, Z) gegeben, dann wird den Reduktionsregeln zum Nichtterminalzeichen *y*

$w_1 \rightarrow y$, ... $w_r \rightarrow y$

der reguläre Ausdruck

$R = w_1 \mid \ldots\ w_r$

zugeordnet. Die Wörter $w_1, \dots w_r$ sind aus $(T \cup N)^*$.

Ist $N = \{y_1, \dots y_n\}$, so ergibt sich ein rekursives Gleichungssystem

$$y_i ::= R_i(y_1, \dots y_n) \quad \text{für } i=1, \dots n$$

mit regulären Ausdrücken $R_i(y_1, \dots y_n)$, die von den Nichtterminalen abhängen. Ein Lösungssystem für $y_1, \dots y_n$ besteht aus den n Mengen aller Wörter aus Terminalzeichen, die sich auf y_1 bzw. ... y_n reduzieren lassen. Ist y_n=Z, so bestimmt y_n den Sprachschatz der Grammatik. Das spezielle Zeichen ::= soll die definierende Richtung der Gleichung festlegen.

Im Gegensatz zur *reduzierenden* Rolle der Ersetzungsregeln repräsentiert das Gleichungssystem eine *generative* Sicht.

Wie weit reicht diese Beschreibungstechnik?

Solche Gleichungssysteme werden in der Praxis zur Definition formaler Sprachen benutzt. Wir definieren zunächst:

Definition (Grammatik in Backus-Naur-Form).

Gegeben sei eine Menge T von Terminalzeichen, eine Menge N = $\{y_1, \dots y_n\}$ von Nichtterminalzeichen. Gegeben sei ferner ein rekursives Gleichungssystem P, gegeben durch

$$y_i ::= R_i(y_1, \dots y_n) \quad \text{für } i=1, \dots n$$

mit regulären Ausdrücken $R_i(y_1, \dots y_n)$. Als Lösungssystem definieren wir

$$y_i = \bigcup_k L_i^k \quad \text{für } i=1, \dots n,$$

wobei

$$L_i^0 = \{\},$$

$$L_i^{k+1} = R_i(L_1^k, \dots L_n^k) \quad \text{für } i=1, \dots n \text{ und } 0 \le k.$$

Die Gleichungen von P heißen *Produktionen*, ihre spezielle Gestalt heißt *Backus-Naur-Form (BNF)*. Das Quadrupel (T, N, P, y_n) heißt *BNF-Grammatik*.

❑

Den Lösungsansatz begründet der folgende Satz.

Satz (BNF-Darstellung zur kontextfreien Grammatik).

Gegeben sei eine kontextfreie Grammatik G. Das Lösungssystem der zugeordneten Grammatik in BNF liefert die Mengen aus denjenigen Wörtern aus Terminalzeichen, die sich in G auf die Nichtterminalzeichen reduzieren lassen.

❑

Beweisskizze: Es ist

$$L_i^1 = R_i(\{\}, \dots \{\}) \quad \text{für } i=1, \dots n.$$

Daher besteht L_i^1 aus Wörtern, die nur aus Terminalzeichen bestehen, und zwar aus denjenigen, die in einem Ersetzungsschritt auf y_i reduzierbar sind. Durch vollständige Induktion zeigt man, dass L_i^k aus denjenigen terminalen Wörtern besteht, die in höchstens k Ersetzungsschritten auf y_i reduzierbar sind.

❑

Es gilt auch die Umkehrung: Jede Grammatik in BNF kann in eine kontextfreie reduktive Grammatik überführt werden, die denselben Sprachschatz beschreibt. Beides zusammen bedeutet:

Rekursive Systeme regulärer Ausdrücke in BNF sind als Beschreibungsmittel äquivalent zu Chomsky-2-Grammatiken.

Die BNF-Darstellung bringt einen Gewinn an Kompaktheit, dies vermehrt, wenn Vereinfachungsmöglichkeiten der regulären Ausdrücke ausgenutzt werden. Deshalb ist die BNF-Darstellung die bevorzugte Beschreibungstechnik für kontextfreie Sprachen.

Beispiel (Backus-Naur-Form).

Es sollen noch einmal Listen von Typvariablen herangezogen werden. Wir überführen die Regeln aus dem letzten Beispiel in Backus-Naur-Form. Es sei wieder

T = { 0, 1, 2, ... 9, A, B, ... Z, a, b, ... z, ´ , _ , , },
N = { *Digit*, *Letter*, *Ident*, *IdentRest*, *TypeVar*, *TypeVarSeq*, *TypeVarList* },
Z = *TypeVarList*.

Es gelten die folgenden Gleichungen.

(0) Ziffern und Buchstaben sind:

- *Digit* ::= 0 | ... | 9,
- *Letter* ::= A | ...| z.

(1) Ein „alphanumerischer" Identifikator besteht aus einem Buchstaben, eventuell gefolgt von einem Identifikatorrest. Ein Identifikatorrest besteht aus einem Buchstaben oder einer Ziffer oder einem Apostroph oder einem Unterstrich, eventuell gefolgt von einem weiteren Identifikatorrest. Hinter dem Gleichheitszeichen steht jeweils ein äquivalenter Ausdruck:

Ident ::= *Letter* | *Letter IdentRest* = *Letter* {*IdentRest*},
IdentRest ::= [*Letter* | *Ziffer* | ´ | _] {*IdentRest*}
= { *Letter* | *Ziffer* | ´ | _ }$^+$.

Diese beiden Zeilen lassen sich zusammenziehen zu

- *Ident* ::= *Letter* { *Letter* | *Ziffer* | ´ | _ }*.

(2) Typvariablen beginnen mit einem oder zwei Apostrophen, eventuell gefolgt von einem Unterstrich; anschließend folgt ein Identifikator:

- *TypeVar* ::= ´ {´} {_} *Ident*.

(3) Sequenzen von Typvariablen bestehen aus einer Typvariablen eventuell gefolgt von einem Komma und einer weiteren Sequenz von Typvariablen:

TypeVarSeq ::= *TypeVar* | *TypeVar* , *TypeVarSeq*.

Dies lässt sich auch ausdrücken durch

TypeVarSeq ::= *TypeVar* {, *TypeVar*}*.

(4) Listen von Typvariablen bestehen aus einer einzigen Typvariablen oder aus einer geklammerten Sequenz von Typvariablen:

TypeVarList ::= *TypeVar* | (*TypeVarSeq*).

Durch Einsetzen ergibt sich daraus

- *TypeVarList* ::= *TypeVar* | (*TypeVar* {, *TypeVar*}*).

Die beiden Nichtterminale *IdentRest* und *TypeVarSeq* lassen sich also einsparen.

❑

Für BNF-Grammatiken gibt es spezielle Diagramme, so genannte ***Syntaxdiagramme***. Sie sind bedeutend leichter lesbar als die Textform und in der Praxis entsprechend verbreitet.

Beispiel (Syntaxdiagramme).

Greifen wir die Listen von Typvariablen noch einmal auf! Den mit Punkten hervorgehobenen Produktionen des letzten Beispiels entsprechen die Diagramme in Abb. 4.5–1. Die Diagramme für Ziffern und Buchstaben sind ausgespart.

Bei näherem Hinsehen zeigt sich, dass die Beschreibung zu einem einzigen regulären Ausdruck für *TypeVarList* zusammengezogen werden kann. (Das heißt, dass auch eine Chomsky-3-Grammatik existiert.) Der Wert der angegebenen Backus-Naur-Form liegt in der Strukturierung.

❑

4.5–1 Syntaxdiagramme

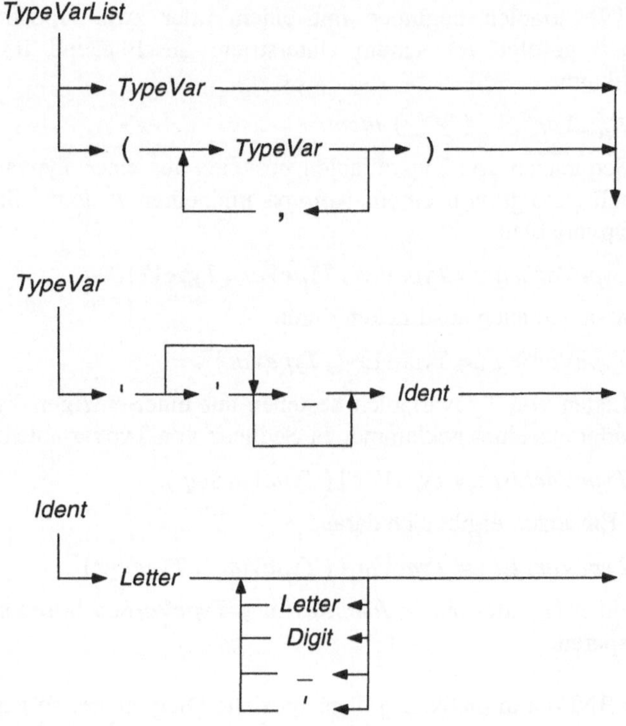

4.6 Syntaxanalyse

Die schrittweise Reduktion eines Wortes lässt sich in einer Chomsky-2-Grammatik durch einen ***Strukturbaum*** beschreiben.

Beispiel (Strukturbäume).

In der Grammatik

$$(\{a, +\},\ \{Z\},\ \{a \to Z,\ Z + Z \to Z\},\ Z)$$

lässt sich das Wort a + a + a auf zwei Wegen auf das Axiom reduzieren, wie Abb. 4.6–1 zeigt.

❑

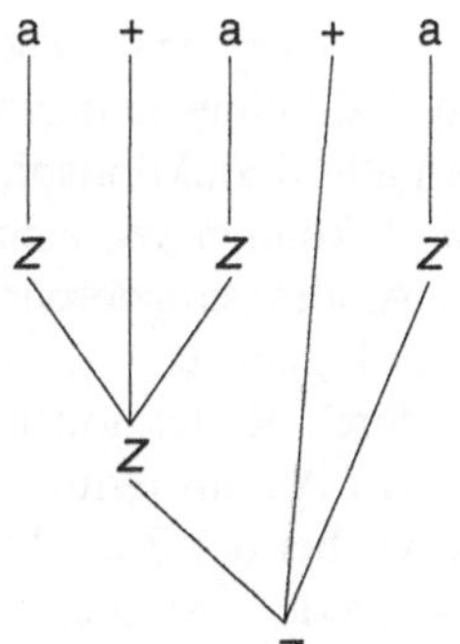

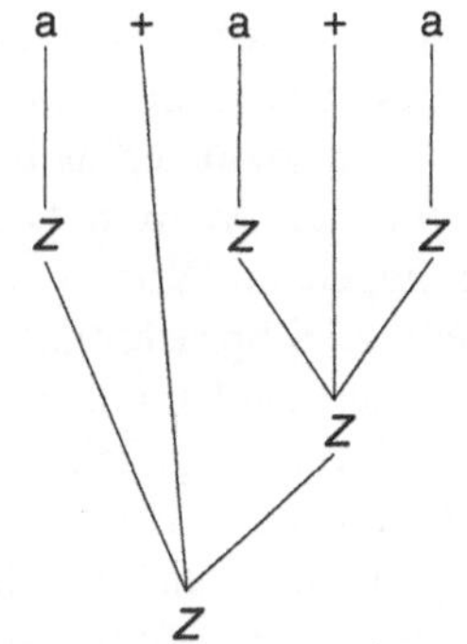

4.6–1
Zwei Strukturbäume

In solchen Bäumen sind die Blätter mit Terminalzeichen, die Wurzeln aller Teilbäume mit Nichtterminalzeichen markiert. An der Wurzel steht das Axiom, an den Blättern zeichenweise das Eingabewort. Die Teilbäume jeder Wurzel sind geordnet.

Eine Chomsky-2-Sprache heißt *eindeutig*, wenn für jedes auf das Axiom reduzierbare Wort genau ein Strukturbaum existiert. Das Beispiel ist also nicht eindeutig.

Die Aufgabe, zu einem gegebenen Wort den Strukturbaum zu finden, heißt *Zerteilungsproblem*. Die Eindeutigkeit der Grammatik und damit der Strukturbäume der Wörter des Sprachschatzes ist essentiell, da der Strukturbaum bei der Interpretation oder bei der Übersetzung zur Festlegung der Semantik dient.

Bei der schrittweisen Reduktion eines Wortes entstehen aber auch in eindeutigen Grammatiken Probleme. Nicht jeder Pfad führt notwendigerweise auf das Axiom, selbst wenn das Wort im Sprachschatz liegt. Ob die Wahl eines Pfades zufällig erfolgen kann, um festzustellen, ob ein Wort im Sprachschatz ist, hängt von den beiden folgenden Fragen ab:

(0) Existieren unendliche Reduktionen?
(1) Existieren Reduktionen auf irreduzible Wörter?

In beiden Fällen sprechen wir von ***Sackgassen***, und zwar im ersten Fall von *unendlichen* und im zweiten Fall von *endlichen* Sackgassen.

Beispiel (Sackgassen).
In der Grammatik

$$(\{a, +\}, \{Z\}, \{a \to Z,\ Z + a \to Z\}, Z)$$

gehört das Wort a + a + a zum Sprachschatz. Trotzdem existiert zu diesem Wort eine Sackgasse, nämlich der Pfad zum Wort Z+Z+Z, das irreduzibel ist.

❑

Aus der Existenz einer Sackgasse kann aber nicht geschlossen werden, dass das Wort w nicht durch die Wahl eines anderen Pfades auf das Axiom reduzierbar ist. Nur wenn alle Reduktionspfade ausgehend von dem Wort w Sackgassen sind, können wir sicher sein, dass das gegebene Wort w nicht auf das Axiom reduzierbar ist und somit nicht zum Sprachschatz der Grammatik gehört.

Sackgassen sind unangenehm, wenn durch Reduktion überprüft werden soll, ob ein gegebenes Wort auf das Axiom reduzierbar ist. Um Sackgassen zu entschärfen, können wir bei der Zerteilung oder Reduktion nebeneinander alle Reduktionspfade verfolgen. Sobald einer auf das Axiom führt, ist die Frage, ob das Wort w auf das Axiom reduzierbar ist, positiv entschieden. Ist w nicht im Sprachschatz und existieren unendliche Sackgassen, so lassen sich alle fraglichen Ableitungen absuchen, da wegen der Wortlängenmonotonie der Grammatik keine Wörter betrachtet zu werden brauchen, die länger als das gegebene Wort sind und die Menge dieser Wörter endlich ist. Dies liefert für Chomsky-2-Grammatiken einen Algorithmus zur Entscheidung, ob ein Wort im Sprachschatz einer Grammatik ist.

In bestimmten Fällen können wir Sackgassen durch gewisse ***Kontextbedingungen für das Anwenden von Regeln*** vermeiden. Dabei wird die Auswahl der angewendeten Regel über die Betrachtung der umgebenden Wortteile geeignet gesteuert.

4.6–2
Zerteilung und Auswertung

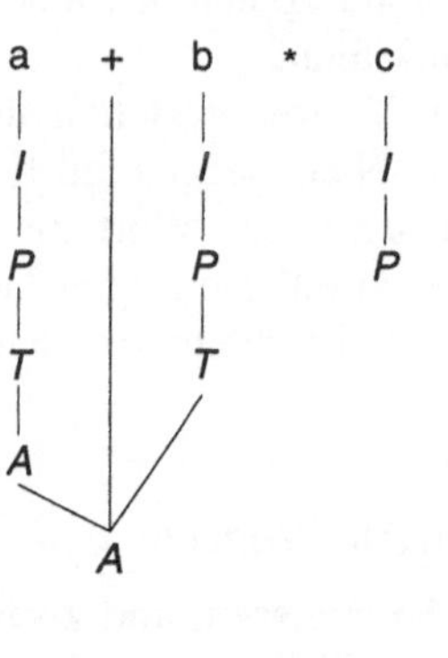

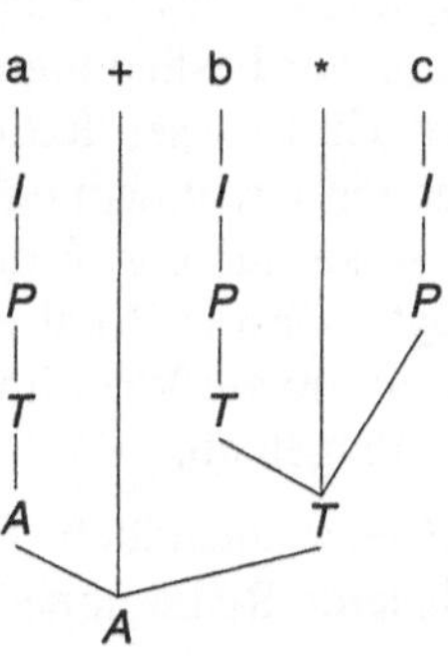

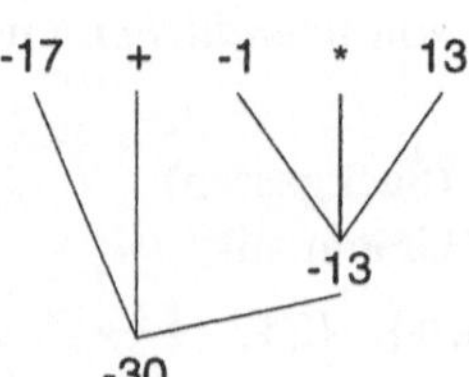

Beispiel (Kontextfreie Grammatik).

Wir wollen arithmetische Formeln zerteilen (vgl. die kontextsensitive Grammatik im vorigen Abschnitt) und gehen aus von einer Grammatik, die ganze Zahlen *Zahl* in Dezimaldarstellung und Identifikatoren *Ident* erkennt, und erweitern die Bestandteile dieser Grammatik um

T' = { (,), +, * },
N' = { *Produkt*, *Term*, *Ausdruck* },
Z' = *Ausdruck*

und die sieben Regeln

Term → *Ausdruck*,
Audruck + *Term* → *Ausdruck*,
Produkt → *Term*,
Term * *Produkt* → *Term*,
(*Ausdruck*) → *Produkt*,
Zahl → *Produkt*,
Ident → *Produkt*.

Die Grammatik ist nicht sackgassenfrei. Abb. 4.6–2 enthält zwei Zerteilungen des Wortes a + b*c . Die erste führt in eine Sackgasse. Die zweite Zerteilung führt auf das Axiom. (In den Bäumen sind die Nichtterminale durch ihre Anfangsbuchstaben abgekürzt.)

Die Sackgasse lässt sich vermeiden, wenn im Wort stets die erste Anwendungsmöglichkeit von links für eine Reduktion benutzt wird und wenn die beiden ersten Regeln nur dann verwendet werden, wenn rechts neben der Anwendungsstelle das Wort zu Ende ist oder ein Zeichen aus der Menge { +,) } folgt.

Unter dieser Strategie gibt es für jedes Wort höchstens eine Zerteilung. Die Bedeutung des Strukturbaums liegt darin, dass durch ihn die Semantik der Formel definiert werden kann, indem der Baum die Auswertungsweise der Formel festlegt. Die Abbildung zeigt das Beispiel einer Auswertung, und zwar für den Fall, dass a, b und c mit den Werten -17, -1 und 13 belegt sind.

❑

4.7 Übungen

1 Äquivalente Sprachbeschreibungen

Beschreiben Sie jede der folgenden Sprachen über dem Zeichenvorrat {a,b} durch einen endlichen Automaten sowie durch einen regulären Ausdruck und geben Sie jeweils eine Chomsky-3-Grammatik an, die die Sprache akzeptiert!

a) $\{a^n b^m .\ n, m \in N\}$.

b) $\{w \in \{a,b\}^*.$ w enthält mindestens ein a und mindestens ein b$\}$.

c) $\{w \in \{a,b\}^*.$ w enthält ein b an drittletzter Stelle$\}$.

2 Klassifizierung von Grammatiken

Gegeben seien folgende Chomsky-Grammatiken:

a) $G_1 = (\{a\}, \{Z\}, \{aa \rightarrow Z, aaZ \rightarrow Z\}, Z)$.

b) $G_2 = (\{a\}, \{Z\}, \{aa \rightarrow Z, aZa \rightarrow Z\}, Z)$.

c) $G_3 = (\{a,b\}, \{Z\}, \{ab \rightarrow Z, aZb \rightarrow Z\}, Z)$.

d) $G_4 = (\{a,b,c\}, \{A,B,C\}, P, A)$, wobei
$P = \{bc \rightarrow B, bBc \rightarrow BC, Cc \rightarrow cC, aB \rightarrow A, aAC \rightarrow A\}$.

Ordnen Sie jede dieser Grammatiken in die Chomsky-Hierarchie ein und charakterisieren Sie den zugehörigen Sprachschatz! Geben Sie jeweils einen Reduktionspfad für ein Wort aus dem Sprachschatz an!

3 Kontextfreie Grammatiken

a) Gegeben sei die folgende Chomsky-Grammatik:

$G_1 = (\{a,b,c,d\}, \{Z,S\}, \{P\}, Z)$, wobei
$P = \{bc \rightarrow S, bSc \rightarrow S, aSd \rightarrow Z, aZd \rightarrow Z\}$.

Ordnen Sie diese Grammatik in die Chomsky-Hierarchie ein und charakterisieren Sie den zugehörigen Sprachschatz. Geben Sie außerdem einen Reduktionspfad für ein Wort aus dem Sprachschatz an!

b) Gegeben sei der folgende Sprachschatz:

$L = \{ w \in \{a,b\}^+ \mid$ w ist geradzahliges Palindrom$\}$.

Ein geradzahliges Palindrom ist ein Wort mit gerader Anzahl von Buchstaben, das vorwärts und rückwärts gelesen gleich lautet.

Finden Sie eine Chomsky-2-Grammatik G_2, die L akzeptiert! Geben Sie außerdem einen Reduktionspfad für ein Wort aus dem Sprachschatz an!

4 Syntaxdiagramme

Gegeben sei eine Grammatik für Boolesche Ausdrücke mit dem Axiom *BoEx* und eine Grammatik für arithmetische Ausdrücke mit dem Axiom *ArEx*.. Geben Sie ein Syntaxdiagramm für beliebig geschachtelte Boolesche Fallunterscheidungen mit dem Axiom *IfEx* an!

Beispiele für solche Fallunterscheidungen sind:
nullfach geschachtelt:

27 * 13,

einfach geschachtelt:

if x < 0 **then** –x **else** x **fi**,

zweifach geschachtelt:

if x < -1 **then** –1 **else if** x > 1 **then** 1 **else** 0 **fi fi**.

Geben Sie für diese drei Beispiele Ableitungen aus *IfEx* an!

Zur funktionalen Programmierung

(Eine Aufgabe 1 zur Programmierung mit rekursiven Funktionen steht in Kap. 2.)

2 Worterkennung

Wir betrachten den Automat aus Abb. 4.2–1 und behandeln das Erkennungsproblem. Die beiden Eingangszeichen `a`, `b` sind vom Typ `String`; Zustände modellieren wir durch den Typ `Int`. Definieren Sie die Übergangsfunktion `delta` sowie eine Boolesche Funktion `final`, die angibt, ob ein Zustand Endzustand ist, und schreiben Sie eine Funktion, die entscheidet, ob eine Zeichenfolge aus $\{a, b\}^*$ vom Automaten akzeptiert wird.

3 Auswertung

In einer Zeichenfolge stehen natürliche Zahlen und sollen aufsummiert werden. Die Zahlen bestehen aus Dezimalziffern und sind durch Zeichen + voneinander getrennt. Die Summierung soll abgeschlossen werden, sobald ein Zeichen auftritt (von links gesehen), das keine Ziffer und kein +-Zeichen ist.

4.8 Wie es weitergeht

Zur Relevanz

Der Entwurf einer Formalsprache ist ein Strukturierungsproblem. Wie man methodisch zu einer Grammatik kommt, lässt sich am Beispiel der arithmetischen Ausdrücke andeuten: Soll der Vorrang der Multiplikation vor der Addition berücksichtigt werden, so erscheint ein Ausdruck als eine

Summe von Produkten.

Sind wie üblich auch Klammern vorgesehen, so ist ein Ausdruck zu sehen als eine

Summe von Produkten und geklammerten Ausdrücken.

Dies lag den oben angeführten Grammatiken zu Grunde. Um ein weiteres Beispiel zu geben, schauen wir uns doch einmal Tabellen an, wie sie in Internetdokumenten auftreten:

Berlin	Hamburg	München
Schrippe	Rundstück	Semmel
Bulette	Frikadelle	Fleischpflanzerl

Eine Tabelle besteht aus mindestens einer, normalerweise aus mehreren Zeilen. Eine Zeile besteht aus mindestens einer, normalerweise aus mehreren Zellen. Dadurch ergeben sich die Spalten der Tabelle.

In HTML (HyperText Markup Language), einer Sprache, in der Internetdokumente abgefasst werden, tritt die Tabellenstruktur deutlich zu Tage:

```
<table border>
    <tr>
      <th>Berlin</th>
      <th>Hamburg</th>
      <th>München</th>
    </tr>
    <tr>
      <td>Schrippe</td>
      <td>Rundstück</td>
      <td>Semmel</td>
    </tr>
    <tr>
      <td>Bulette</td>
      <td>Frikadelle</td>
      <td>Fleischpflanzerl</td>
    </tr>
</table>
```

In einer Anleitung[4], HTML-Dateien selbst zu erstellen, findet man etwa folgende Erklärung: <tr> leitet eine neue Tabellenzeile ein (tr steht für table row, Tabellenzeile). Im Anschluss daran werden die Zellen (Spalten) der betreffenden Reihe definiert. Am Ende einer Tabellenzeile wird ein abschließendes Schlüsselwort </tr> notiert.

Eine Tabelle kann Kopfzellen und gewöhnliche Datenzellen enthalten. Text in Kopfzellen wird hervorgehoben (meist fett und zentriert ausgerichtet). <th> definiert eine Kopfzelle, <td> eine normale Datenzelle (th steht für table header, Tabellenkopf, td für table data, Tabellendaten). Der Inhalt einer Zelle wird jeweils hinter dem Schlüsselwort notiert. In einer Tabellenzelle können beliebige Elemente stehen, d.h. außer normalem Text z.B. auch Verweise oder

---

[4] Stefan Münz: http://selfhtml.teamone.de/

Grafik in HTML. Sogar eine weitere Tabelle kann innerhalb einer Zelle definiert werden.[5]

Wir verstehen demnach Tabellen, die ihre Kopfzellen in der ersten Zeile haben und mindestens eine weitere Zeile besitzen, folgendermaßen:

table	::=	<table border> *hrow rows* </table>,
hrow	::=	<tr> *hcells* </tr>,
rows	::=	<tr> *cells* </tr> | <tr> *cells* </tr> *rows*,
hcells	::=	<th> *text* </th> | <th> *text* </th> *hcells*,
cells	::=	<td> *info* </td> | <td> *info* </td> *cells*,
info	::=	*element* | *table*.

Diese BNF-Produktionen stützen sich auf zwei Nichtterminale *text* und *element*, die die Zelleninhalte beschreiben und anderweitig definiert seien.

Bleiben wir noch einen Moment beim Tabellenbeispiel! Anstatt durch eine Grammatik können wir ebenso gut algebraisch spezifizieren. Wir werden zu jedem Nichtterminal den Typ angeben, den wir mit den zugehörigen Wörtern verbinden:

data Table	=	mkTable(h:HRow, rs:Rows),
data HRow	=	embHCells(h:HCells),
data Rows	=	embCells(c:Cells) | mkRows(z:Cells, rs:Rows),
data HCells	=	embText(x:Text) | mkHCells(y:Text, hs:HCells),
data Cells	=	embInfo(a:Info) | mkCells(b:Info, cs:Cells),
data Info	=	embE(e:Element) | embT(t:Table).

Die Schlüsselwörter sind nun verschwunden. Man spricht deshalb von der *abstrakten Syntax*. Die Übertragung der Grammatik in die algebraische Spezifikation geschieht ganz mechanisch unter Zuhilfenahme von Konstruktorfunktionen. Wir wählten als Bezeichnungen mk... (für make) und emb... (für embed).

Der Vorteil des algebraischen Modells liegt darin, dass semantische Eigenschaften als logische Formeln formuliert werden können. Das gilt auch für Kontextbedingungen wie etwa die, dass alle Tabellenzeilen dieselbe Länge besitzen.

---

[5] Die zitierte Programmieranleitung enthält u.a. den folgenden Hinweis: Größere Tabellen können im Quelltext schnell unübersichtlich werden. Deshalb ist eine übersichtliche Darstellungsform mit Einrückungen und Zeilenumbrüchen (ähnlich wie im Beispiel oben) empfehlenswert. Auf das Erscheinungsbild im Browser hat die Darstellung im Quelltext keinen Einfluss.

Zur Einordnung

Für jedes Beschreibungsmittel, das bei der Modellierung informationsverarbeitender Systeme eingesetzt wird, gilt: Die Syntax des Beschreibungsmittels prägt die Struktur des Systemmodells. Dies ist noch ziemlich offensichtlich, wie sich auch am oben angegebenen HTML-Beispiel zeigt. Erwähnenswert aber ist, dass das Beschreibungsmittel auch die Vorgehensweise bei der Modellbildung bestimmt. Dieser Einfluss auf den Modellierungsprozess ist Gegenstand des folgenden Kapitels über Requirements Engineering.

Es gibt eine breite Vielfalt von Diagrammen und Formalsprachen. Die einzelnen Gebiete aus dem weiten Spektrum der Informatik ließen sich charakterisieren durch die Eigenart der für sie typischen Beschreibungsmittel. Das reicht von der Systemprogrammierung über Netzwerkprotokolle bis zu algorithmischen Sprachen. In diesem Buch verwenden wir

diagrammatische Sprachen,

eine funktionale Programmiersprache,

eine Sprache für die algebraische Spezifikation sowie

die Sprache der prädikatenlogischen Formeln und Regeln.

Die Informatik macht Sprachen selbst, genauer Sprachbeschreibungen, zum Thema, wie wir das in diesem Kapitel gesehen haben. Das hatte auch einen praktischen Grund. Man war an einem Computerprogramm interessiert, das aus der Spezifikation einer neuen Sprache einen Übersetzer generiert. Für spezielle Formen von Chomsky-2-Grammatiken gibt es seit den achtziger Jahren solche Übersetzer erzeugende Systeme. Daher ist es üblich, neue Sprachen passgenau zu entwerfen und sich den Compilerbau zu sparen. Mit Quest wurde z.B. so verfahren.

Abschluss: Requirements Engineering

Zur Thematik

Leitlinie unserer Informatikeinführung war die Frage, was einem Problem informatische Kontur verleiht, welche Methoden in der Informatik zur Verfügung stehen, um informationsverarbeitende Systeme zu analysieren oder zu entwerfen. Die größte Herausforderung stellt sich in der Praxis am Anfang, in der Behandlung eines noch völlig unstrukturierten Problems oder Ziels. Die entsprechenden Aktivitäten in Technik und Wissenschaft werden zusammengefasst im Bereich *Requirements Engineering*. Er gilt als ein Kernbereich der Informatik.

5.1 Die Frühphase einer Systementwicklung

Um ein umfangreicheres Softwaresystem zu entwickeln, ist zunächst ein genaueres Verständnis der Ziele, die mit dem Einsatz des Systems verfolgt werden, erforderlich. Requirements Engineering wird gelegentlich als die Aufgabe missverstanden, im Wesentlichen „gegebene" informelle Anforderungen zu formalisieren. Das ist eine viel zu enge Sicht, denn von hinreichend präzisen Zielvorstellungen kann in der Regel nicht ausgegangen werden. Die Idealvorstellungen des Auftraggebers sind dann zunächst zu erheben, die gewünschten Systemeigenschaften sind zu identifizieren, bevor eine formale Festlegung erfolgen kann.

Die dazu erforderlichen Untersuchungen verlaufen meist nicht geradlinig und können es notwendig machen, bereits fixierte Anforderungen zu revidieren, jedenfalls dann, wenn der Anwendungsbereich keine Problemlösung zulässt oder wenn die Absichten schlicht den Kostenrahmen sprengen. Anforderungserfassung ist im Allgemeinen ein komplizierter Lernprozess, der geschulte Interviewer ebenso wie ein gutes Management erfordert, bis ein akzeptabler Anforderungskatalog für das zu entwickelnde System gefunden ist.

Der Beitrag seitens der Informatik besteht technisch gesehen aus Kriterien zur Identifizierung und aus Beschreibungsmitteln zur Modellierung von Systemanforderungen.

Wie lässt sich der Prozess strukturieren?

Es sind die hinter der Identifizierung und der Modellierung stehenden Konzepte, die dem zu bearbeitenden Problem Kontur verleihen. Dies ist Gegenstand dieses Kapitels, das sich in drei Abschnitte gliedert:

Das Aufgabenspektrum
„Devide and conquer" gilt auch auf diesem Feld. Um den Gesamtkomplex zu zerteilen und um die Rolle der Informatik zu bestimmen, ist es zweckmäßig, die vielfältigen Aktivitäten im Requirements Engineering in Tätigkeitsfelder aufzuteilen. Darüber hinaus strukturiert man die Anforderungen. Eine nützliche Richtlinie dafür sind so genannte Nutzungsfälle. Diese charakterisieren die unterschiedlichen Arten, wie ein System genutzt werden soll.

Klassifizierung der Anforderungen
Eine systematische Vorgehensweise erfordert Kriterien, nach denen die vielfältigen Anforderungen an ein System klassifiziert werden können. Die Anforderungen sind leichter zu identifizieren, wenn ein zielführender Fragenkatalog vorgegeben ist.

Anforderungsmodellierung und Modelldesign
Teil der Erfassung der Anforderungen ist die Konstruktion eines geeigneten Modells. Das gesuchte Modell ist ein vereinfachtes Abbild des angestrebten Systems. Wie bei jedem Modell bestimmt sich die Vereinfachung aus dem Zweck. Im Requirements Engineering soll das Modell der Verständigung unter allen an der Systementwicklung Beteiligten dienen. Insbesondere soll der Auftraggeber im Modell seine Idealvorstellungen wiedererkennen, was verlangt, dass es intuitiv verstanden, auf Konsistenz überprüft und im Kleinen erprobt werden kann.

Im Rahmen einer Top-Down-Entwicklung ist Requirements Engineering zu sehen als erste Etappe auf dem Weg von der Idee zum Produkt. Ziel dieser ersten Etappe ist ein Entwurf, ein formales Modell in der Form eines definitiven Dokuments. Die Implementierung wird sich ausschließlich auf dieses Modell beziehen, es schrittweise verfeinern und schließlich realisieren, mit der Möglichkeit, jeden Schritt auch gegenüber dem Ausgangsmodell verifizieren zu können. Wenn die Implementierbarkeit an Grenzen stößt, muss das

Ausgangsmodell eventuell revidiert werden. Ist damit von vornherein zu rechnen, so wird man durch geeignete Protokollierung Vorsorge treffen, dass die Behandlung der Anforderungen zurückverfolgt und neu wieder aufgenommen werden kann (Tracing).

5.2 Das Aufgabenspektrum

Ein Requirements-Engineering-Team ist in der Regel heterogen. Die Kommunikation ist diskursiv. Benötigt werden neben Vertretern der Anwendungsgebiete auch Spezialisten aus Teilgebieten der Psychologie und der Wirtschaftswissenschaften, insbesondere Managementexperten. Sie alle sind gefordert, wie eine Übersicht über die Tätigkeitsfelder sofort deutlich macht. Auf die Systemanforderungen richten sich die folgenden Tätigkeiten:

Erfassen
Das Gesamtziel ist abzustecken, sodann sind die Systemanforderungen zu identifizieren, die Systemgrundlagen sind zu benennen und die Umgebung ist zu bestimmen, in der das System stehen soll. Die erfassten Anforderungen werden nach geeigneten Gesichtspunkten strukturiert. Hierzu stehen Kriterien zur Klassifizierung der Anforderungen zur Verfügung (vgl. weiter unten).

Aushandeln
Die erfassten Anforderungen sind abzustimmen, was eine nähere Analyse, Einordnung und Bewertung erfordert. Insgesamt braucht der Prozess ein gutes, angemessenes Management.

Modellieren
Es sind genaue Spezifikationen zu fixieren, und ein Vorgehensplan ist zu erstellen. Für die informationsverarbeitenden Aspekte entsteht aus komplementären Sichten ein Modell (vgl. weiter unten).

Validieren bzw. verifizieren
Die Anforderungen sind zu validieren, d.h. es ist zu überprüfen, ob die dokumentierten Anforderungen den Idealvorstellungen tatsächlich entsprechen. Validierung wird erneut notwendig, wenn Anforderungen geändert werden auf Grund von Wissen, das während des Prozesses gewonnen wurde. Für Designschritte, die das Modell detaillieren, besteht Verifikationsbedarf.

Typisch für diese Anfangsphase der Systementwicklung ist das Nebeneinander von informellen und standardisierten Beschreibungen. Die erste Problemstellung und die Zielvorgaben sind im Allgemeinen frei formuliert, sie enthalten aber möglicherweise Formulare, Tabellen und Abbildungen. Der Kontrakt über eine komplexe Anwendung kann sich letztlich nur auf ein formales Dokument beziehen. Dieses enthält zur Definition des zu erstellenden Systems diagrammatische und algebraische Spezifikationen, neben diversen Zusatzdokumenten. Entscheidend für ein erfolgreiches Vorgehen ist die Verknüpfung der vagen und der fundierten Ebene. Es ist sorgfältig zu dokumentieren, welche informellen Angaben eine formale Angabe spezifiziert. Denn der Arbeitsprozess ist iterativ.

5.3 Klassifizierung der Anforderungen

Eine Diversifizierung erfährt das Requirements Engineering zweifellos durch das breite Spektrum der Anwendungen. Generell lassen sich Anforderungen unterscheiden hinsichtlich

Funktion und Nutzung
Dies betrifft das Verhalten und die zu erbringenden Dienste, auch Benutzung und Arbeitsweise, sowie alle Eigenschaften, die für die aktive Nutzung und den Betrieb des Systems relevant sind, einschließlich Prioritäten und Risiken, auch operationelle Eigenschaften wie z.B. die Genauigkeit berechneter Werte oder die Zeitspanne, nach der bestimmte Ergebnisse verfügbar sein müssen. Sicherheits- und Zuverlässigkeitsaspekte spielen eine bedeutende Rolle, ebenso wie Fehlererkennung und Fehlerbehandlung.

Produkt
Dazu gehören Aspekte der Darstellung, der Realisierung und der Aufstellung, alle Fragen des Einsatzes, der Verteilung, der Wartung und der Anpassbarkeit an unterschiedliche technische Voraussetzungen. Produktspezifische Standards gehören hierher, Implementierungsdetails wie Implementierungssoftware, die Verwendung von Standardkomponenten, auch Forderungen der Wiederverwendbarkeit oder Portierbarkeit. In der Softwareentwicklung spielt grundsätzlich auch das zu verwendende Betriebssystem eine bedeutende Rolle.

Herstellung
Hier sind die technischen und organisatorischen Forderungen einzuordnen, die den Systementwicklungsprozess betreffen. Zertifizierungsforderungen verlangen z.B. bestimmte Vorgehensweisen

und bestimmte Dokumente, Vertragsvereinbarungen können Meilensteine vorschreiben oder Reviewphasen, eventuell werden besondere Entwicklungswerkzeuge vorgeschrieben.

Systemkontext
Hier ist der Anwendungsbereich gemeint, in den das Vorhaben fällt, und auch die Umgebung, mit der das System interagieren soll. Die entsprechenden Anforderungen werden oft nur implizit angesprochen, die relevanten Ausschnitte sind dann sorgfältig zu erheben und zu modellieren. Man spricht von Bereichsmodellierung.

Jede Klasse ist hier durch Stichwörter umrissen, die selbst wieder (Unter-)Klassen bilden. Die Klassen sind nicht eigentlich orthogonal zueinander. Beispielsweise können Sicherheitsaspekte sowohl als Anforderungen an die Herstellung als auch an die Funktion auftreten, und gelegentlich erscheinen Funktionsanforderungen primär als Anforderungen an das Produkt, wenn dort gewisse Hardwarevoraussetzungen zusammengestellt sind. Weiterhin ergeben sich gewisse Hardwareanforderungen unmittelbar aus der Gebietsanalyse, so dass Hardwareanforderungen als Teilklasse der Gebietsannahmen erscheinen können.

Die aufgeführten Teilaspekte der vier Klassen sind weitgehend den Zertifizierungsstandards für Luftfahrt-Systeme entnommen. Ihre Relevanz ist jedoch nicht auf sicherheitskritische Anwendungen oder auf die Luftfahrt beschränkt. Insbesondere Zeiteinhaltung und Leistungserbringung spielen darüber hinaus eine wichtige Rolle.

Die angegebene Klasseneinteilung gründet sich vorrangig auf den technischen Gehalt der Anforderungen. Unsere Kriterien führen zu einer systematischen Zerteilung und Einordnung informeller Anforderungen.

5.4 Anforderungsmodellierung und Modelldesign

Wir konzentrieren uns in diesem Abschnitt auf Anforderungen aus der Rubrik *Funktion und Nutzung*, denn hier steht der informationsverarbeitende Aspekt ganz im Zentrum. Ausschlaggebend ist jetzt, welches Systemkonzept in den Requirements-Engineering-Prozess eingebracht wird.

Wir benutzen im Folgenden den Ansatz eines *verteilten Systems*, das mit seiner Umgebung über Eingabekanäle und Ausgabekanäle kommuniziert und möglicherweise in Komponenten zerfällt, die auf gerichteten Kanälen Nachrichten untereinander austauschen, wobei jede Komponente selbst wieder ein System ist. Diesen Ansatz haben wir in Kap. 2 ausführlich beschrieben. Er dient uns zur *Anforderungsmodellierung*, d.h. zur Formalisierung informell erhobener Anforderungen.

Ein solches hierarchisches Konzept ist für ein Top-Down-Vorgehen gut geeignet. Die Granularität lässt sich steigern. Eine Detaillierung, d.h. ein Schritt, der eine Komponente (unter Beibehaltung ihres Ein- und Ausgabeverhaltens) in Teilkomponenten zerlegt, wird auch als *Modelldesign* bezeichnet. Dazu ist es erforderlich, Teilkomponenten zu bestimmen sowie ihr Verhalten und ihre Interaktionen festzulegen. Für jede Teilkomponente wiederholt sich im Detail, was für die umfassende Komponente auszuführen war: eine Anforderungsmodellierung. Allerdings ist festzustellen, dass die Anforderungen an die umfassende Komponente oft erst bei der Aufteilung in Komponenten explizit gemacht werden können. Die Designphase lässt sich also nicht immer streng abtrennen.

Wenn wir unsere idealisierte Top-Down-Sichtweise der Modellierung einen Augenblick verlassen, können wir andere Designschritte in den Blick nehmen wie Umstrukturierungs- oder Refakturierungsschritte, wie die Anwendung von Entwurfsmustern und die Verwendung von standardisierten Komponenten.

Welche Aspekte lassen sich adäquat als verteiltes System modellieren?

Wir haben zu bedenken, dass die zu entwickelnde Hardware und Software auf Vorgegebenes aufsetzen und in einem definierten Umfeld ihre Aufgaben erfüllen. Man spricht von der *Umgebung* des Systems. Ferner wird man davon Gebrauch machen, dass die Aufgaben des Systems in spezifische Anwendungsgebiete fallen. Überhaupt liegen möglicherweise Anforderungen vor, die sich auf bekannte Gebiete beziehen. Requirements Engineering steht also vor der Aufgabe, den Gesamtkomplex von Systemvorhaben und relevantem Bereich zu modellieren.

Für die Bereichsmodellierung liegt es auf der Hand, dass an vorhandene Modelle angeknüpft wird. Man verwendet dann die etablierten technischen und wissenschaftlichen Methoden. Die einschlägigen Beschreibungsmittel finden auf diese Weise Eingang in den Systementwicklungsprozess.

Trotz solcher Vorgaben kann es erforderlich sein, nicht nur das zu entwickelnde System, sondern auch die Umgebung als verteiltes System zu modellieren und zu spezifizieren.

Wie ist dieser Ansatz zu handhaben?

Wir entwerfen das Modell diagrammatisch aus komplementären Perspektiven, wobei jede Perspektive ihr eigenes Beschreibungsmittel besitzt. Jedes Beschreibungsmittel zwingt zur Fokussierung auf das, was erfassbar ist. Zur Handhabung dienen Werkzeuge (CASE Tools) wie AutoFOCUS.

Die Sichten auf ein System beziehen sich aufeinander, wobei die Konsistenzbedingungen durchweg mechanisch abprüfbar sind. Wir unterscheiden vier Sichten:

Datensicht
Entity-Relationship-Diagramme fokussieren auf die in den Anforderungen vorkommenden Gegenstandsbereiche und Beziehungen. Sie gehen letztlich auf in algebraischen Spezifikationen der Daten. Diese wiederum sind integraler Bestandteil in der Systemstruktur- und in der Verhaltenssicht, insbesondere bei der Klassifizierung von Nachrichten.

Struktursicht
Systemstrukturdiagramme beschreiben die Architektur eines Systems als Netz von Komponenten. Die Anforderungen an das System werden verteilt auf Teilsysteme; Schnittstellen werden festgelegt.

Interaktionssicht
Sequenzdiagramme (Message Sequence Charts) dienen der Darstellung exemplarischen Verhaltens. Anhand von Einzelbeispielen, Szenarien zur Illustration der Nutzungsfälle (engl.: use cases) wird die Abfolge von Interaktionen zwischen Systemkomponenten gegen die Zeit abgetragen.
Man spielt solche Beispiele aber auch zur Kontrolle des bereits spezifizierten Verhaltens durch und generiert sie aus einer Modellskizze oder simuliert ein fertiges Modell.

Verhaltenssicht
Zustandsübergangsdiagramme beschreiben das Verhalten der einzelnen Komponenten. Die Anforderungen an das Ein- und Ausgabeverhalten werden durch Transitionssysteme realisiert.

Die Übergänge zwischen den diagrammatischen Methoden und der algebraischen Spezifikation sind fließend. Je mehr man in die letztere verlagert, desto kompakter werden die Zustandsübergangsdiagramme. Wichtig ist, dass schon bei sparsamstem Einsatz formaler Mittel computergestützte Evaluationen möglich sind.

Systemstruktur- und Verhaltenssicht gleichen Syntax und Semantik in der Linguistik oder Signatur und Axiomatik in der Algebra. Ihre Konsistenz gewährleistet, dass aus den separaten Sichten wirklich das Modell *eines* Systems entsteht. An die Modellierungssituation in AutoFOCUS erinnert die unten stehende Abbildung. (Etwas weniger stark verkleinert finden sich die drei Diagramme weiter vorn in Kap.2.)

5.4–1 AutoFOCUS: Project Browser und Editoren

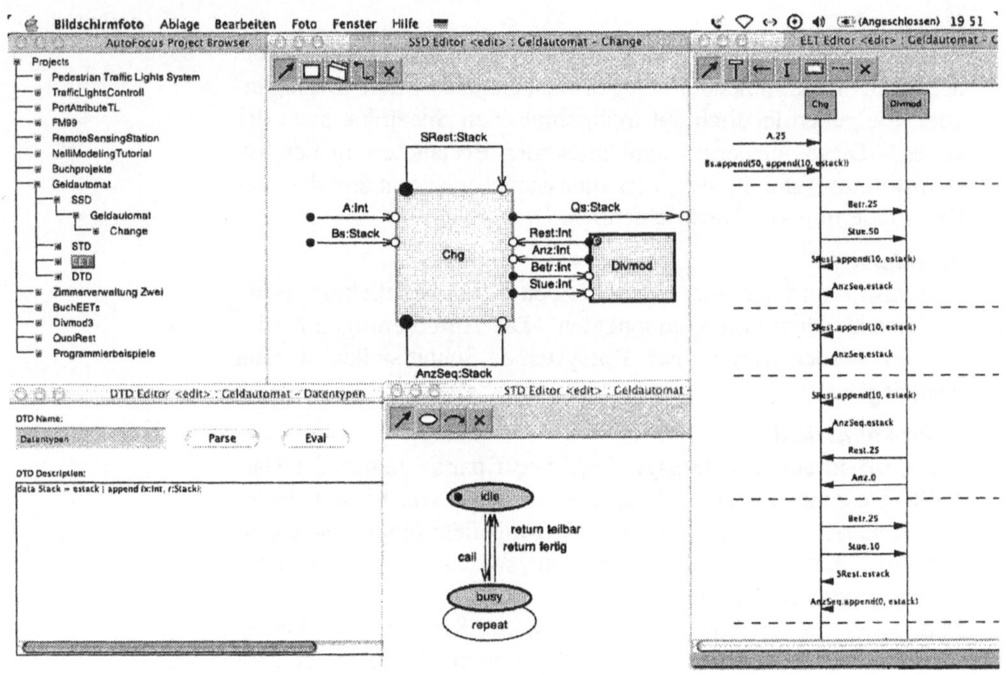

5.5 Wie es weitergeht

Am Ende bleibt uns, Bilanz zu ziehen und Ausschau zu halten:

Für das Lehramt ...

Bereits im Schulversuch des Europäischen Gymnasiums III war es den Statuten gemäß das vorrangige Ziel des Faches Informatik, „den Schülern die wissenschaftlichen Grundlagen nahezubringen sowie die technischen Hintergründe informatischer Systeme aufzuzeigen, um ihnen so eine sinnvolle, zweckgerichtete und verantwortungsbewusste Nutzung und Mitgestaltung dieser Systeme zu ermöglichen.“ Für einen Informatikunterricht, der deshalb auf Modellierungstechniken abhebt, gilt: „Im Verlauf des Unterrichts wird so zunehmend auch der Vorgang des Problemlösens an sich reflektiert. [...] Die Schüler erwerben ein breites Spektrum an Denkmodellen, mit deren Hilfe sie entsprechend ihres Entwicklungsstandes komplexe, multikausale und vernetzte Problemstellungen bearbeiten können.“

Mag es auch überraschen, wenn die grundsätzliche Diskussion, *ob* Informatik an die Schule gehört, gelegentlich von Neuem begonnen wird, wenn erneut ein Philologenverband mit einer ablehnenden Stellungnahme hervortritt, so ist die Frage, *was* einen Lehrer qualifiziert, dieses Fach zu unterrichten, sicher noch nicht abgeschlossen. Einerseits lassen Schulstoff und Fachdidaktik Rückschlüsse zu auf das erforderliche Hintergrundwissen, andererseits setzen Wissenschaft und Technik Maßstäbe für die Relevanz der Inhalte und für Umfang und Tiefe, und es ist absehbar, dass marginale Stoffe aus den Unterrichtsplänen verschwinden werden. Ein Blick auf die neuen Studienordnungen an den Universitäten lässt erkennen, mit welchem spezifischen Wissen die zukünftigen Lehrer ihr Fach vertreten werden.

... und die Systementwicklung

Auf das Ziel, ausgewählte Beschreibungstechniken der Modellbildung vorzustellen, war diese Informatikeinführung ausgerichtet. Wo mathematische Strenge erforderlich ist, sind algebraische Spezifikationen das probate Mittel. Hintergrund ist dann ein Quäntchen Logik, spezifisch natürlich zum Nachweis der Korrektheit von Modellen durch Verifikation, unvermeidlich jedoch bei der Aufstellung von Modelleigenschaften durch Axiome. Algebraisch formulieren wir auch den Datenanteil der Diagramme; dort benutzen wir applikative Programmierung. Wann immer wir in die Situation kommen, ein informatisches Beschreibungsmittel verstehen zu sollen, richtet sich unser Blick auf seine Struktur als Formalsprache. Das letzte Thema des Buches, Requirements Engineering, bezweckt durch kooperative Analyse eines Problems oder Ziels, Eigenschaften eines informatischen Systems zu spezifizieren und anschließend Gewissheit darüber herzustellen, dass das zugrunde liegende Problem oder Ziel adäquat behandelt ist.

Welches Informatikbild vermittelt die Systemmodellierung?

Wie bereits im Vorwort angesprochen, hat Informatik viele Facetten. Als Fachgebiet der maschinellen Informationsverarbeitung, Informationsspeicherung, Informationsübertragung und Informationsdarstellung gliedert sie sich in die folgenden Felder:

Algorithmische Informatik
Im Vordergrund steht hier der Begriff des Algorithmus. Ein Algorithmus ist eine – für die maschinelle Verarbeitung formal beschriebene – Vorschrift zur Lösung eines Problems. Durch Algorithmen können aus Eingabewerten gesuchte Werte berechnet werden. Durch Algorithmen können aber auch Vorgänge gesteuert werden, wie beispielsweise die Übertragung von Informationen in der Kommunikationstechnik oder der Ablauf von Prozessen in so genannten eingebetteten Systemen. Dies zeigt, dass Algorithmen weite Bereiche der Informatik durchdringen.

Technische und systemorientierte Informatik
Dies ist das gesamte Gebiet der Hardware- und Softwaresysteme, die die Informatik praktisch benutzt. Insbesondere gehören dazu die Betriebssysteme, die Softwaresysteme und Programme, die die Kommunikation zwischen Rechnern steuern, aber auch eine Fülle von Anwendungsprogrammen für alle denkbaren Zwecke. Dieser Bereich der Informatik beschäftigt sich insbesondere mit der Art und Weise, wie man informationsverarbeitende Maschinen in Strukturen einbettet, die eine gute Nutzung dieser Maschinen ermöglichen.

Anwendungsorientierte Informatik
Hier beschäftigt sich die Informatik mit den unterschiedlichsten Gebieten, in denen informationsverarbeitende Systeme eingesetzt werden können. Zu nennen sind insbesondere die betriebswirtschaftlichen Anwendungen, aber auch klassische Felder in der Medizin, in der Biologie, im Maschinenbau und in der Fahrzeugtechnik. Man denke beispielsweise an Komponenten in Kraftfahrzeugen oder Flugzeugen.

Ingenieurorientierte Informatik
Die ingenieurorientierte Informatik beschäftigt sich im Schwerpunkt mit der Entwicklung und dem Betrieb großer Informatiksysteme. Dieser Teil der Informatik wird manchmal auch Software Engineering genannt.

Jedes der genannten Gebiete weist neben übereinstimmenden auch völlig eigenständige Züge auf. Jedes Gebiet kann als Einstieg in die Informatik gewählt werden.

Das Thema der Modellierung von Informatiksystemen bietet einen übergreifenden Zugang zum gesamten Fächerkanon:

Algorithmische Informatik

So ist es für die algorithmische Informatik eine wichtige Aufgabe, Algorithmen durch geeignete Modelle darzustellen. Ein Darstellungsmittel sind Transitionssysteme, wie wir gesehen haben, ein anderes applikative Programme. Auch in der Behandlung von Problemen der Logik in einer bestimmten syntaktischen Form entstehen Beschreibungen, die als Algorithmen verstanden werden können. Auch hier besitzt Modellierung eine starke Nähe zu Fragen der Algorithmik.

Technische und systemorientierte Informatik

Gerade systemnahe Strukturen weisen in der Regel eine hohe Komplexität auf. Sie sind schwer zu verstehen und schwierig darzustellen. Deshalb ist gerade hier das Thema der Modellierung von besonderer Bedeutung. Die pragmatischen und formalen Beschreibungsmittel, die wir vorgestellt haben, sind besonders gut dafür geeignet, Systemstrukturen zu modellieren. Dies trifft insbesondere auf die Diagramme zu, die den Aufbau aus Komponenten und deren Interaktion ausdrücken.

Anwendungsorientierte Informatik

Wenden wir uns der anwendungsnahen Informatik zu, so geht es dort insbesondere darum, die Zusammenhänge in den Anwendungsgebieten mit Mitteln der Informatik zu erfassen. Auch dazu werden Modelle der Informatik eingesetzt. Beispielsweise bieten die im ersten Abschnitt behandelten Entity-Relationship-Diagramme besondere Möglichkeiten für die Erfassung von Gegenstandsbereichen und Begriffssystemen.

Ingenieurorientierte Informatik

Eine besonders herausragende Rolle spielen Modelle der Informatik im Software Engineering. Beschäftigt sich doch das Software Engineering fundamental damit, bestimmte Aufgabenstellungen durch Modelle der Informatik zu erfassen und diese schließlich in eine Form zu bringen, die algorithmisch ist und ausgeführt werden kann. Besonders deutlich wird das in diesem abschließenden Kapitel über Requirements Engineering, in dem der Einsatz von Modellierungstechniken in der Anfangsphase einer Software- oder Hardwareentwicklung geschildert wird.

Das Thema „Modelle der Informatik" steht natürlich auch in einem Zusammenhang mit stärker theoretischen Themen der Informatik. In diesem Buch wird dies deutlich zum einen bei den Strukturen formaler Sprachen. Dies ist ein Hauptgebiet der theoretischen Informatik. Das Gleiche gilt für Fragen der Logik und der Verifikation. Auch hier gibt es enge Bezüge zur theoretischen Informatik.

Insgesamt zeigt sich, dass Modelle der Informatik und die Fragen der Modellierung von Informatiksystemen ein Querschnittsthema für die unterschiedlichsten Facetten der Informatik sind. Dieses Buch gibt von den typischen Modellen, die die Informatik einsetzt, einen ersten Eindruck. Dabei wird das Thema grundsätzlich angegangen, so dass der Leser die Prinzipien und Grundlagen möglichst nachvollziehen und Modellierungstechniken und Modellierungssprachen wie die heute weit verbreitete UML sehr viel schneller und genauer verstehen kann.

Anhang

Einige mathematische Begriffe

Wir stellen hier einige Begriffe der Mathematik zusammen, von denen im Buch Gebrauch gemacht wird.

Unsere Welt ist durch Beziehungen strukturiert, von den sozialen Banden bis hin zu den Kausalbezügen zwischen Ereignissen. Die Mathematik hat dafür den Begriff der Relation geprägt.

Aus der Mengenlehre erinnern wir: Zu zwei vorgegebenen Mengen A und B bezeichnet A×B die Menge aller Paare (x,y), für die x aus der Menge A und y aus der Menge B ist, also

$$A\times B = \{(x,y).\ x\in A \text{ und } y\in B\}.$$

Die Menge A×B heißt das *cartesische Produkt* von A und B. Die Paare nennt man auch *Tupel*; die beiden Bestandteile heißen *Komponenten*. Die Gleichheit zwischen Tupeln ist definiert durch die Gleichheit der Komponenten

$$(a,b) = (c,d) \text{ genau dann, wenn } a=c \text{ und } b=d.$$

Mit mehr als zwei Ausgangsmengen kommt man zum mehrstelligen cartesischen Produkt. Die Gleichheit der Tupel ist wieder komponentenweise definiert.

Als *zweistellige Relation* zwischen zwei Mengen A und B wird jede Teilmenge

$$R \subseteq A\times B$$

verstanden.

Die fraglichen Mengen A und B können auch gleich sein. Dann spricht man von einer Relation *in* dieser Menge. Beispielsweise ist unter den Bewohnern eines Hauses die Menge der Ehepaare eine *endliche* Relation (die auch leer sein kann). Übrigens ist sie *symmetrisch*, d.h.

aus $(x,y) \in R$ folgt $(y,x) \in R$.

Denn wenn ein Mann x mit einer Frau y verheiratet ist, dann auch diese Frau mit besagtem Mann. Eine andere Relation R ergibt sich, wenn man die Hausbewohner nach dem Alter vergleicht. Man verwendet dann gern eine Infixnotation und schreibt

$x \leq y$ anstatt $(x,y) \in R$

für „x ist höchstens so alt wie y". Diese Relation ist übrigens *reflexiv*, d.h.

es gilt stets $x \leq x$.

Denn es stimmt auch, dass jede Person x höchstens so alt ist wie sie selbst. Die Relation $\leq$ ist sogar *transitiv*, d.h.

aus $x \leq y$ und $y \leq z$ folgt $x \leq z$.

Ist unsere Relation auch *symmetrisch*? - Das würde bedeuten

aus $x \leq y$ folgt $y \leq x$,

was nur zutreffen würde, wenn sämtliche Personen im Haus gleich alt sind, sonst aber nicht.

Relationen in einer Menge müssen natürlich nicht endlich sein. Ein Beispiel ist die Teilbarkeit zweier natürlicher Zahlen.

Weitere Eigenschaften zweistelliger Relationen $R \subseteq A \times B$:

linkstotal: für jedes x gibt es ein y mit $(x,y) \in R$,
rechtstotal: für jedes y gibt es ein x mit $(x,y) \in R$,
linkseindeutig: aus $(x,y) \in R$ und $(z,y) \in R$ folgt $x=z$,
rechtseindeutig: aus $(x,y) \in R$ und $(x,z) \in R$ folgt $y=z$.

Die rechtseindeutigen Relationen haben also die Eigenschaft, dass jedem Element x höchstens ein Element y zugeordnet ist. Eine solche Relation heißt (*partielle*) *Abbildung*. Ist die Relation zusätzlich linkstotal, so heißt sie *totale Abbildung*.

Abbildungen $f \subseteq A \times B$ definiert man üblicherweise in der Form

$f: A \to B$, mit $x \mapsto f(x)$ gegeben durch ...,

wobei die drei Punkte für eine charakterisierende Eigenschaft stehen. Dabei heißt A der *Definitionsbereich* und B der *Zielbereich.* Der Zielbereich braucht nicht voll ausgeschöpft zu werden, d.h. er kann größer sein als der Wertebereich der Abbildung. Der Wertebereich ist definiert als die Menge

$f(A) = \{y \in B.$ es gibt ein $x \in A$ mit $y=f(x)\}$.

Eine totale Abbildung heißt *surjektiv*, falls $f(A)=B$ gilt, sie heißt *injektiv*, wenn sie als Relation linkseindeutig ist und *bijektiv*, wenn sie surjektiv und injektiv ist.

Der Definitionsbereich A kann selbst ein cartesisches Produkt sein, etwa $A=A_1 \times A_2$. Wir sind es gewohnt, dann oft infix zu schreiben, z.B. a + b statt sum(a,b), und nennen eine Abbildung dann *Verknüpfung*.

Bei Abbildungen darf man nicht nur an Rechenvorschriften denken. Da nämlich die Zuordnung $x \mapsto f(x)$ auch nichtkonstruktiv festgelegt werden kann, reicht der Begriff wesentlich weiter.

Abbildungen und Verknüpfungen stehen im Zentrum der Algebra. Ihnen werden in der mathematischen Logik *Funktionen* und *Operationen* gegenübergestellt. Wählen wir als Beispiel eine Menge B von Büchern und die Menge N aller vierstelligen Dezimalzahlen. Viele Bücher haben auf der Rückseite des Titelblattes das Erscheinungsjahr. Ordnet die Abbildung

$$j: B \to N$$

tabellarisch jedem Buch durch Inspektion der Rückseite des Titelblattes das Erscheinungsjahr zu (sofern vorhanden), so ist die Tabelle unlösbar an diese bestimmte Menge B von Büchern gebunden. Die Vorgehensweise ist aber allgemein. Sie lässt sich offenbar auf alles anwenden, was sich als Buch darstellt, was vom *Typ* Buch ist, wie man sagt. Dies ist für die Informatik eine wichtige mathematische Abstraktion. Es gibt in der Mathematik andere Gebiete, in denen diese Abstraktion keine Rolle spielt. Dort werden die Wörter Abbildung und Funktion synonym verwendet. Man behandelt z.B. in der Analysis die so genannten reellen Funktionen und versteht darunter die partiellen Abbildungen der Menge der reellen Zahlen in sich.

Gesetze der Booleschen Algebra

Die Menge der beiden Wahrheitswerte bildet mit den Verknüpfungen ¬, ∧, ∨ eine Algebra, in der die folgenden Gesetze gelten. Sie ist ein *Beispiel* einer so genannten Booleschen Algebra. Die Trägermenge einer *Booleschen Algebra* ist nicht notwendig zweielementig.

Involutionsgesetz

$\neg\neg x = x$

Kommutativgesetze

$x \wedge y = y \wedge x$

$x \vee y = y \vee x$

Assoziativgesetze

$(x \wedge y) \wedge z = x \wedge (y \wedge z)$

$(x \vee y) \vee z = x \vee (y \vee z)$

Idempotenzgesetze

$x \wedge x = x$

$x \vee x = x$

Absorptionsgesetze

$x \wedge (x \vee y) = x$

$x \vee (x \wedge y) = x$

Distributivgesetze

$x \wedge (y \vee z) = (x \wedge y) \vee (x \wedge z)$

$x \vee (y \wedge z) = (x \vee y) \wedge (x \vee z)$

Gesetze von De Morgan

$\neg(x \wedge y) = \neg x \vee \neg y$

$\neg(x \vee y) = \neg x \wedge \neg y$

Neutralitätsgesetze

$x \vee (y \wedge \neg y) = x$

$x \wedge (y \vee \neg y) = x$

Gesetze der Quantoren

Es folgen einige semantische Folgerungen und Äquivalenzen. Es sei ***frei*** eine Funktion, die die Menge der freien Variablen einer logischen Formel bestimmt.

Quantorenvertauschung

$\forall x.\forall y.P \;|\!\!=\!\!|\; \forall y.\forall x.P$
$\exists x.\exists y.P \;|\!\!=\!\!|\; \exists y.\exists x.P$
$\exists x.\forall y.P \;|\!\!=\; \forall y.\exists x.P$

Konjunktion

$\forall x.P \wedge Q \;|\!\!=\!\!|\; (\forall x.P) \wedge (\forall x.Q)$
$\forall x.P \wedge Q \;|\!\!=\!\!|\; P \wedge (\forall x.Q)$ falls $x \notin$ ***frei***(P)
$\exists x.P \wedge Q \;|\!\!=\!\!|\; P \wedge (\exists x.Q)$ falls $x \notin$ ***frei***(P)
$\exists x.P \wedge Q \;|\!\!=\; (\exists x.P) \wedge (\exists x.Q)$

Disjunktion

$\forall x.P \vee Q \;=\!\!|\; (\forall x.P) \vee (\forall x.Q)$
$\forall x.P \vee Q \;|\!\!=\!\!|\; P \vee (\forall x.Q)$ falls $x \notin$ ***frei***(P)
$\exists x.P \vee Q \;|\!\!=\!\!|\; (\exists x.P) \vee (\exists x.Q)$
$\exists x.P \vee Q \;|\!\!=\!\!|\; P \vee (\exists x.Q)$ falls $x \notin$ ***frei***(P)

Implikation

$P \longrightarrow Q \;|\!\!=\!\!|\; \neg P \vee Q$
$\forall x.P \longrightarrow Q \;|\!\!=\!\!|\; P \longrightarrow (\forall x.Q)$ falls $x \notin$ ***frei***(P)
$\forall x.P \longrightarrow Q \;|\!\!=\!\!|\; (\exists x.P) \longrightarrow Q$ falls $x \notin$ ***frei***(Q)
$\exists x.P \longrightarrow Q \;|\!\!=\!\!|\; P \longrightarrow (\exists x.Q)$ falls $x \notin$ ***frei***(P)
$\exists x.P \longrightarrow Q \;|\!\!=\!\!|\; (\forall x.P) \longrightarrow Q$ falls $x \notin$ ***frei***(Q)
$\exists x.P \longrightarrow Q \;|\!\!=\!\!|\; (\forall x.P) \longrightarrow (\exists x.Q)$
$\forall x.P \longrightarrow Q \;=\!\!|\; (\exists x.P) \longrightarrow (\forall x.Q)$
$\forall x.P \longrightarrow Q \;|\!\!=\; (\forall x.P) \longrightarrow (\forall x.Q)$
$\forall x.P \longrightarrow Q \;|\!\!=\; (\exists x.P) \longrightarrow (\exists x.Q)$

Negation

$\forall x.\neg P \;|\!\!=\!\!|\; \neg(\exists x.P)$
$\exists x.\neg P \;|\!\!=\!\!|\; \neg(\forall x.P)$
$\forall x.P \;|\!\!=\!\!|\; \neg(\exists x.\neg P)$
$\exists x.P \;|\!\!=\!\!|\; \neg(\forall x.\neg P)$

Lösungen zu ER-Diagrammen

Zum Entity-Relationship-Modell

1 Mehrfachheit Ein Schüler bzw. eine Schülerin spricht für höchstens eine Klasse.
Eine Klasse hat höchstens einen Sprecher bzw. eine Sprecherin.
Ein Schüler bzw. eine Schülerin besucht höchstens eine Klasse.
Eine Klasse kann von mehreren Schülern und Schülerinnen besucht werden.
Ein Lehrer hat für mindestens zwei und höchstens drei Fächer Lehrbefähigung.
Zu jedem Fach gibt es mindestens einen Lehrer oder eine Lehrerin mit entsprechender Lehrbefähigung.

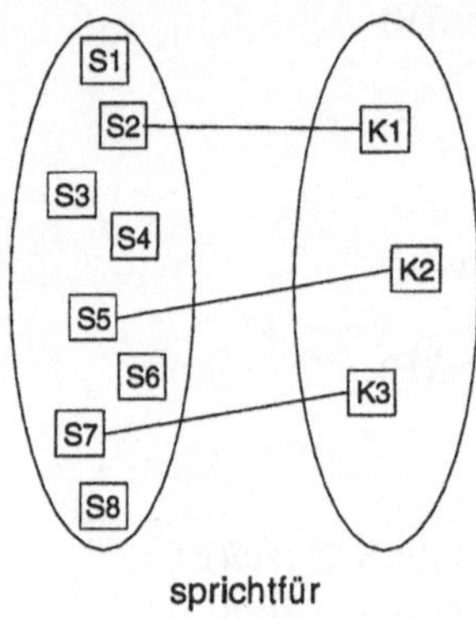

sprichtfür

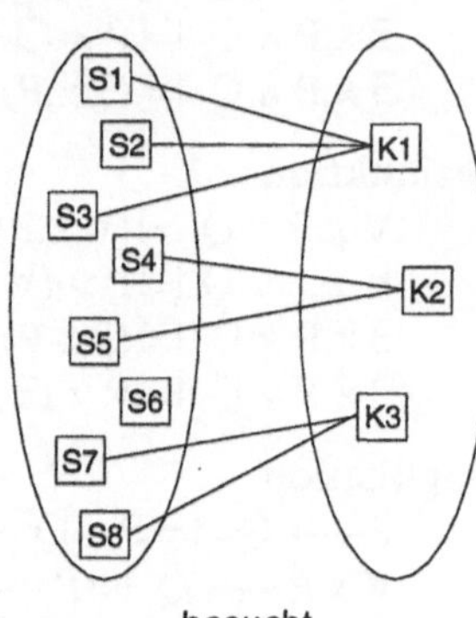

besucht

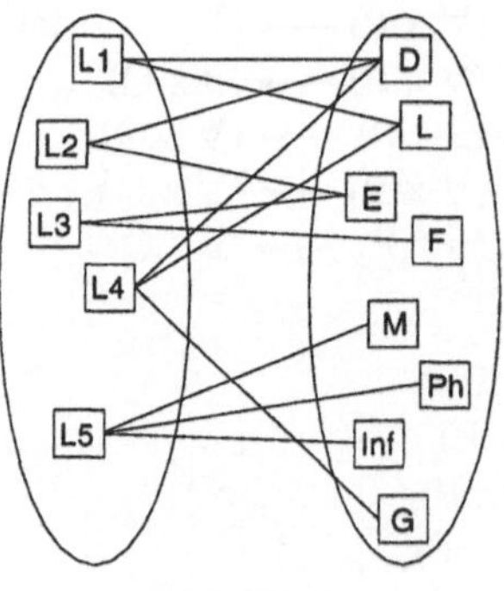

hatLehrbef

Erläuterungen zu den obigen Relationsdiagrammen:

Bei dieser Lösung wurde auch eine Integritätsbedingung eingehalten, die im Modell nicht zum Ausdruck kommt, aber der Praxis entspricht: Ein Schüler oder eine Schülerin kann nur für seine bzw. ihre Klasse sprechen.

Dass ein Schüler oder eine Schülerin (hier S6) keiner Klasse angehört, kann verwaltungstechnisch sinnvoll sein und widerspricht auch nicht dem gegebenen Modell.

2 Rollen und Attribute

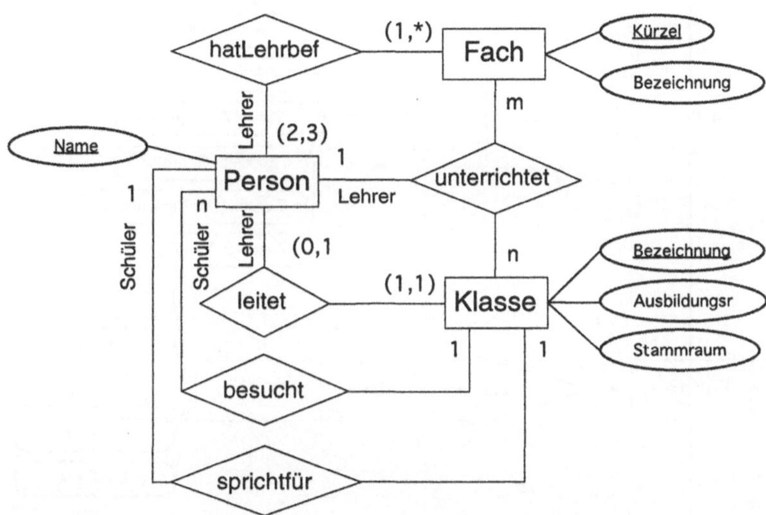

Erläuterungen zum obigen ER-Diagramm:

Ein Lehrer oder eine Lehrerin ist in höchstens einer Klasse Klassenleiter bzw. Klassenleiterin. Jede Klasse hat genau einen Lehrer bzw. eine Lehrerin als Klassenleiter bzw. als Klassenleiterin.

Ein bestimmtes Fach wird in einer bestimmten Klasse von höchstens einem Lehrer bzw. einer Lehrerin unterrichtet (vereinfachende Annahme). Dagegen wird jeder Lehrer und jede Lehrerin in der Regel Fächer in mehreren Klassen unterrichten. Es kann auch sein, dass ein Lehrer oder eine Lehrerin in einer Klasse mehrere Fächer unterrichtet.

Die Sammlung der Attribute lässt sich natürlich nahezu beliebig erweitern.

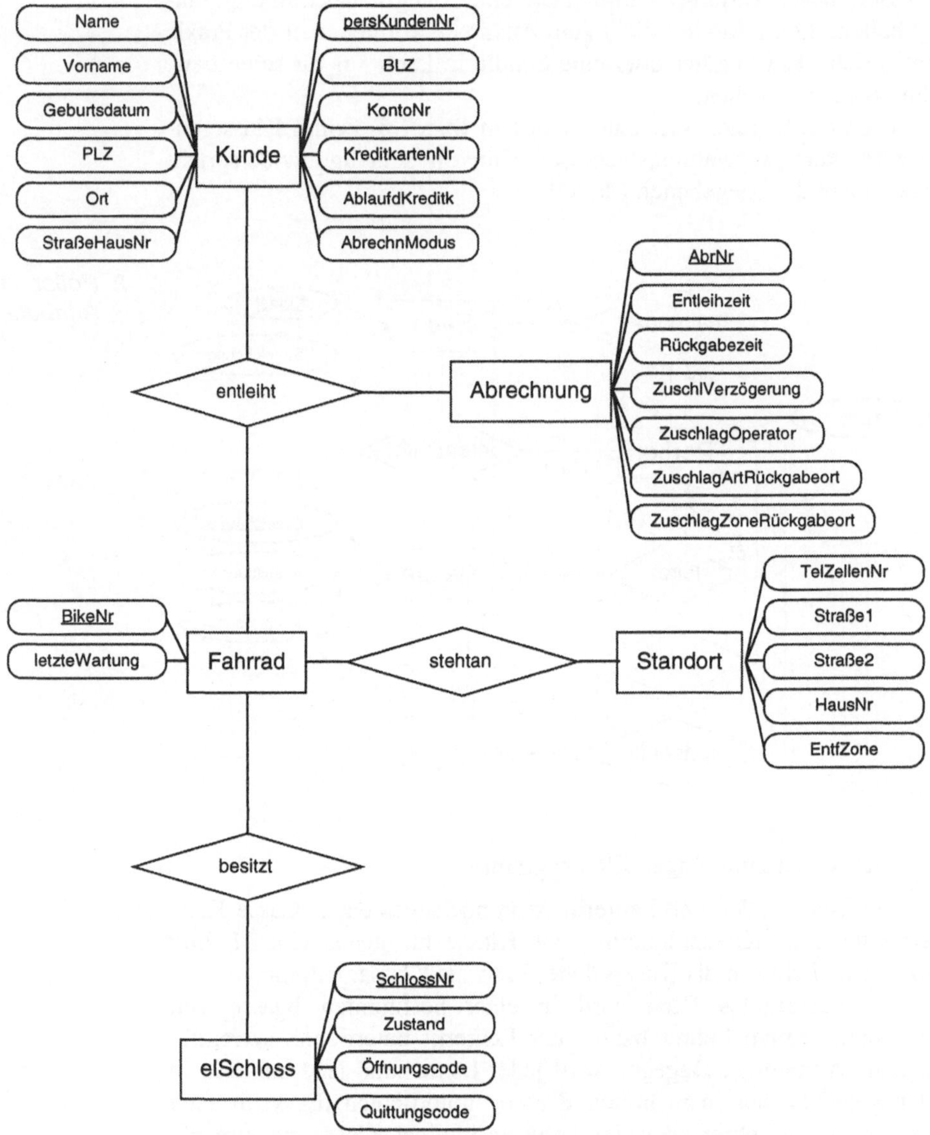

Erläuterungen:

Das Attribut `Zustand` beim elektronischen Schloss gibt an, ob das Schloss geöffnet oder verriegelt ist.

Die Identifikation eines Standorts kann entweder über die Telefonzellennummer (Standard) oder bei einer Kreuzung über die beiden sich kreuzenden Straßen oder über eine Straße und die Hausnummer erfolgen. Das Attribut `EntfZone` dient der Angabe, ob der Standort innerhalb oder außerhalb des Mittleren Rings bzw. außerhalb des Stadtgebiets von München liegt.

`ZuschlagArtRückgabeort` und `ZuschlagZoneRückgabeort` sind für die Abrechnung bei nicht standardgemäßer Rückgabe (Telefonzelle innerhalb des Mittleren Rings in München) wichtig.

4 Projekt Omnibus

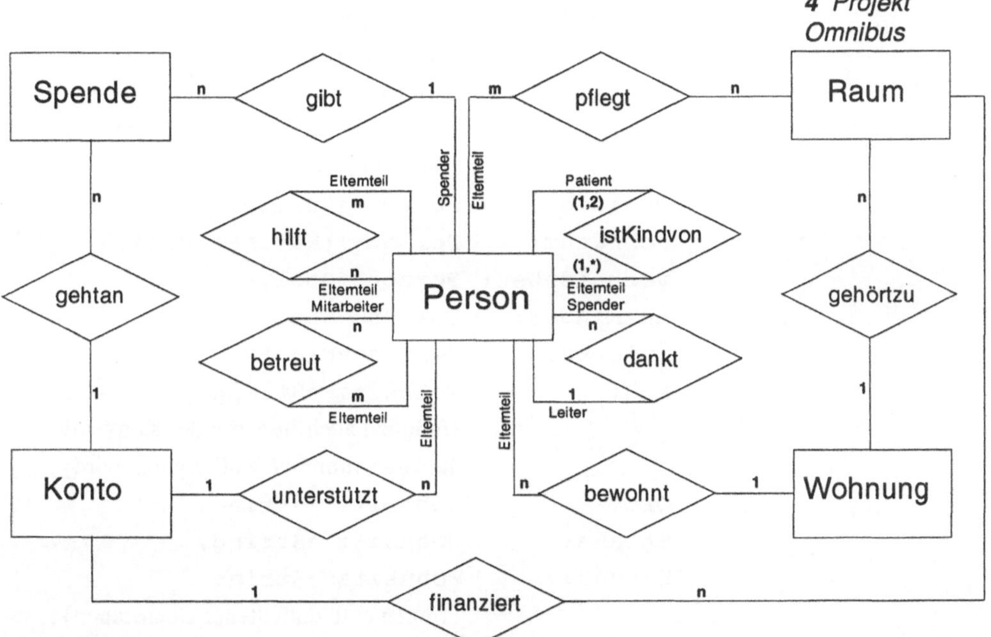

Erläuterungen:

Personen treten als Elternteile, Patienten, Mitarbeiter, Leiter und Spender auf.

Aus der Internetpräsentation gehen nur die Daten eines einzigen Kontos hervor. Selbst unter der Annahme, dass das Projekt nur ein Konto führt, erscheint es sinnvoll, dieses als eigenen Gegenstandstyp in das Modell mit aufzunehmen. Es fungiert als „Sammler und Verteiler" der Gelder.

Offenbar gibt es auch Räume, die nicht zu Wohnungen gehören (Gemeinschaftsräume). Auch diese und nicht nur ganze Wohnungen werden vom Projekt mitfinanziert.

Die Beschriftung mit n bzw. m bedeutet lediglich, dass einseitige Eindeutigkeit nicht unbedingt gefordert ist.

Zu Datenlexika

1 Algebraische Beschreibung

```
Gegenstandstypen
  Abteilung, Person, Wohnsitz
Attribute
  Bezeichnung: Abteilung→String,
  Standort:    Abteilung→String,
  Personalnr:  Person→Nat,
  Name:        Person→String,
  Vornamen:    Person→
               (String,String,String)
               {max. drei Vornamen},
  Position:    Person→String,
  GebDatum:    Person→(Nat,Nat,Nat),
  verheiratet: Person→Bool,
  AnzKinder:   Person→Nat,
  mtlGehalt:   Person→Float,
  PLZ:         Wohnsitz→String
               {möglich auch Nat mit der Konvention,
               dass ggf. führende Null ergänzt wird},
  Ort:         Wohnsitz→String,
  Straße:      Wohnsitz→String,
  Hausnr:      Wohnsitz→String
               {wegen evtl. enthaltener Buchstaben},
  Wohnung:     Wohnsitz→String
               {oder Nat bei einfacher Nummerierung}
Beziehungen
  arbeitetin:  Person,Abteilung→Bool,
  leitet:      Person,Abteilung→Bool,
  hat:         Person,Wohnsitz→Bool
```

2 Integritäts–bedingungen

```
Beziehungen
  sprichtfür:  Person,Klasse→Bool,
  besucht:     Person,Klasse→Bool,
  hatLehrbef:  Person,Fach→Bool
```

Bedingungen bzgl. einseitiger Eindeutigkeit:

```
sprichtfür(s,klasse₁)
∧ sprichtfür(s,klasse₂)
⟶ klasse₁=klasse₂,

sprichtfür(schüler₁,k)
∧ sprichtfür(schüler₂,k)
⟶ schüler₁=schüler₂,

besucht(s,klasse₁)
∧ besucht(s,klasse₂)
⟶ klasse₁=klasse₂
```

Bedingung bzgl. Klassensprecher:

```
sprichtfür(s,k) ⟶ besucht(s,k)
```

3 Einseitige Eindeutigkeit

Beziehungen

```
unterrichtet: Lehrer,Fach,Klasse→Bool,
stellt:Lehrer,Schüler,Referatsthema→Bool
```

Bedingungen bzgl. einseitiger Eindeutigkeit:

```
unterrichtet(lehrer₁,f,k)
∧ unterrichtet(lehrer₂,f,k)
⟶ lehrer₁=lehrer₂,

stellt(lehrer₁,s,r) ∧ stellt(lehrer₂,s,r)
⟶ lehrer₁=lehrer₂,

stellt(l,s,thema₁) ∧ stellt(l,s,thema₂)
⟶ thema₁=thema₂
```

Mit anderen Worten:

Jedes Fach wird in jeder Klasse von höchstens einem Lehrer bzw. einer Lehrerin unterrichtet.

Kein Schüler bzw. keine Schülerin kann das gleiche Referatsthema von verschiedenen Lehrkräften gestellt bekommen.

Kein Schüler bzw. keine Schülerin kann von einer Lehrkraft mehr als ein Referatsthema gestellt bekommen.

Lösungen zu algebraischen Spezifikationen

Zu Signaturen und Axiomen

1 Nachrichten im Netz

```
SPEC NETZNACHRICHT =
{ based_on NAT,STRING,
  sort Nachricht,
  MkN:     Nat,Nat,String → Nachricht,
  an,von: Nachricht → Nat,
  inh:     Nachricht → String,
  Nachricht generated_by MkN,
   an(MkN(x,y,z)) = x,
  von(MkN(x,y,z)) = y,
  Inh(MkN(x,y,z)) = z                    }.
```

2 Elektronisches Zahlenschloss

a) Ziffern als Teilbereich der natürlichen Zahlen:

```
SPEC CODE =
{ based_on NAT,
  sort Code,
  MkC: Nat,Nat,Nat → Code,
  first,second,third: Code → Nat,
  Code generated_by MkC,
   first(MkC(x,y,z)) = x,
  second(MkC(x,y,z)) = y,
   third(MkC(x,y,z)) = z,
 (x>3)v(y>3)v(z>3)
  ⟶ (δ[MkC(x,y,z)]=false)         }.
```

b) Ziffern explizit spezifiziert:

```
SPEC DIGIT =
{ sort Digit,
  0,1,2,3: Digit },

SPEC CODE =
{ based_on DIGIT,
  sort Code,
  MkC: Digit,Digit,Digit → Code,
  first,second,third: Code → Digit,
```

```
Code generated_by MkC,
 first(MkC(x,y,z)) = x,
second(MkC(x,y,z)) = y,
 third(MkC(x,y,z)) = z                }.
```

Zur Funktion `next`:

3 Die Axiome der Prioritätsschlangen

Axiom *n1*: Das nächste Element höchster Priorität der Prioritätsschlange mit `a` als einzigem Element ist gerade `a`.

Axiom *n3*: Wenn das Element `next(s)` von `s` keine kleinere Priorität hat als `a` und `s` nicht leer ist, dann ist das nächste Element höchster Priorität von `enq(s,a)` dasjenige von `s`. Das schließt den Fall ein, dass `next(s)` und `a` dieselbe Priorität besitzen. Auch in diesem Fall kommt das Element von `s`, das ist das früher eingereihte Element, an die Reihe. Wenn das Element `next(s)` von `s` eine höhere Priorität hat als `a` und `s` leer ist, ist Axiom *n1* einschlägig.

Zur Funktion `deq`:

Axiom *d1*: Besteht eine Prioritätsschlange nur aus einem Element, so ist sie leer, wenn das Element höchster Priorität entfernt wird.

Axiom *d2*: Wenn das Element `next(s)` eine kleinere Priorität hat als `a`, dann ist die Prioritätsschlange `enq(s,a)` ohne nächstes Element höchster Priorität gerade `s`. Es wird das Element gelöscht, auf das durch `next` zugegriffen wird.

Axiom *d3*: Wenn das Element `next(s)` keine kleinere Priorität hat als `a` und `s` nicht leer ist, dann entfernt `deq` aus `enq(s,a)` das nächste Element höchster Priorität aus `s`. Das ist dasjenige Element, auf das durch `next` zugegriffen wird.

Zu grundlegenden Spezifikationen

1 Strichzahlen

Wir weisen nach, dass `STRICHZAHL` eine „Implementierung" von `NAT` ist.

$$\begin{aligned}
\mathtt{iszero}^s(\mathtt{0}^s) &= \mathtt{iseseq(<>)} = \mathtt{true},\\
\mathtt{iszero}^s(\mathtt{succ}^s(\mathtt{x})) &= \mathtt{iseseq(<|>\hat{}x)}\\
&= \mathtt{iseseq(<|>)} \wedge \mathtt{iseseq(x)}\\
&= \mathtt{false},\\
\mathtt{pred}^s(\mathtt{succ}^s(\mathtt{x})) &= \mathtt{rest(<|>\hat{}x)} = \mathtt{x},\\
\mathtt{0}^s +^s \mathtt{y} &= \mathtt{<>\hat{}y} = \mathtt{y},\\
\mathtt{succ}^s(\mathtt{x}) +^s \mathtt{y} &= \mathtt{(<|>\hat{}x)\hat{}y}\\
&= \mathtt{<|>\hat{}(x\hat{}y)}\\
&= \mathtt{succ}^s(\mathtt{x} +^s \mathtt{y}).
\end{aligned}$$

2 Termreduktion

Wir reduzieren einen Term mithilfe der Axiome von NAT.

```
succ²(0)*succ³(0)
= {sucpo, mults}
succ³(0)+(succ(0)*succ³(0))
= {mults}
succ³(0)+(succ³(0)+(0*succ³(0)))
= {mult0}
succ³(0)+(succ³(0)+0)
= {adds}
succ³(0)+(succ(succ²(0)+0))
= {adds}
succ³(0)+(succ(succ(succ(0)+0)))
= {adds}
succ³(0)+(succ(succ(succ(0+0))))
= {add0}
succ³(0)+succ³(0)
= {sucpo, adds}
succ(succ²(0)+succ³(0))
= {sucpo, adds}
succ(succ(succ(0)+succ³(0)))
= {adds}
succ(succ(succ(0+succ³(0))))
= {add0}
succ(succ(succ(succ³(0))))
= {sucpo 3 Mal, von rechts nach links}
succ⁶(0).
```

Reduktion eines Terms, der pred enthält:

```
pred(pred(succ(0)))
= {preds}
pred(0)
```

nicht weiter reduzierbar.

Der Grundterm `pred(0)` lässt sich nicht auf einen Term reduzieren, der nur noch `0` und `succ` enthält (die Funktionen, die durch **generated_by** als erzeugende Funktionen aufgeführt sind). Die Eigenschaftsmenge von `NAT` ist also nicht hinreichend vollständig. Für welches i `(0≤i)` die Eigenschaft

$$\texttt{pred(0)} = \texttt{succ}^{i}\texttt{(0)}$$

gilt, ist von Modell zu Modell verschieden.

Wir „implementieren" Prioritätsschlangen durch geordnete bzw. ungeordnete Stapel aus lauter verschiedenen Elementen.

3 Implementierung von Prioritätsschlangen

```
epq : Stack α,
enq : Stack α, α → Stack α,
next: Stack α → α,
deq : Stack α → Stack α,

epq = estack.
```

a) Geordnete Stapel, vgl. Def. enq

```
next(s) = first(s),
enq(estack,a) = append(a,estack),
(b<a) ⟶
(enq(append(b,s),a)=append(a,append(b,s))),
¬(b<a) ⟶
(enq(append(b,s),a)=append(b,enq(s,a))),
deq(s) = rest(s).
```

b) Ungeordnete Stapel, vgl. Def. enq

```
next(append(a,s)) = max(a,s),
max : α, Stack α → α       maximales Element,
max(a,estack) = a,
(b<a)  ⟶ (max(a,append(b,s)) = max(a,s)),
¬(b<a) ⟶ (max(a,append(b,s)) = max(b,s)),
enq(s,a) = append(a,s),
(a=max(a,s)) ⟶ (deq(append(a,s)) = s),
(a≠max(a,s)) ⟶ (deq(append(a,s)) =
                  append(a,deq(s))).
```

Die Modelle der Erweiterung a) von STACK sind als Modelle von `PRIOQUEUE` nicht termerzeugt, weil Terme enthalten sind (ungeordnete Stapel), die keine Prioritätsschlangen repräsentieren. Dagegen sind die Modelle der Erweiterung b) termerzeugt.

4 Ein Buchungssystem

a) Wir diskutieren die Axiome eines Belegplans:

```
isel(add(s,x),x)=true
```

bedeutet: Ein Platz, der belegt wurde, wird als solcher erkannt.

```
isel(s,x)=true ⟶ isel(add(s,y),x)=true
```

bedeutet: Ein belegter Platz bleibt nach einer weiteren Belegung y im selben Plan belegt.

```
x≠y ⟶ isel(add(s,y),x)=isel(s,x)
```

bedeutet: Die Belegung eines Platzes ändert nichts an der Belegungseigenschaft eines anderen Platzes im selben Plan.

```
del(eset,x)=eset
```

bedeutet: Stornierung in einem neu erzeugten oder im Lauf der Zeit wieder unbelegten Plan ändert nichts.

```
del(add(s,x,),x)=del(s,x)
```

bedeutet: Stornierung eines eben belegten Platzes ist gleichbedeutend mit Stornierung dieses Platzes ohne vorherige Belegung.

```
x≠y ⟶ del(add(s,y),x)=add(del(s,x,),y)
```

bedeutet: Belegung und Stornierung unterschiedlicher Plätze im selben Plan beeinflussen sich gegenseitig nicht.

```
add(add(s,x),y)=add(add(s,y),x)
```

bedeutet: Die Reihenfolge der Belegung zweier Plätze im selben Plan ist beliebig.

```
isel(s,x)=true ⟶ add(s,x)=s
```

bedeutet: Ein bereits belegter Platz kann nicht noch einmal belegt werden.

b) Wir ergänzen BELEGPLAN um eine Funktion bestätigen.

```
SPEC BPLAN =
{ based_on BELEGPLAN,
  bestätigen : Fset Nat, Nat → Nat,

  ¬ (belegt(p,n) ∨ 3124<n) ⟶
    (bestätigen(p,n)=n)

    (belegt(p,n) ∨ 3124<n) ⟶
    (δ[bestätigen(p,n)]=false)       }.
```

5 Ein einfaches Informationssystem

```
SPEC INFOSERVER =
{ based_on GREX, STRING,
  leererServer : Grex String,
  schreibe :     Grex String, Nat, String →
                 Grex String,
  lies :     Grex String, Nat → String,
  loesche : Grex String, Nat → Grex String,

  leererServer=egrex,
  schreibe(s,addr,info)=put(s,addr,info),
  δ[lies(leererServer,addr)]=false,
  lies(schreibe(s,addr,info),addr)=info,
  (a≠b) ⟶
  (lies(schreibe(s,b,info),a)=lies(s,a)),
```

```
δ[lies(loesche(s,a),a)]=false,
(a≠b) ⟶ (lies(loesche(s,b),a)=lies(s,a))}.
```

6 Graphen

a) Der Stapel von sechs Klötzen:

```
g0 = egraph,
g1 = put(g0,1,{2,3}),
g2 = put(g1,2,{4,5}),
g3 = put(g2,3,{5,6}).
```


b) ohne den mittleren unteren Klotz:

```
g4 = put(g3,2,{4}),
g5 = put(g4,3,{6}).
```

Begründung:

```
  neighbours(g5,3)
= neighbours(put(g4,3,{6}),3)
= {6}
  neighbours(g5,2)
= neighbours(put(g4,3,{6}),2)
= neighbours(put(put(g3,2,{4}),3,{6}),2)
= neighbours(put(g3,2,{4}),2)
= {4}.
```

Die Anwendung von `neighbours` liefert die korrekten Ergebnisse, weil gemäß der Spezifikation die „Vorgeschichte“ nicht berücksichtigt wird. `neighbours` arbeitet „von außen nach innen“.

7 Auswertung

a) Auswertung; die Produkte denke man sich ausmultipliziert:

```
                  n y           i
fac(4) = facrep(4,1,            1)
       = facrep(4,1*1,          2)
       = facrep(4,1*1*2,        3)
       = facrep(4,1*1*2*3,      4)
       = facrep(4,1*1*2*3*4,    5)
       = 1*1*2*3*4.
```

b) Auswertung:

```
                  n y i
fac(0) = facrep(0,1,1)
       = 1.
```

c) Die Revertierung eines Kellers, zunächst „musterorientiert“:

```
rev(s) = revrep(s,estack),
revrep(estack,y) = y,
revrep(append(a,s),y) =
revrep(s,append(a,y)).
```

Dieselbe Funktion `revrep` definieren die beiden folgenden Gleichungen:

```
(s=estack) ⟶ (revrep(s,y) = y),
(s≠estack) ⟶
(revrep(s,y) =
 revrep(rest(s),append(first(s),y)).
```

d) Analog zum Fakultätsbeispiel lässt sich dieser Algorithmus als Prozedur formulieren:

```
proc Revertierung = (var Stack Nat s, y):
% Berechnet wird y = rev(s) %
⌈ y := estack;
  while ¬isestack(s) do
    y := append(first(s),y);
    s := rest(s)    od      ⌋.
```

Lösungen zur Verifikation

Zu Formeln und Regeln

1 Semantische Äquivalenz

Wir beweisen die semantische Äquivalenz zweier aussagenlogischer Formeln durch Vergleich ihrer Wertetabellen.

a) ¬(x ∧ y) |=| ¬x ∨ ¬y

x	y	¬(x ∧ y)		¬x ∨ ¬y		
T	T	**F**	T	F	**F**	F
T	F	**T**	F	F	**T**	T
F	T	**T**	F	T	**T**	F
F	F	**T**	F	T	**T**	T

b) ¬(x ∨ y) |=| ¬x ∧ ¬y

x	y	¬(x ∨ y)		¬x ∧ ¬y		
T	T	**F**	T	F	**F**	F
T	F	**F**	T	F	**F**	T
F	T	**F**	T	T	**F**	F
F	F	**T**	F	T	**T**	T

c) x ∧ (y ∨ z) |=| x ∧ y ∨ x ∧ z

x	y	z	x ∧ (y ∨ z)		x ∧ y ∨ x ∧ z		
T	T	T	**T**	T	T	**T**	T
T	T	F	**T**	T	T	**T**	F
T	F	T	**T**	T	F	**T**	T
T	F	F	**F**	F	F	**F**	F
F	T	T	**F**	T	F	**F**	F
F	T	F	**F**	T	F	**F**	F
F	F	T	**F**	T	F	**F**	F
F	F	F	**F**	F	F	**F**	F

d) x ∨ y ∧ z |=| (x ∨ y) ∧ (x ∨ z)

x	y	z	x ∨ y ∧ z		(x ∨ y) ∧ (x ∨ z)		
T	T	T	**T**	T	T	**T**	T
T	T	F	**T**	F	T	**T**	T
T	F	T	**T**	F	T	**T**	T
T	F	F	**T**	F	T	**T**	T
F	T	T	**T**	T	T	**T**	T
F	T	F	**F**	F	T	**F**	F
F	F	T	**F**	F	F	**F**	T
F	F	F	**F**	F	F	**F**	F

2 Aussagenlogische Tautologien

Wir beweisen vier aussagenlogische Tautologien.

K: x → y → x

x	y	x →	y → x
T	T	**T**	T
T	F	**T**	T
F	T	**T**	F
F	F	**T**	T

S: (x → y → z) → (x → y) → x → z

x	y	z	(x →	y →	z) →	(x →	y) →	x → z
T	T	T	T	T	**T**	T	T	T
T	T	F	F	F	**T**	T	F	F
T	F	T	T	T	**T**	F	T	T
T	F	F	T	T	**T**	F	T	F
F	T	T	T	T	**T**	T	T	T
F	T	F	T	F	**T**	T	T	T
F	F	T	T	T	**T**	T	T	T
F	F	F	T	T	**T**	T	T	T

Bemerkung: Man sieht hier auch, dass die Methode des Vergleichens von Wertetabellen sehr schnell an ihre Grenzen stößt, wenn man Formeln mit einer etwas größeren Anzahl von Variablen beweisen will. Bei n Variablen braucht man eine Wertetabelle mit 2^n Zeilen.

Ausgeschlossenes Drittes: x ∨ ¬x

x	x ∨	¬x
T	**T**	F
F	**T**	T

Widersprüchliche Annahme: (x → ¬x) → ¬x

x	(x →	¬x)	→	¬x
T	F	F	**T**	F
F	T	T	**T**	T

3 *Vollständige Operatorenmengen*

a) Es gibt $2^2 = 4$ verschiedene Belegungen für zwei Variablen. Für jede Belegung gibt es 2 mögliche Funktionswerte. Damit gibt es also $(2^2)^2=2^4= 16$ verschiedene zweistellige Funktionen.

Eingabe a b	F F T T F T F T	Funktion	Darstellung mit {¬,∧,∨}
Werte	F F F F	F	a∧¬a
	F F F T	a∧b	
	F F T F	a∧¬b	
	F F T T	a	
	F T F F	¬a∧b	
	F T F T	b	
	F T T F	¬(a=b)	a∧¬b ∨ ¬a∧b
	F T T T	a∨b	
	T F F F	¬(a∨b)	
	T F F T	a=b	a∧b ∨ ¬(a∨b)
	T F T F	¬b	
	T F T T	b ⟶ a	a∨¬b
	T T F F	¬a	
	T T F T	a ⟶ b	¬a∨b
	T T T F	¬(a∧b)	
	T T T T	T	a∨¬a

b) In der rechten Spalte sind jeweils semantisch äquivalente Terme angegeben, die nur die Operatoren `{¬,∧,∨}` verwenden. Die semantische Äquivalenz lässt sich jeweils durch Vergleich der Wertetabellen leicht nachprüfen.

Es lassen sich also alle zweistelligen Funktionen mit `{¬,∧,∨}` ausdrücken.

c) Mithilfe des Satzes über die äquivalente Ersetzung erhält man aus

`a` |=| `¬¬a`

die Äquivalenz

`a∨b` |=| `¬¬(a∨b).`

Mit *De Morgan* ist

`¬¬(a∨b)` |=| `¬(¬a ∧ ¬b).`

Zusammen ergibt das

`a∨b` |=| `¬(¬a ∧ ¬b).`

Die Menge `{¬,∧}` ist also ebenfalls eine vollständige Operatorenmenge.

d) Durch Vergleich der Wertetabellen sieht man leicht:

`¬a` |=| `a ⟶ F.`

Wie in der vorherigen Aufgabe erhalten wir

`a∧b` |=| `¬¬(a∧b)`

und wieder mit *De Morgan*

¬¬(a∧b) |=| ¬(¬a∨¬b).

Mit der Äquivalenz von ⟶ :

a ⟶ b |=| ¬a ∨ b

erhalten wir

¬(¬a∨¬b) |=| ¬(a ⟶ ¬b).

Die Ersetzung aller ¬ liefert schließlich:

¬(a ⟶ ¬b) |=| (a ⟶ b ⟶ F) ⟶ F.

Wir können also ¬ und ∧ durch F und ⟶ ausdrücken.

e) Wir drücken ¬ und ∧ durch {if_then_else_, T, F} aus:

¬a |=| if a then F else T,
a∧b |=| if a then b else F.

4 *Simplifikation als Beweismethode*

Vereinfachung der linken Seite:	Vereinfachung der rechten Seite:
a ⟶ (b ⟶ (c ⟶ d))	a ∧ b ∧ c ⟶ d
|=| *{Definition von ⟶ }*	|=| *{Definition von ⟶ }*
¬a ∨ (b ⟶ (c ⟶ d))	¬(a ∧ b ∧ c) ∨ d
|=| *{Definition von ⟶ }*	|=| *{Klammerkonvention}*
¬a ∨ (¬b ∨ (c ⟶ d))	¬((a ∧ b) ∧ c) ∨ d
|=| *{Definition von ⟶ }*	|=| *{De Morgan}*
¬a ∨ (¬b ∨ (¬c ∨ d))	(¬(a ∧ b) ∨ ¬c) ∨ d
	|=| *{De Morgan}*
	((¬a ∨ ¬b) ∨ ¬c) ∨ d
	|=| *{Assoziativität von ∨}*
	(¬a ∨ (¬b ∨ ¬c)) ∨ d
	|=| *{2 Mal Assoziativität von ∨}*
	¬a ∨ (¬b ∨ (¬c ∨ d))

Zu Variablen, Substitution und Gleichheit

1 *Aussagenlogische Normalform*

a) Wir entwickeln die Funktion

f(x)(y)(u)(v) = vxy+x'u+y'u

durch wiederholte Anwendung des *Booleschen Expansionslemmas* (*) und identifizieren dabei auftretende identische Teilterme. Im ersten Schritt haben wir die Kofaktoren A=f(1) und B=f(0) von f zu berechnen:

f(x)(y)(u)(v) = if(x,A,B) mit
A(y)(u)(v) = vy+y'u und
B(y)(u)(v) = u+y'u.

Im zweiten Schritt sind die vier Kofaktoren von `A` und `B` zu bestimmen. Dabei sind drei Ergebnisse identisch.

```
A(y)(u)(v) = if(y,C,D),
B(y)(u)(v) = if(y,D,D) = D   mit
C(u)(v) = v  und
D(u)(v) = u.
```

Im nächsten Schritt bestimmen wir die Kofaktoren von `C` und `D`:

```
C(u)(v) = if(u,v,v) = v  und
D(u)(v) = if(u,1,0).
```

Wir haben schließlich:

```
C(u)(v) = if(v,1,0).
```

Insgesamt erhalten wir ein reduziertes binäres Entscheidungsdiagramm.

Die andere Variablenreihenfolge:

```
g(v)(x)(y)(u) = vxy+x'u+y'u
```

hat die Kofaktoren `A=g(1)` und `B=g(0)`:

```
g(v)(x)(y)(u) = if(v,A,B)  mit
A(x)(y)(u) = xy+x'u+y'u  und
B(x)(y)(u)= x'u+y'u.
```

Im nächsten Schritt bestimmen wir die Kofaktoren von `A` und `B`. Dabei treten zwei identische Ergebnisse auf.

```
A(x)(y)(u) = if(x,C,D)  und
B(x)(y)(u) = if(x,E,D)  mit
C(y)(u) = y+y'u,
D(y)(u) = u+y'u,
E(y)(u) = y'u.
```

Wir bestimmen die Kofaktoren von C, D, E nach y:

```
C(y)(u) = if(y,1,G),
D(y)(u) = if(y,G,G) = G,
E(y)(u) = if(y,0,G)
```

mit

```
G(u) = u.
```

Es bleibt nur noch

```
G(u) = if(u,1,0).
```

Das BDD ist umfangreicher. Die Größe des BDDs ist also von der Reihenfolge der Variablen abhängig.

b) Zu jeder zweistelligen Schaltfunktion ist eine `if_then_else_`-Darstellung angegeben. Das Quadrupel der „Werte“ bezieht sich auf die Ergebnisse der Funktion für die vier möglichen Eingaben von `(a,b)`, nämlich `(0,0)`, `(0,1)`, `(1,0)` und `(1,1)`:

Werte	Funktion	Definition	Darstellung
0000	0(a,b)	0	if(a,0,0)
0001	and(a,b)	ab	if(a,b,0)
0010	a>b	ab'	if(a,b',0)
0011	Π_1(a,b)	a	if(a,1,0)
0100	a<b	a'b	if(a,0,b)
0101	Π_2(a,b)	b	if(a,b,b)
0110	xor(a,b)	ab'+a'b	if(a,b',b)
0111	or(a,b)	a+b	if(a,1,b)
1000	nor(a,b)	(a+b)'	if(a,0,b')
1001	a=b	ab+a'b'	if(a,b,b')
1010	not_2(a,b)	b'	if(a,b',b')
1011	a≥b	a+b'	if(a,1,b')
1100	not_1(a,b)	a'	if(a,0,1)
1101	a≤b	a'+b	if(a,b,1)
1110	nand(a,b)	(ab)'	if(a,b',1)
1111	1(a,b)	1	if(a,1,1)

c) Für F, G, H erhält man durch wiederholte Anwendung des Expansionslemmas (*):

F(x)(y)(z) = x + x'yz = if(x,1,A),
A(y)(z) = yz = if(y,B,0),
B(z) = z = if(z,1,0),

G(x)(y)(z) = xyz + xy'z' + x'yz' + x'y'z = if(x,C,D),
C(y)(z) = yz + y'z' = if(y,B,E),
D(y)(z) = yz' + y'z = if(y,E,B),
E(z) = z' = if(z,0,1),

H(x)(y)(z) = yz' + y' = K,
K(y)(z) = yz' + y' = if(y,E,1).

Bei der Anwendung des `ITE`-Algorithmus werden die erforderlichen Kofaktoren aus der Tabelle der Teilaufgabe b entnommen und nicht etwa neu berechnet:

J(x,y,z)
= ITE(F,G,H)
= if(x, ITE(1,C,K), ITE(A,D,K))
= if(x, C, if(y, ITE(B,E,E), ITE(0,B,1)))
= if(x, C, if(y,E,1)) Den inneren if-Term gab es schon.
= if(x, C, K).

Der ITE-Algorithmus führt also zu nur einer neuen Abkürzung.
Das BDD zum Term `if(F,G,H)` ist `if(x,C,K)`.

Zum Deduktionskalkül

1 Beweis einer aussagenlogischen Tautologie

Wir beginnen mit dem standardmäßigen Start P ⟹ P. Resolution mit der Regel ⟶ *-intr* liefert:

$$\dfrac{\dfrac{}{(P\Rightarrow Q)\Rightarrow\underline{(P\rightarrow Q)}}\ \rightarrow\text{-intr} \qquad \dfrac{}{\underline{(A\rightarrow B\rightarrow A)}\Rightarrow(A\rightarrow B\rightarrow A)}\ \text{Ausgangsterm}}{(A\Rightarrow(B\rightarrow A))\Rightarrow(A\rightarrow B\rightarrow A)}\ \text{Resolution mit } \theta=\{A/P,\ B\rightarrow A/Q\}$$

Um die Regel ⟶ *-intr* erneut anwenden zu können, muss sie zuerst über die Prämisse der verbleibenden Beweisverpflichtung geliftet werden.

$$\dfrac{\dfrac{\dfrac{}{(P\Rightarrow Q)\Rightarrow\underline{(P\rightarrow Q)}}\ \rightarrow\text{-intr}}{(A\Rightarrow(P\Rightarrow Q))\Rightarrow\underline{(A\Rightarrow(P\rightarrow Q))}}\ \text{Liften über Prämisse} \qquad \underline{(A\Rightarrow(B\rightarrow A))}\Rightarrow(A\rightarrow B\rightarrow A)}{(A\Rightarrow(B\Rightarrow A))\Rightarrow(A\rightarrow B\rightarrow A)}\ \text{Resolution mit } \theta=\{B/P,\ A/Q\}$$

Jetzt benutzen wir, dass man zu jedem Ausgangsterm A⟹A eine beliebige Prämisse B hinzunehmen darf und wieder einen allgemeingültigen Term, also einen Ausgangsterm erhält (was man leicht mittels ∧*-elim2* und ∧*-intr* beweist). Dann kann die Beweisverpflichtung (nach einer Prämissenvertauschung) mit Modus ponens entfernt werden. Am Ende haben wir einen formalen Beweis für die Formel A⟶ B⟶ A:

$$\dfrac{\dfrac{\dfrac{}{B\Rightarrow(A\Rightarrow A)}\ \text{Ausgangsterm}}{A\Rightarrow(B\Rightarrow A)}\ \text{Prämissen-Vertauschung} \qquad (A\Rightarrow(B\Rightarrow A))\Rightarrow(A\rightarrow B\rightarrow A)}{(A\rightarrow B\rightarrow A)}\ \text{Modus ponens}$$

2 Beweis einer aussagenlogschen Regel

Wir starten mit dem Ausgangsterm A⟹A. Resolution mit der Fallunterscheidungsregel ist dann möglich, wegen

$$P \Longrightarrow Q \Longrightarrow R \equiv P \Longrightarrow (Q \Longrightarrow R) \equiv (P \& Q) \Longrightarrow R.$$

Fallunterscheidung: (P⇒Q)⇒(¬P⇒Q)⇒Q

Ausgangsterm: A⇒A

Resolution mit θ={A/Q}: (P⇒A)⇒(¬P⇒A)⇒A

Instantiierung mit θ={A/P}: (A⇒A)⇒(¬A⇒A)⇒A

Die erste Beweisverpflichtung kann jetzt entfernt werden:

Ausgangsterm: A⇒A

(A⇒A)⇒(¬A⇒A)⇒A

Modus ponens: (¬A⇒A)⇒A

Damit haben wir die Regel *classical* mithilfe der klassischen Fallunterscheidungsregel hergeleitet. Die Regel *classical* ist zum Anwenden in Beweisen sehr gut geeignet und ist sogar logisch äquivalent zur klassischen Fallunterscheidungsregel.

3 Beweis einer weiteren Regel

Wir starten mit dem Ausgangsterm (¬¬A⟹A)⟹(¬¬A⟹A). Resolution mit der gelifteten Regel *classical* liefert:

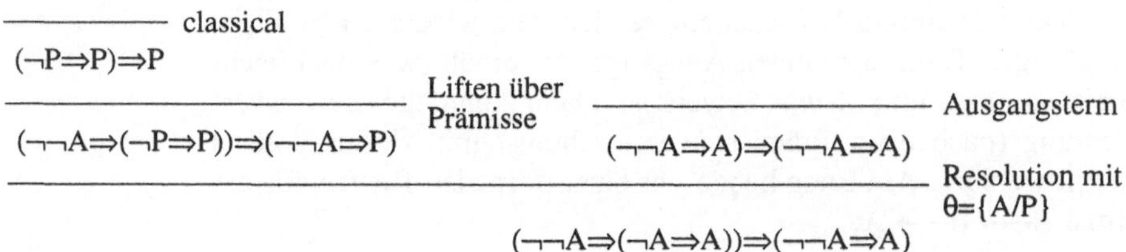

Nun muss die Negation in der Prämisse der offenen Beweisverpflichtung behandelt werden. Dazu wird die Regel *¬-elim* über beide Prämissen der Beweisverpflichtung geliftet, damit eine Resolution möglich wird. Es entstehen bei der Resolution zwei neue Beweisverpflichtungen. Da P bei der Resolution nicht instantiiert wird, können wir selbst eine Instantiierung angeben, wir wählen θ={¬A/P}, damit sich die beiden Beweisverpflichtungen beweisen lassen.

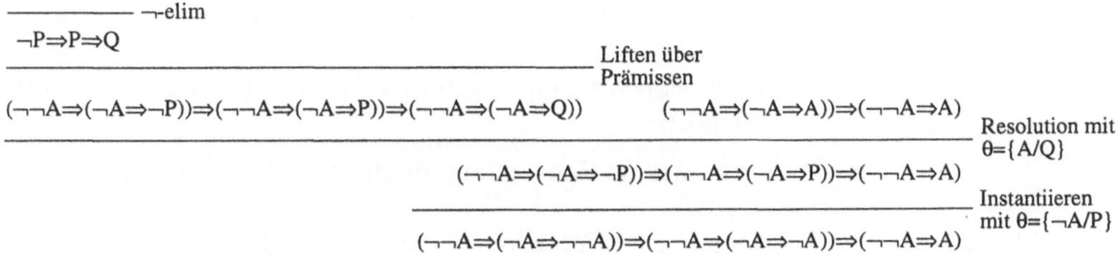

Jetzt kann die erste Beweisverpflichtung entfernt werden. Wir verwenden dabei einen Ausgangsterm mit Zusatzprämisse wie am Ende der Lösung zur vorletzten Aufgabe:

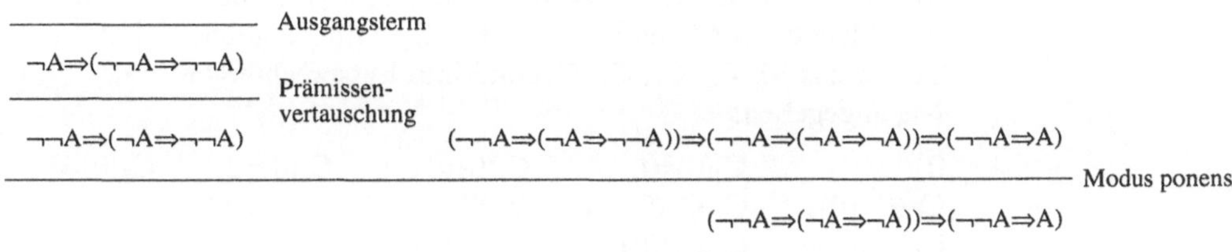

Und ebenso die zweite:

$$\dfrac{\dfrac{}{\neg\neg A \Rightarrow (\neg A \Rightarrow \neg A)}\ \text{Ausgangsterm} \qquad (\neg\neg A \Rightarrow (\neg A \Rightarrow \neg A)) \Rightarrow (\neg\neg A \Rightarrow A)}{\neg\neg A \Rightarrow A}\ \text{Modus ponens}$$

Damit haben wir ¬¬A⟹A unter Verwendung der Regel *classical* hergeleitet.

Zu induktiven Definitionen und Beweisen

1 Beweis durch vollständige Induktion

Wir definieren die Funktion sum wie folgt:

sum(0) = 0,
sum(succ (n)) = sum(n) + 2 n +1.

Wir zeigen mit vollständiger Induktion: Für alle n der Sorte Nat ist $sum(n) = n^2$.

(1) Wir müssen zeigen: $sum(0) = 0^2$. Das ist der Fall, denn $sum(0) = 0 = 0^2$.

(2) Im Induktionsschritt wählen wir ein festes k. Wir müssen zeigen:

Wenn sum(k) = k^2, dann gilt für dieses k auch sum(succ(k)) = $(succ(k))^2$.

Es gilt: sum(succ(k)) = sum(k) + 2k +1 = k^2 + 2k +1 = $(k+1)^2$ =$(succ(k))^2$.

Damit haben wir die Behauptung für alle n der Sorte Nat gezeigt.

2 Alternatives Erzeugendensystem

a) Die Menge aller Terme der Sorte Nat ist induktiv über dem Ausgangsterm 0 und den Konstruktoren C_0, C_1, C_2, C_3, denn

der einzige Ausgangsterm 0 ist ein Term zur Sorte Nat,

jede Applikation von C_0, C_1, C_2, C_3 auf einen Term der Sorte Nat liefert einen Term der Sorte Nat.

b) Der induktive Abschluss [0, C_0, C_1, C_2, C_3] ist die kleinste induktive Menge über 0 und C_0, C_1, C_2, C_3. Im Folgenden sind einige Terme aus [0, C_0, C_1, C_2, C_3] und ihre Entsprechungen in der Sorte Nat angegeben.

0, $C_0(0)$=0, $C_1(0)$=1, $C_2(0)$=2, $C_3(0)$=3,
$C_0(C_0(0))$=0, $C_1(C_0(0))$=1, $C_2(C_0(0))$=2, $C_3(C_0(0))$=3,
$C_0(C_1(0))$=4, $C_1(C_1(0))$=5, $C_2(C_1(0))$=6, ...

c) Die Sorte Nat ist induktiv definiert über 0 und C_0, C_1, C_2, C_3, wenn jeder Term der Sorte Nat zu einem Term in [0, C_0, C_1, C_2, C_3] äquivalent ist. Wir beweisen diese Behauptung durch vollständige Induktion: Da Nat induktiv definiert ist über succ und 0, genügt es zu zeigen,

(1) dass 0 zu einem Term aus [0, C_0, C_1, C_2, C_3] äquivalent ist (das ist der Fall),

(2) falls n zu einem Term aus [0, C_0, C_1, C_2, C_3] äquivalent ist, dann auch succ(n).

Wenn n in der Menge [0, C_0, C_1, C_2, C_3] liegt, gibt es eine Darstellung von n als 0, $C_0(m)$, $C_1(m)$, $C_2(m)$ oder $C_3(m)$. Wir suchen also eine Darstellung von succ(0), succ($C_0(m)$), succ($C_1(m)$), succ($C_2(m)$) und succ($C_3(m)$) in 0, C_0, C_1, C_2, und C_3. Eine solche Darstellung gibt es, denn die folgenden Gleichungen gelten, wie man leicht anhand der Definitionen von C_0, C_1, C_2 und C_3 nachrechnet:

succ (0) = 0,
succ($C_0(m)$) = $C_1(m)$,
succ($C_1(m)$) = $C_2(m)$,
succ($C_2(m)$) = $C_3(m)$,
succ($C_3(m)$) = C_0(succ (m)).

d) Das neue Induktionsschema für die Sorte Nat lautet:

Um eine Eigenschaft P(x) für alle Terme x im induktiven Abschluss [0, C_0, C_1, C_2, C_3] zu beweisen, genügt es zu zeigen:

(0) Es gilt P(0).
(C_0) Aus der Induktionshypothese P(n) folgt P(C_0(n)).
(C_1) Aus der Induktionshypothese P(n) folgt P(C_1(n)).
(C_2) Aus der Induktionshypothese P(n) folgt P(C_2(n)).
(C_3) Aus der Induktionshypothese P(n) folgt P(C_3(n)).

e) Die Funktion ist wohldefiniert: Für den Nachweis der Wohldefiniertheit genügt es zu zeigen, dass die beiden Terme C_0 (0) und 0 auf denselben Wert abgebildet werden: $\text{sqrt}(C_0(0)) = 2\cdot\text{sqrt}(0) = 2\cdot 0 = 0 = \text{sqrt}(0)$.

f) Wir zeigen mit Induktion die Eigenschaft

$P(n)= (\text{sqrt}(n))^2 \le n < (\text{sqrt}(n)+1)^2$.

(0) Es gilt P(0) d.i. $(\text{sqrt}(0))^2 \le 0 < (\text{sqrt}(0)+1)^2$.

Im Induktionsschritt ist zu zeigen für i=0,1,2,3:

(C_i) Aus der Induktionshypothese P(n) folgt

$P(C_i(n))$ d.i. $(\text{sqrt}(C_i(n)))^2 \le C_i(n) < (\text{sqrt}(C_i(n))+1)^2$:

Sei r = sqrt(n).
Aus der Induktionshypothese folgt $r^2 \le n < (r+1)^2$ und damit $n+1 \le (r+1)^2$.
Außerdem ist $4n \le C_i(n) < 4(n+1)$.
Also gilt: $4r^2 \le 4n \le C_i(n)$ und $4(r+1)^2 \ge 4(n+1) > C_i(n)$.
Damit beweist man dann den Induktionsschritt:

$$(\text{sqrt}(C_i(n)))^2 = [\textbf{if } C_i(n) < (2r+1)^2 \textbf{ then } 2r \textbf{ else } 2r+1 \textbf{ fi}]^2 = \textbf{if } C_i(n) < (2r+1)^2 \textbf{ then } 4r^2 \textbf{ else } (2r+1)^2 \textbf{ fi} \le C_i(n)$$

$$(\text{sqrt}(C_i(n))+1)^2 = [\textbf{if } C_i(n) < (2r+1)^2 \textbf{ then } 2r+1 \textbf{ else } 2r+2 \textbf{ fi}]^2 = \textbf{if } C_i(n) < (2r+1)^2 \textbf{ then } (2r+1)^2 \textbf{ else } 4(r+1)^2 \textbf{ fi} > C_i(n)$$

g) Wir berechnen sqrt(23) = sqrt(C_3(C_2(C_1(0)))):

sqrt(0)=0,
$\text{sqrt}(C_1(0)) = 2\text{sqrt}(0)+1 = 2\cdot 0+1 = 1$,
$\text{sqrt}(C_2(C_1(0))) = 2\text{sqrt}(C_1(0)) = 2\cdot 1 = 2$,
$\text{sqrt}(C_3(C_2(C_1(0)))) = 2\text{sqrt}(C_2(C_1(0))) = 2\cdot 2 = 4$.

3 Die fundierte Induktion

Wir beweisen die Regel zur fundierten Induktion über natürliche Zahlen

$$(\bigwedge k.\ (\bigwedge m.\ m < k \Longrightarrow P(m)) \Longrightarrow P(k)) \Longrightarrow P(n).$$

Wir nehmen an, es gilt die Prämisse der Behauptung, d.i. die Regel

(*) $\bigwedge k.\ (\bigwedge m.\ m < k \Longrightarrow P(m)) \Longrightarrow P(k)$

und zeigen dann P(n). Nach (*) genügt es zu zeigen, dass P(m) für alle m < n gilt, d.h. dass gilt Q(n), gegeben durch

$$Q(n) = (\bigwedge m.\ m < n \Longrightarrow P(m)).$$

Wir zeigen Q(n) mit vollständiger Induktion nach n:

Es gilt Q(0), denn es gibt kein m mit m < 0.

Wir nehmen an, es gilt Q(n) also P(m) für alle m < n und müssen dann zeigen, dass Q(succ(n)) gilt, dass also P(m) auch für alle m < succ(n) gilt.

Wir unterscheiden zwei Fälle:

m < n. Dann gilt P(m) nach Voraussetzung.

m = n. Da nach Induktionsannahme P(m) für alle m < n gilt, folgt aus der Regel (*), dass auch P(n) gilt, und wegen m = n daher auch P(m).

4 Beweis durch fundierte Induktion

Wir zeigen mit fundierter Induktion: Die Funktion sqrt erfüllt die Spezifikation für die ganzzahlige Quadratwurzel, d.h.

$$sqrt(x)^2 \leq x < (sqrt(x)+1)^2.$$

Wir unterscheiden zwei Fälle:

x=0.

Dann ist $sqrt\ (x)^2 = sqrt\ (0)^2 = 0^2 \leq 0 = x$ und $x = 0 < 1^2 = (sqrt\ (0)+1)^2 = (sqrt(x)+1)^2$.

x≠0.

Sei r = sqrt(x/4). Da x/4 < x, dürfen wir nach Induktionsannahme verwenden, dass die Behauptung für x/4 gilt, d.h.:

$$r^2 \leq x/4 < (r+1)^2, \text{ also } x/4+1 \leq (r+1)^2.$$

Von der ganzzahligen Division wissen wir, dass

$$4(x/4) \leq x < 4(x/4+1).$$

Damit haben wir

$$4r^2 \leq 4(x/4) \leq x \text{ und } 4\,(r + 1)^2 \geq 4(x/4+1) > x.$$

Dann ist

$$\begin{array}{l|l|l} \mathrm{sqrt}\,(x)^2 = [\,\textbf{if}\ x < (2\,r+1)^2 & = \textbf{if}\ x < (2\,r+1)^2 & \le x \\ \qquad\qquad\ \textbf{then}\ 2\,r & \quad\ \textbf{then}\ 4r^2 & \\ \qquad\qquad\ \textbf{else}\ \ 2\,r+1\ \textbf{fi}\,]^2 & \quad\ \textbf{else}\ \ (2\,r+1)^2\,\textbf{fi} & \end{array}$$

$$\begin{array}{l|l|l} \mathrm{sqrt}(x+1)^2 = [\,\textbf{if}\ x < (2\,r+1)^2 & = \textbf{if}\ x < (2r+1)^2 & > x \\ \qquad\qquad\ \textbf{then}\ 2\,r+1 & \quad\ \textbf{then}\ (2\,r+1)^2 & \\ \qquad\qquad\ \textbf{else}\ \ 2\,r+2\ \textbf{fi}\,]^2 & \quad\ \textbf{else}\ \ 4\,(r+1)^2\ \textbf{fi} & \end{array}$$

Vergleicht man diesen Beweis mit dem aus Aufgabe 2, so stellt man fest, dass er ebenfalls durch die Ersetzung von x/4 für n entsteht.

5 Vollständige Induktion für STACK

Das Induktionsschema für die Sorte Stack α lautet:

a) Um eine Eigenschaft P(x) für alle x der Sorte Stack α zu beweisen, genügt es zu zeigen:

(Basis) Es gilt P(estack).

(Schritt) Aus der Induktionshypothese P(s) folgt P(append(a,s)) für alle a der Sorte α .

b) Wir definieren die Funktion cons : Stack α, Stack $\alpha \rightarrow$ Stack α durch Angabe je einer Gleichung für cons(estack, t) und cons(append(a,s), t):

cons(estack, t) = t,
cons(append(a,s), t) = append(a, cons(s,t)).

c) Wir definieren die Funktion rev : Stack $\alpha \rightarrow$ Stack α durch Angabe von Gleichungen für rev(estack) und rev(append(a,s)).

rev(estack) = estack,
rev(append(a,s)) = cons(rev(s), append(a, estack)).

6 Induktionsbeweise in STACK

Wir beweisen mit vollständiger Induktion nach einer Variablen der Sorte Stack α:

a) cons(s, estack) = s

(1) cons(estack, estack)
= *{Definition von cons}*
estack.

(2) cons(append(a,s), estack)
= *{Definition von cons}*
append(a, cons(s, estack))
= *{ Induktionshypothese}*
append(a,s).

b) cons(p, cons(q, r))= cons(cons(p, q), r).

Beweis mit Induktion nach p.

(1) cons(estack,cons(q, r))
= *{Definition von cons}*
cons(q,r)
= *{Definition von cons}*
cons (cons(estack, q), r).

(2) cons(append(a, p),cons(q, r))
= *{Definition von cons}*
append(a, cons(p, cons(p, q))).

Andererseits gilt:
cons(cons(append(a, p), q), r)
= *{Definition von cons}*
cons(append(a, cons(p, q)), r)
= *{Definition von cons}*
append (a, cons(cons(p, q),r))
= *{Induktionshypothese}*
append(a, cons(p, cons(p, q))).

c) rev(cons(p,q))= cons(rev (q), rev(p)).

Beweis mit Induktion nach p.

(1) rev(cons(estack,q))
= *{Definition von cons}*
rev(q)
= *{Teilaufgabe a}*
cons (rev(q), estack)
= *{Definition von rev}*
cons(rev (q), rev(estack)).

(2) rev(cons(append(a,p),q))
= *{Definition von cons}*
rev(append(a, cons(p, q)))
= *{Definition von rev}*
cons(rev(cons(p,q)), append(a, estack))
= *{Induktionshypothese}*
cons(cons(rev (q), rev(p)), append(a, estack)).

Andererseits gilt:
cons(rev (q), rev(append(a,p)))
= *{Definition von rev}*
cons(rev q), cons(rev(p), append(a, estack)))
= *{Teilaufgabe b}*
cons(cons(rev(q),rev (p)), append(a, estack)).

d) rev(rev(p))= p.

(1) rev(rev(estack))
= *{Definition von rev}*
rev(estack)
= *{Definition von rev}*
estack.

(2) rev(rev(append(a,p)))
= *{Definition von rev}*
rev(cons(rev(p), append(a, estack)))
= *{Teilaufgabe c}*
cons(rev(append(a, estack)),rev(rev(p)))
= *{Induktionshypothese}*
cons(rev(append(a, estack)), p)
= *{Definition von rev}*
cons(cons(rev(estack), append(a, estack)), p)
= *{Definition von rev}*
cons(cons(estack, append(a, estack)), p)
= *{Definition von cons}*
cons(append(a, estack), p)
= *{Definition von cons}*
append(a,cons(estack, p))
= *{Definition von cons}*
append(a,p).

Lösungen zu formalen Sprachen

1 Äquivalente Sprachbeschreibungen

a) Ein endlicher Automat, der die Sprache

$\{ a^n b^m . \ n, m \in N \}$

beschreibt, ist gegeben durch

$A=(S,T,s_0,Z,\delta)$ mit $S=\{s_0,s_1\}$, $T=\{a,b\}$, $Z=\{s_1\}$

und der Übergangsrelation δ, die durch das folgende Diagramm gegeben ist.

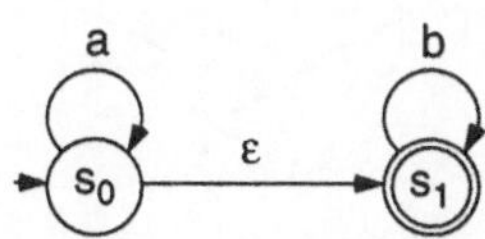

Zu diesem endlichen Automat lässt sich eine linkslineare Chomsky-3-Grammatik angeben, die die Sprache akzeptiert:

$G=(T,N,\rightarrow,Z)$ mit $T=\{a,b\}$, $N=\{S,Z\}$

und den Ersetzungsregeln

$\varepsilon \rightarrow S$, $Sa \rightarrow S$, $S \rightarrow Z$, $Zb \rightarrow Z$.

Ein regulärer Ausdruck, der die Sprache beschreibt, ist a^*b^*.

b) Ein endlicher Automat, der die Sprache

$\{w \in \{a,b\}^*.$ w enthält mindestens ein a und mindestens ein b$\}$

beschreibt, ist gegeben durch

$A=(S,T,s_0,Z,\delta)$ mit $S=\{s_0,s_1,s_2,s_3\}$, $T=\{a,b\}$, $Z=\{s_3\}$

und der Übergangsrelation δ, die durch das folgende Diagramm gegeben ist.

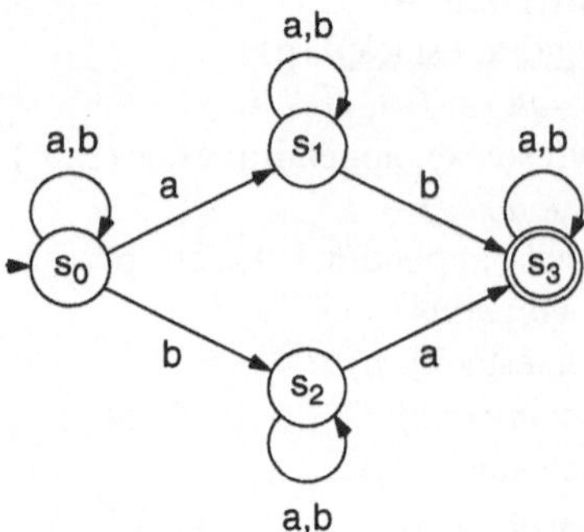

Dieser Automat ist nichtdeterministisch. Wir können aber auch einen deterministischen Automaten konstruieren. Der nichtdeterministische Automat wählt beliebige a und b aus dem Eingabewort aus, an denen ein Zustandsübergang gemacht wird. Entscheidet man sich dafür, immer das erste auftretende a und b zu wählen, so erhält man den folgenden deterministischen Automaten:

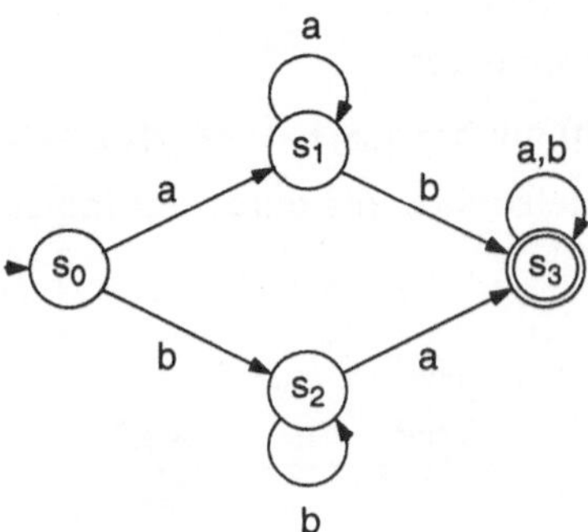

Dazu können wir eine (linkslineare) Chomsky-3-Grammatik angeben, die die Sprache akzeptiert:

$G=(T,N,\rightarrow,Z)$ mit $T=\{a,b\}$, $N=\{A,B,S,Z\}$

und mit den Ersetzungsregeln:

$\varepsilon\rightarrow S$, $Sa\rightarrow A$, $Sb\rightarrow B$, $Aa\rightarrow A$, $Bb\rightarrow B$, $Ab\rightarrow Z$, $Ba\rightarrow Z$,
$Za\rightarrow Z$, $Zb\rightarrow Z$.

Die Nichtterminale A und B bedeuten „a bereits gefunden" bzw. „b bereits gefunden" und entsprechen den Zuständen s_1 bzw. s_2 im deterministischen Automat, Z bedeutet „sowohl a als auch b bereits gefunden".

Ein regulärer Ausdruck, der die Sprache beschreibt, ist:

$[a|b]^* \, a \, [a|b]^* \, b \, [a|b]^* \mid [a|b]^* \, b \, [a|b]^* \, a \, [a|b]^*$

(das entspricht dem nichtdeterministischen endlichen Automat)
oder

$a \, a^* \, b \, [a|b]^* \mid b \, b^* \, a \, [a|b]^*$ oder $[a \, a^* \, b \mid b \, b^* \, a] \, [a|b]^*$

(das entspricht dem deterministischen endlichen Automat).

c) Ein endlicher Automat, der die Sprache

$\{ w \in \{a,b\}^*.$ w enthält ein b an drittletzter Stelle$\}$

beschreibt, ist gegeben durch

$A=(S,T,s_0,Z,\delta)$ mit $S=\{s_0,s_1,s_2,s_3\}$, $T=\{a,b\}$, $Z=\{s_3\}$

und der Übergangsrelation δ, die durch das folgende Diagramm gegeben ist.

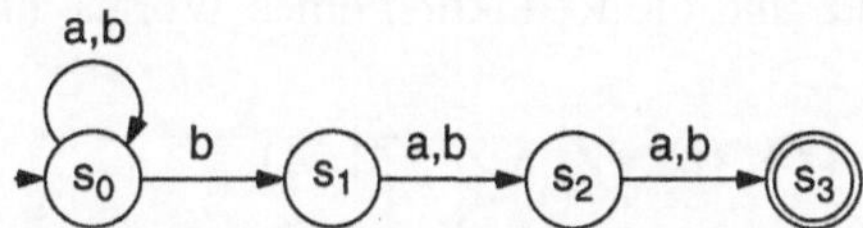

Dieser Automat ist wieder nichtdeterministisch, denn die drittletzte Stelle wird durch „Erraten" gefunden. Der angegebene nichtdeterministische Automat ist recht einfach und einleuchtend. Dagegen kann man zeigen, dass ein deterministischer Automat, der dieselbe Sprache akzeptiert, mindestens acht Zustände haben muss.

Ein solcher deterministischer Automat ist der folgende:

$A=(S,T,s_0,Z,\delta)$ mit
$S=\{s_0,s_1,s_2,s_3,s_4,s_5,s_6,s_7\}$, $T=\{a,b\}$, $Z=\{s_4,s_5,s_6,s_7\}$

und der Übergangsrelation δ, die durch das folgende Diagramm gegeben ist.

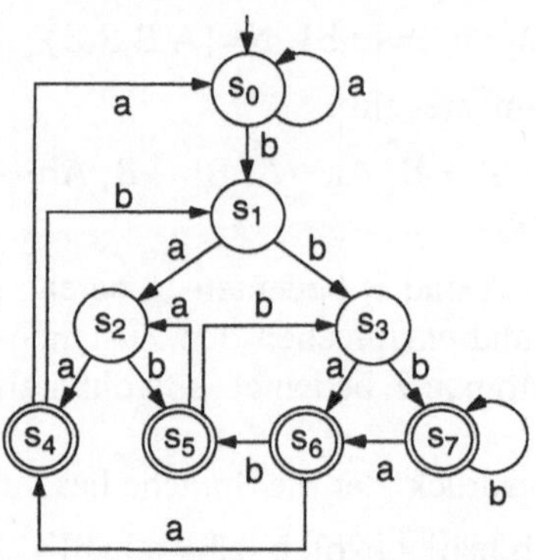

Eine (rechtslineare) Chomsky-3-Grammatik, die dieselbe Sprache akzeptiert, ist

G=(T,N,→,Z) mit
T={a,b}, N={X_1,X_2,Z} und den Ersetzungsregeln:
a→X_1, b→X_1, aX_1→X_2, bX_1→X_2, bX_2→Z, aZ→Z, bZ→Z.

Dabei bedeuten X_1 bzw. X_2, dass hinter der aktuellen Position noch eine bzw. zwei Stellen kommen.

Ein regulärer Ausdruck, der die Sprache beschreibt, ist

[a|b]* b [a|b] [a|b].

2 Klassifizierung von Grammatiken

Wir geben zu jeder Grammatik die Chomsky-Klasse, den zugehörigen Sprachschatz und die Reduktion eines Wortes aus dem Sprachschatz an.

a) G_1 = ({a}, {Z}, {aa→Z, aaZ→Z}, Z).

G_1 ist eine Chomsky-3-Grammatik.

$L(G_1) = \{ a^{2n} \mid n \geq 1 \}$.

Reduktionspfad für a^6: aaaaaa → aaaaZ → aaZ → Z.

b) G_2 = ({a}, {Z}, {aa→Z, aZa→Z}, Z).

G_2 ist eine Chomsky-2-Grammatik, aber keine Chomsky-3-Grammatik.

$L(G_2) = \{ a^{2n} \mid n \geq 1 \}$.

Der Sprachschatz $L(G_2)$ ist also identisch mit $L(G_1)$.
Reduktionspfad für a^6: aaaaaa → aaZaa → aZa → Z.

c) G_3 = ({a,b}, {Z}, {ab→Z, aZb→Z}, Z).
G_3 ist eine Chomsky-2-Grammatik, aber keine Chomsky-3-Grammatik.

$L(G_3) = \{ a^n b^n \mid n \geq 1 \}$.

Reduktionspfad für $a^3 b^3$: aaabbb → aaZbb → aZb → Z.

d) $G_4 = (\{a,b,c\}, \{A,B,C\}, P, A)$, wobei

$P = \{bc \to B, bBc \to BC, Cc \to cC, aB \to A, aAC \to A\}$.

G_4 ist eine Chomsky-0-Grammatik, aber keine Chomsky-1-Grammatik. (Zum Beispiel ist die zweite Regel keine Chomsky-1-Regel.)

$L(G_4) = \{ a^n b^n c^n \mid n \geq 1 \}$.

Reduktionspfad für $a^3 b^3 c^3$: aaabbbccc → aaabbBcc → aaabBCc → aaabBcC → aaaBCC → aaACC → aAC → A.

3 Kontextfreie Grammatiken

a) $G_1 = (\{a,b,c,d\}, \{Z,S\}, \{P\}, Z)$, mit

$P = \{bc \to S, bSc \to S, aSd \to Z, aZd \to Z\}$.

G_1 ist eine Chomsky-2-Grammatik.

$L(G_1) = \{ a^n b^m c^m d^n \mid n \geq 1, m \geq 1 \}$.

Reduktionspfad für $a^3 b^2 c^2 d^3$: aaabbccddd → aaabScddd → a-aaSddd → aaZdd → aZd → Z.

b) Die vorgelegte Sprache

$L = \{ w \in \{a,b\}^+ \mid$ w ist geradzahliges Palindrom$\}$

wird akzeptiert durch die Chomsky-2-Grammatik

$G_2 = (\{a,b\}, \{Z\}, \{aa \to Z, bb \to Z, aZa \to Z, bZb \to Z\}, Z)$.

Der Grammatik liegt die folgende Idee zu Grunde: Es werden die beiden kürzesten geradzahligen Palindrome, nämlich aa und bb, akzeptiert. Längere geradzahlige Palindrome erhält man durch Anfügen desselben Zeichens links und rechts. Dies ist dieselbe Idee, die man auch heranzieht, wenn das Erkennungsproblem durch eine rekursive Funktion gelöst werden soll. (Ob ein Problem syntaktisch oder algebraisch angegangen wird, ändert das Problem nicht.)

Reduktionspfad für $a^2 b^4 a^2$: aabbbbaa → aabZbaa → aaZaa → aZa → Z.

Bemerkung: Die folgende Ableitung führt in eine Sackgasse: aabbbbaa → Zbbbbaa → ZZbbaa → ZZZaa → ZZZZ.

4 Syntaxdiagramme Wir geben ein Syntaxdiagramm für geschachtelte Boolesche Fallunterscheidungen an:

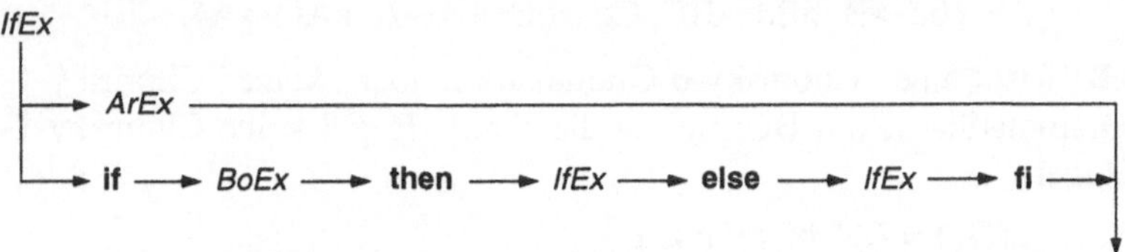

Die drei angegebenen Beispiele lassen sich aus dem Axiom *IfEx* ableiten:

IfEx → *ArEx* → 27 * 13.

IfEx → **if** *BoEx* **then** *IfEx* **else** *IfEx* **fi**
→* **if** *BoEx* **then** *ArEx* **else** *ArEx* **fi**
→* **if** x < 0 **then** –x **else** x **fi**.

IfEx
→ **if** *BoEx* **then** *IfEx* **else** *IfEx* **fi**
→ **if** *BoEx* **then** *IfEx* **else if** *BoEx* **then** *IfEx* **else** *IfEx* **fi fi**
→* **if** *BoEx* **then** *ArEx* **else if** *BoEx* **then** *ArEx* **else** *ArEx* **fi fi**
→* **if** x < -1 **then** -1 **else if** x > 1 **then** 1 **else** 0 **fi fi**.

Zur funktionalen Programmierung

Die erste Aufgabe stammt aus Kap. 2.

1 Totalisierung Komplettiert man die Gleitpunktzahlen mit einem Element `Bottom`, so lassen sich partielle Funktionen totalisieren. Wir definieren also

```
data FloB = Emb(extract:Float) | Bottom;
```

und definieren die Division strikt, und zwar

a) mittels Konstruktorfunktionen in den Argumenten durch

```
fun tdiv(Bottom,y) = Bottom
  | tdiv(x,Bottom) = Bottom
  | tdiv(x,Emb(0.0)) = Bottom
  | tdiv(Emb(a),Emb(b)) = Emb(a/b);
```

b) mithilfe von Diskriminator- und Selektorfunktionen durch

```
fun divB(x,y)=
  if is_Bottom(x) || is_Bottom(y)
     || y == Emb(0.0) then Bottom
  else Emb(extract(x)/extract(y)) fi;
```

Wir betrachten den Automat aus Abb. 4.2–1 und behandeln das Erkennungsproblem. Die beiden Eingangszeichen `a`, `b` sind vom Typ `String`; Zustände modellieren wir durch den Typ `Int`. Wir definieren eine Übergangsfunktion `delta` sowie eine Boolesche Funktion `final`, die angibt, ob ein Zustand Endzustand ist, und anschließend eine Funktion `accepts`, die entscheidet, ob eine Zeichenfolge aus $\{a, b\}^*$ vom Automaten akzeptiert wird:

2 Worterkennung

```
fun delta("a",0) = 1
  | delta("b",0) = 2
  | delta("a",1) = 2
  | delta("b",1) = 0
  | delta("a",2) = 2
  | delta("b",2) = 2;

fun final(s) = (s==1);

fun accepts(x) = acc(x,0);

fun acc(x,s) = if x=="" then final(s)
      else acc(rest(x), delta(first(x),s)) fi;
```

In einer Zeichenfolge stehen natürliche Zahlen und sollen aufsummiert werden. Die Zahlen bestehen aus Dezimalziffern und sind durch Zeichen + voneinander getrennt. Die Summierung wird abgeschlossen, sobald ein Zeichen auftritt (von links gesehen), das keine Ziffer und kein +-Zeichen ist.

3 Auswertung

```
fun value("0") = 0
  | value("1") = 1
  | value("2") = 2
  | value("3") = 3
  | value("4") = 4
  | value("5") = 5
  | value("6") = 6
  | value("7") = 7
  | value("8") = 8
  | value("9") = 9
  | value(x) = 10;

fun eval(x) = ev(x,0);

fun ev(x,y) =
     if x=="" then y else
     if first(x)=="+"
      then y + ev(rest(x),0) else
     if value(first(x))<=9
      then ev(rest(x), y*10+value(first(x)))
      else y fi fi fi;
```

Die vorletzte Zeile gibt an, wie die Ziffern ihrem Stellenwert entsprechend zusammengefügt werden.

Der Ansatz lässt sich verallgemeinern zur Auswertung arithmetischer Ausdrücke. Eine besondere Herausforderung spielt dabei die Rückstellung von Zwischenergebnissen. Sie erfolgt auf einem Stack als zusätzlicher Variablen.

Index

G

H

I

J

K

L

T

Ü

V

W

Z